그대,
말의 숲을 거닐다

다채로운 말로 엮은, **어휘 산책집**

그대,
말의 숲을 거닐다

Walk Through the Forest of Words

권정희 지음

리프레시

Prologue ✨

다채로운 말하기를 위하여

색색의 꽃과 나무가 가득한 숲에 가본 적이 있나요? 이름을 아는 꽃은 반가운 듯 인사를 건네고, 오래 봐서 친근한 나무는 시원한 그늘을 펼칩니다. 그 사이 이름을 모르는 낯선 꽃이 말간 얼굴을 내밀기도 하는데요. 어떤 때에는 온통 처음 보는 꽃들만 보게 될 때도 있습니다. 어쩌면 숲이란 다양한 사유와 인생이 담긴 문학처럼, 낯설고도 친근한 식물들이 조화롭게 어우러진 무대가 아닐까요.

"말을 잘하고 싶어요."

오랜 시간 말하기를 강의하면서 가장 많이 듣는 말을 묻는다면 망설임 없이 이 말을 꼽을 것입니다. 어디 말뿐일까요. 글을 잘 쓰고 싶다는 것도 마찬가지입니다. 과히 말하기와 글쓰기에 관련된 책과 강의가 넘쳐나지요. 그럼에도 왜 우리의 욕망은 쉽게 채워지지 않을까요? 게다가 언젠가부터 그런 책과 강의가 조금은 버겁게 느껴지기도 합니다. 우리는 대체 어떻게 말하고, 어떻게 쓰고 싶은 것일까요? 가장 주목 받는 책을 다 읽고 나면, 가장 인기 있는 명사의 강의를 듣고 나면 우리도 그와 같은 수준으로 말하고 쓸 수 있을까요? 우리, 언젠가부터 '남들보다 뛰어난 말, 틀리지 않는 말'을 해야 한다는 강박에 사로잡혀 있는 게 아닐까 싶습니다. 그래서 저는 되묻곤 합니다.

"말을 할 때 행복한가요?"

말을 잘하고자 노력했던 순간, 과연 나는 즐겁고 행복했는가. 말은 상대에게 인정받기 위해 겨루는 경쟁이 아닙니다. 그런데도 왜 말을 하면서 자신감이 떨어지는 것은 물론 스트레스까지 받아야 하는 것일까요. 말을 할 수 있다는 것, 나를 표현할 수 있다는 것. 그 자체만으로도 굉장한 기쁨이자 축복인데도 말입니다. 말을 주고받는 순간이, 말과 글로 무언가를 표현하는 순간이 편안하고 행복했으면 좋겠습니다. 무엇이든 말하고 싶고 글로 쓰고 싶어서 설레고 신이 났으면 좋겠습니다.

"하지만 말로 표현이 안 되면 다시 답답해지는걸요."

당연합니다. 그래서 우리의 말은 풍성해지고 나아져야 합니다. 미국의 작가 헤밍웨이는 좋은 글을 쓰기 위해서는 "설명하지 말고, 보여줘라.(Show, don't tell.)"라고 말했습니다. 말하기도 마찬가지입니다. 마치 눈에 보이는 것처럼 생동감이 넘치면서도 여운이 있게 말하기 위해서는 다채롭게 표현할 수 있어야 합니다. 쉽게 표현이 안 되던 것들까지 말할 수 있을 때 삶은 더 섬세하고 아름다울 것입니다.

혹시 이슬비도 아니고, 그렇다고 안개도 아닌, 비와 안개의 딱 중간 같은 비를 보신 적이 있나요? 우산을 쓰기에도 그렇고, 그냥 맞기에도 좀 불편한. 콕 집어서 어떻게 표현하면 좋을까 망설이게 하는, 그런 비를 우리말로 '는개'라고 합니다. 우리는 학업에 열중하던 때 vocabulary를 독파할수록 영어 점수가 올랐던 경험이 있습니다. 우리의 말 또한 같습니다. '는개'처럼 새롭게 아는 말이 많아질수록, 무엇이든 말하고 표현하고 싶은 욕망과 자신감도 올라갈 것입니다. 언제까지 '로서'와 '로써'의 차이를 아는 데에 집착해야 할까요. 언제까지 토끼는 '깡충깡충' 뛰어야만 하고, 강아지는 '멍멍' 짖어야만 할까요. 왜 다들 틀리지 않기 위해 '똑같은 말'만 쓰고 있을까요. 물론 틀리지 않은 표현을 쓰는 것만으로도 '말 잘하네!'하는 칭찬을 들을 수 있습니다. 하지만 자신 혹은 다른 사람들도 잘 몰랐던 단어를 쓸 때는 조금 다릅니다. '는개'를 표현할 수 있을 때, 비오는 날들은 분명 더 다채로워질 것입니다.

"말을 할 때 행복해요."

그래서 이 책은 새로운 말을 통해 말하기의 색다른 자신감과 행복감을 심어주고자 기획되었습니다. 그 자체로도 아름다운 숲속에서, 어느 순간 낯선 꽃에게도 이름을 불러줄 수 있다면 어떨까요. 우리의 말도 이와 닮았습니다. 잘 모르고 있던 단어를 희미하게나마 알게 됨으로써 삶은 전보다 더 풍성한 색깔로 물들 것입니다. 다시금 말을 잘하고 싶고 글도 잘 쓰고 싶은 욕망은 과연 누구를 위한 것이었는지 되새겨 보았으면 합니다. 우리는 누군가에게 인정받고 칭찬 받기 위해서만 말하지 않습니다. 조금 더 뜻깊고 다양하게 나의 감정을 표현하기 위해, 좋아하는 이들과 편안하고 행복한 대화를 이어가기 위해, 우리의 말이 달라지고 나아질 수 있다면 좋겠습니다.

여기 온기가 넘치는 집과 열정이 가득한 강의실이 그대를 기다립니다. 매사에 감정이 불쑥 앞서지만, 가족에게 늘 바르고 깊은 말을 건네고 싶은 금순 씨. 일찍 병마와 싸우게 된 탓에 몸소 인생의 가르침을 줄 수는 없지만, 지혜로운 말이나마 일러주고 싶은 정희 아빠. 외모처럼 빼어난 말을 해야 한다는 강박이 있으면서도, 늘 솔직한 모습을 보여주고 싶은 작은딸 선희. 학생들을 '그대'라고 부르며, 색색으로 물든 매력적인 말을 알려주고 싶은 큰딸 정희. 그리고 새롭게 얻은 말들이 자신의 말하기에 날개를 달아줄 거라고 믿는 '그대'. 이들이 펼치는 말의 숲으로 지금 바로 들어오세요!

반드시 처음부터 끝까지 전부 읽어야만 얻을 수 있는 말하기와 글쓰기의 기술을 설명하지 않을 것입니다. 대신 하나만 보아도 당장 쓸 수 있는, 우리로 하여금 입을 열고 싶어 안달이 나게 만드는 말을 소개할 것입니다. 우리말은 물론, 뜻을 분명히 알고 잘 살려 쓰면 좋을 방언, 외래어, 한자어, 전문용어도 두루 모았습니다. 참고하여 더 알아두면 좋은 말(**곁말 하나**), 습관적인 말 대신 바꿔 쓰면 좋은 말(**바꿔 써보기**), 말과 글 속에서 활용할 수 있는 방법을 제시하는 말(**책 속의 말 한 줄**)도 놓치지 마세요. 더불어 일상에서 가장 많이 헷갈려 하는 맞춤법들(**그대의 말결**)도 최대한 추려보았습니다. 그대만의 어휘를 완성한 후에는, 챕터 마지막에 소개된 에세이를 한번 읽어보세요. 책 한 권이 오롯이 그대만의 어휘 숲이 되어줄 것입니다!

잊지 마세요. 나의 말을 변화시키고 싶을 때, 나의 말을 풍성하게 만들고 싶을 때, 말하기에서 자신감과 행복감을 느끼고 싶을 때, 이 책은 그대만의 어휘집이 되어줄 거라는 사실. 욕심내세요. 하루에 하나씩이어도 좋고, 삼사 일에 하나씩이어도 좋습니다. 다채롭고 아름다운 색깔로 물든 숲속으로 그대를 초대합니다. 한 걸음 한 걸음 거닐며 그대가 모르고 있던 꽃과 나무, 세상의 모든 순간에 이름을 붙여주세요. 그 매혹적인 말들이 이제 그대의 숲이 될 수 있기를 바랍니다!

★ 차례 ★

출해!' 말고 **'추럼하자!'**(96) / 정말 풀고 싶은 **아포리아**(98) / **적확한** 답이 나
오도록(100) / 살벌한 분위기에 **훈김을**(102) / **키위새**도 한때는 날개가 있
었지 (104) / **팔각**이 빠진 것 같은 느낌(106) / 무엇이든 **초다듬**이 중요(108)

Chapter II 그대, 사람 사이의 말 ················· 123

포시랍게 살게 해줄게(124) / **틀거지**가 있으려면(126) / **한팔접이**가 되지
말 것(128) / **부박하기** 짝이 없어(130) / 사람이 된 **시정잡배**(132) / 브로
커 말고 **주릅**(134) / 온몸에 **피톨**이 떨리는 순간(136) / **나쎄**에 맞는 행동이
라...(138) / 살며시 웃으며 **눈바래기** 해주길(139) / 따스하게 **침윤**되는 생
각(141) / 너희들 **칸살**이 더 문제!(143) / **곁찌**라도 되었다면(145) / 얄미운
팁석부리 아저씨(147) / **허청허청** 걷다가 쓰러지기도(149) / **문적문적** 부서
지지 않으려면(151) / 마음이 혼몽해서 그런지(153) / 내게 충분히 **미쁜** 사
람(155) / 서로에게 **융숭하기를**(157) / 백날을 **읍소**해도 어림없는 일(159)
/ 어디다 대고 **따따부따**(161) / **말결**이 더 듣기 싫은 법(163) / 어찌나 **족대
기는지** 귀가 떨어질 뻔(165) / **퉁상하게** 말하지 않아도(167) / **시쳇말**로 뭐
라고 하는 줄 알아?(169) / 사람도 **헌털뱅이**가 되는 것처럼(171) / 인정사
정없이 **린치**를 가하다(173) / **치도곤**을 맞아도 시원찮을!(175) / **추깃물** 같
은 세상사(177) / 자신도 모르게 **쉬슬고** 있는(179) / 모르쇠보다는 **무지렁
이**(180) / 싱크홀 말고 **허방**(182) / **초개**같이 살되 뭉개지지 말기(184) / **웅
숭깊은** 그 한 마디(186) / **웅혼한** 생김새처럼(188) / **입지전** 같은 이야기는

* 책 속의 일화들은 사실을 기반으로 하여 허구적 요소를 가미한 창작임을 밝혀둡니다.
* 모든 단어의 뜻풀이는 2025년 기준 국립국어원에서 배포한 《우리말샘 사전》을 참조하였습니다. (https://opendict.korean.go.kr)

Chapter I

그대, 생활 속의 말

머릿속이 잡박하게 뒤섞여 있다면

잡박(雜駁)하다

: [형용사, 한자어]

질서가 없이 이것저것 마구 뒤섞여 있다.

"이제 이사도 오고 서재도 새로 꾸몄는데,

잡박하게 놓인 책들 좀 정리하면 안 되겠니?"

• • • • • • • • •

　시험이나 어려운 과제를 끝내고 난 뒤의 책상 위는 어지럽기 마련이지요. 이 책 저 책 순서 없이 마구 뒤섞여 있고, 온갖 필기구가 뚜껑이 열린 채 돌아다니고 말입니다. 살다보면 물건들만 어지러이 뒤섞이고 질서 없이 돌아다니는 것만은 아닐 것입니다. 해결하지 못한 여러 가지 일들이 정리되지 않은 채 뒤섞여 혼잡할 때도 있으니까요. 이렇게 질서 없이 이것저것 마구 뒤섞여 있는 상태를 '잡박(雜駁)하다'라고 표현합니다. 책상 위에 잡박하게 어질러진 책들, 머릿속에 잡박하게 뒤섞인 갖가지 일들. 어딜 가도 책한 권 바로 세울 수 없을 만큼 비좁은 상황의 연속이라면, 잠깐 한두 가지 정도만 정리해보고 가면 어떨까요? 잡박한 상태를 한순간에 정리할 수는 없지만, '이것만 정리해도 속이 시원하겠다!' 싶은 딱 한두 가지만 말입니다.

　대중문화와 다른 장르들을 마음대로 흡수하고 온갖 종류의 담화 양식들을 총동원하는 최근 우리 소설들을 보면, 소설이 본래 규범적이고 정제된 장르가 아니라 혼종적이고 **잡박한** 장르임을 새삼 확인하게 된다. 이를 두고 김형중은 "문자로 번역만 가능하다면 그 어떤 장르도 자신의 영토 속으로 합병"하는 "소설의 제국주의"라고 표현하기도 했다.

- 박진, 「익명의 글쓰기」, 『달아나는 텍스트들』, 랜덤하우스코리아, 2008, p. 15.

서서히 몰려오는 인생의 햇귀

햇귀

: [명사, 우리말]

해가 처음 솟을 때의 빛. 사방으로 뻗친 햇살.

새벽녘, 긴 어둠을 지나 해가 막 뜨려고 할 때 서서히 몰려오는 환한 빛을 '햇귀'라고 합니다. 한낮에 쨍하고 비치는 햇빛보다 강하진 않지만, 밤새 날이 밝기를 기다린 사람들에게는 무엇보다 반가운 빛이겠지요. 차라리 학교 앞에서 자취라도 하면 좋았을 것을, 서울에서도 한참을 더 가야 있는 경기도 외곽에서 통학을 하는 학생을 볼 때면 마음이 짠합니다. 햇귀가 가시기 전에 집을 나서야만 1교시 수업에 늦지 않고 올 수 있다며, 강의실에 앉아서야 마음 놓고 빵을 꺼내 먹는 학생들이 몇몇 있었습니다. 그 열정은 분명 학생들 인생에서 환한 햇귀가 되어주지 않을까요. 구체적인 의미가 조금 다르기는 하지만, 햇귀와 같이 '햇발'이라는 단어도 사용할 수 있습니다. '햇귀'가 구체적으로 새벽녘의 햇빛을 말한다면, '햇발'은 세상 구석구석으로 뻗기 시작한 햇살을 말합니다. '햇귀'를 평북지방에서는 '햇구'라고 부르기도 한다는군요.

정희: 할머니, 왜 그렇게 새벽부터 나가세요? 조금만 더 주무세요.

할머니: 논일이고 밭일이고 햇구에 일찌감치 나가 시작해야,

　　　　더위가 오기 전에 다 끝마칠 수 있는거. 너나 조금 더 쉬어.

정희: 햇구요? 햇구가 뭐예요, 할머니? 절구인가?

할머니: 절구는 무신, 해 뜰 때 말하는 거 아니여!

정희: 아, 햇귀요?

할머니: 햇귀? 서울에서는 햇구를 햇귀라고 하는거?

정희: 네, 할머니. 햇구부터 나가서 일하시려면 많이 힘드시겠다,

　　　　우리 할머니.

할머니: 그럼 너도 따라 나가자. 조금 있으면 햇발이 얼마나

　　　　예쁜지 몰라!

정희: 그럴까요? 햇귀에 햇발이라! 말도 참 예뻐요, 할머니.

임장 말고 집알이!

집알이

: [명사, 우리말]

새로 집을 지었거나

이사한 집에 집 구경 겸 인사로 찾아보는 일.

"엄마! 집알이만 도대체 몇 번째예요!

매번 따라다니기도 힘들어 죽겠다고요."

• • • • • • • •

새집으로 이사를 하면 지인들을 초대하여 맛있는 음식을 대접하고 집 구경도 시켜주는 일을 '집들이'라고 합니다. 집이 참 깨끗하다, 예쁘게 잘 꾸며 놓았다며 칭찬을 늘어놓으면 그렇게 기분이 좋을 수가 없습니다. 집들이를 하면서도 그렇게 좋은데, 그보다 앞서 처음으로 집을 보러 갔을 때는 얼마나 더 좋았을까요? 이삿날까지 얼마나 숱하게 그 집을 드나들었을까요? 그렇게 집을 미리 알아보고 구경도 할 겸해서 찾아가보는 일을 '집알이'라고 합니다. 요즘 티브이 프로그램에서 '임장(臨場)'이라고 사용하는 말을 자주 들을 수 있는데, 그 한자어 대신 쓸 수 있는 우리말이 바로 집알이입니다. 옛날엔 교통편이나 집 내부 구조 정도만 알아보려고 한두 번 집알이를 가곤 했는데, 요즘엔 실내 인테리어를 하고자 여러 번 집알이를 가는 가족들이 많다고 합니다. 모두 집알이를 갈 때의 그 설렘처럼 두고두고 기쁘고 행복했으면 좋겠습니다.

【바꿔 써보기】

* "경주 임장 가보자고!"

→ **"경주 집알이 가보자고!"**

* "우재는 가장 힘들었던 임장지가?"

→ **"우재는 가장 힘들었던 집알이 장소가?"**

* "저는 경주 핫플레이스 임장 좀 가겠습니다."

→ **"저는 경주 핫플레이스 집알이 좀 가겠습니다!"**

출처:「MBC '구해줘! 홈즈' 300회 특집…
코디들 단체로 떠난 경주 워케이션!」, MBC연예, 유정민기자, 2025. 5. 30.

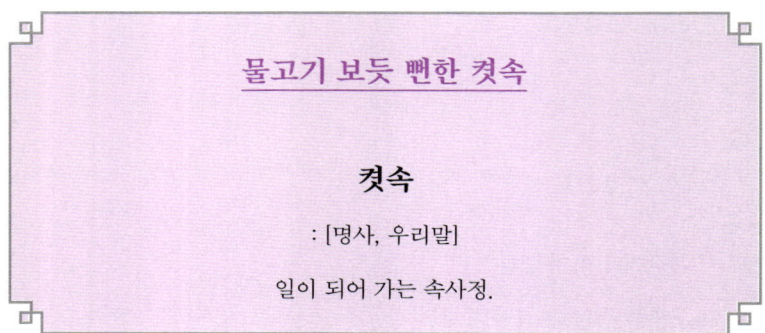

물고기 보듯 뻔한 컷속

컷속

: [명사, 우리말]

일이 되어 가는 속사정.

"그 아이 말이야. 개강하고 내내 안 보이네.

휴학을 하네, 유학을 가네, 말만 많더니

도대체 어떻게 되는 건지 컷속을 알 수가 없어."

• • • • • • • • •

살다보면 순조롭게 진행되는 일이 있는가 하면, 그렇지 못한 일도 있기 마련입니다. 계획과는 달리 산산이 조각 난 일을 두고, 누군가는 도대체 일을 어떻게 진행했기에 결과가 그 모양이냐고 타박할 수도 있을 것입니다. 하지만 본인인들 알았을까요. 일이 잘못될 수도 있다는 사실을 말입니다. 열 길 물속은 알아도 한 길 사람 속은 모른다고 하지요. 차라리 사람 일도 물속에 든 물고기를 보듯 뻔한 일이었으면 좋겠습니다. 그래, 도대체 일이 어떻게 진행되어 가는지 그 속사정을 미리 알 수 있다면 곁에서 애꿎은 타박을 하는 일은 피할 수 있지 않겠습니까. 일이 어떻게 진행되고 있는지 겉으로 드러나지 않은 속사정을 우리말로 '컷속'이라고 합니다.

살림이란 말 그대로 살리는 일, 생명현상이자 생명운동이다. 그래서 '최선의 의술은 부엌의 의술'이라는 외국속담도 있고 인생살이의 복잡한 **켯속**을 비유하여 '부엌을 보면 어떤 음식도 먹을 수 없다. 인생을 살려면 이처럼 때로 내막을 몰라야 한다.'라고 다소 시니컬하게 말하기도 한다.

- 오정희, 「부엌 이야기」, 『내 마음의 무늬』, 황금부엉이, 2006, p.83.

크나큰 경쟁력이 되어줄 적바림

적바림

: [명사, 우리말]
나중에 참고하기 위하여 글로 간단히 적어 둠.
또는 그런 기록.

*"모름지기 좋아하는 아이의 이름, 학번, 과 정도는
미리미리 적바림을 해두는 것이 작업의 정석이라고!"*

• • • • • • • • •

보거나 듣거나 느낀 바를 기억해 두기 위해 메모를 하는 경우
가 많습니다. 수업 시간이나 회의 시간에 책이나 노트, 컴퓨터,
스마트폰 등을 이용해 메모를 하곤 합니다. 크게 형식에 구애받
지 않고 자기가 보기 편한 대로 자유롭게 작성하면 되지요. '메모
(memo)'는 대체할 수 있는 우리말이 없을 것같이, 그냥 그렇게 쓰
는 것이 편할 정도로 익숙해져버린 영어 단어입니다. 하지만 똑
같은 뜻을 표현해줄 수 있는 우리말이 있다면 어떨까요? 메모를
뜻하는 우리말이 바로 '적바림'입니다. 같은 말로 '적발'이라는 우
리말이 있고, 적록(摘錄), 적기(摘記)라는 한자어도 있습니다. 아
는 것이 힘이라고 말한 영국의 철학자, 프랜시스 베이컨(Francis
Bacon)은 나중에 필요할 때 쓰기 위해 즉흥적인 생각들을 적바림

해두는 습관이 있었다고 합니다. 미국의 기업인이었던 스티브 잡스(Steve Jobs)의 적바림 습관도 아주 유명하지요. 혹시 아나요. 내가 지금 스치듯이 보고 들은 정보가 나중에 내게 크나큰 경쟁력이 되어줄지도 모른다는 사실. 자, 지금 이 순간 그대는 무엇을 보고 있습니까? 무엇이 들리는지요? 그렇다면 그대만의 적바림도 시작해보길!

그대로 우두망찰 서 있을 수밖에

우두망찰

: [부사, 우리말]

정신이 얼떨떨하여 어찌할 바를 모르는 모양.

예상치 못했던 갑작스러운 일을 당했을 때, 우리는 제자리에 붙박인 듯 멈춰 서게 됩니다. 정말 망치로 머리를 얻어맞은 듯하다는 말이 실감날 정도로 멍하니 있는 상태를 '우두망찰'이라고 합니다. 어릴 적, 집으로 아버지 친구들이 잔뜩 놀러 왔던 적이 있었습니다. 술도 마시고 카드 게임도 하며 즐기고 있는 틈을 타서, 저는 아버지 친구의 지갑에서 지폐 한 장을 훔쳤습니다. 얼마 뒤 아버지의 친구는 돈이 없어졌다며 다짜고짜 저를 의심하고 들었습니다. 저는 어찌할 줄 몰라 발을 동동 구르고 있었는데, 그때 갑자기 아버지가 친구에게 버럭 소리를 질렀습니다. "네가 실제로 보았느냐. 이 아이가 앞으로 돈이 없어질 때마다 자기 자신을 돌아보지 않고 다른 사람부터 의심하면서 자랐으면 좋겠느냐." 아버지는 이렇게 말하며 역정을 내는 것이었습니다. 저는 무슨 말을 더 하지도 못하고 그 자리에 우두망찰 서 있을 수밖에 없었습니다. 가끔씩 사는 게 각박하고 버겁다고 여겨질 때, 저는 그 순간을 떠올리곤 합니다. 그때 나를 지켜준 건 아버지의 관용이었는가, 아니면 나의 우두망찰한 태도였는가. 뭐 어찌 됐든 '정신을 바로 잡지 못하고 얼떨떨해 하다'는 뜻의 '우두망찰하다'와 비슷한 말로는 '우두망절하다'라는 표현이 있습니다.

정희 씨: 학생, 왜 그리 우두망찰 서 있는가요?"

학생: 아, 교수님……. 과제를 잘못 가져왔어요. 강의실에 들어

오는 순간 알았어요.

 책 속의 말 한 줄

"입술이 그게 뭐야. 화장을 안한 거야?"

나는 구두를 벗었다. 검은 트렌치코트 차림으로 **우두망찰** 서 있는 아내의 팔을 끌고 안방으로 들어갔다.

"그리고 나설 참이야, 지금?"

나와 아내의 모습이 화장대 거울 속에 비쳤다.

"다시 해, 화장."

- 한강, 「채식주의자」, 『채식주의자』, 창작과비평사, 2007, p. 27.

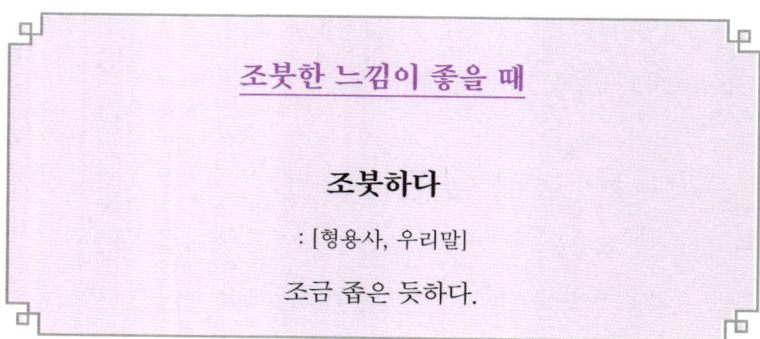

조붓한 느낌이 좋을 때

조붓하다

: [형용사, 우리말]

조금 좁은 듯하다.

"저는 이렇게 조붓한 느낌이 드는 강의실이 좋아요.
왠지 그대들과 조금 더 친근하게 있는 기분도 들고요."

● ● ● ● ● ● ● ● ●

널찍널찍한 것보다는 조금 좁은 듯해 보이는 게 더 나을 때가 있습니다. 사람 사이의 간격이 그러할 거고요, 연인 사이의 간격은 말할 것도 없습니다. 영화관의 좌석이 좁은 이유는 사람 사이의 간격을 좁히기 위함일까요, 영화와 관객과의 거리를 좁히기 위함일까요? 그 좌석이 유난히 좁았다는 사람들이 있는가 하면, 편안하게 영화를 관람할 수 있을 만큼 넓었다는 사람도 있습니다. 실제로 수치를 재서 좁고 넓음의 절대적인 크기를 재는 게 아니라면, 모든 공간에 대한 너비감은 상대적인 것이겠지요. 상대적으로 혹은 개인적으로 공간이 좁게 느껴질 때 '조붓하다'라는 단어를 쓸 수 있습니다. 이는 공간뿐만이 아닌 너비를 가늠할 수 있는 다른 어떤 대상에 사용해도 무방합니다.

책 속의 말 한 줄

어느덧 불그스름해지니 여자의 눈에서 눈물이 방울방울 흘러내린다. **조붓한** 어깨가 물결처럼 들썩인다. 여자를 감싸 안고 싶다고 생각하는 순간, 여자는 내 가슴 위로 무너져 내린다.

- 장정희, 「마이 트윈스」, 『홈, 스위트 홈』, 휴먼앤북스, 2009, p.88.

✎ 그대의 말결

'조붓하다'의 의미로 '좁웃하다'를 쓰는 경우가 있으나 '조붓하다'만 표준어로 삼는다. 〈관련조항: 표준어 규정 2장 4절 17항〉

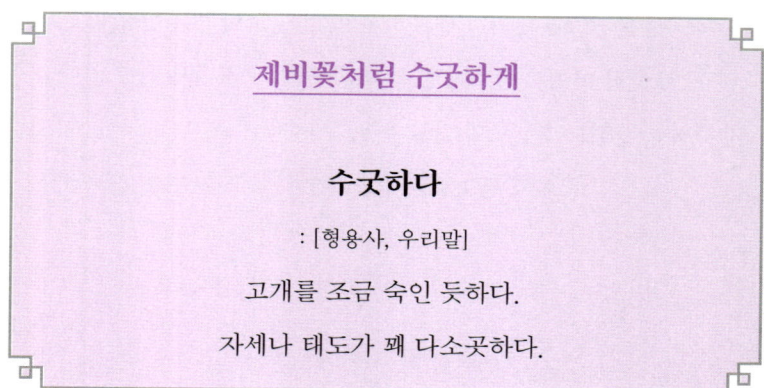

제비꽃처럼 수굿하게

수굿하다

: [형용사, 우리말]

고개를 조금 숙인 듯하다.

자세나 태도가 꽤 다소곳하다.

"수줍은 듯 수굿하게 있는 그 애 모습이 자꾸 생각나요."

• • • • • • • • •

중씰해 보이는 학생들과는 달리 유난히 어려 보이는 학생들이 있습니다. 볼에 홍조를 띠고 수굿한 자세로 자리를 지키고 있는 학생들이 그렇지요. 고개를 똑바로 들지는 않았는데, 그 똑바로 들지 않은 고개에서도 이쪽을 의식하고 있는 듯한 몸짓이 느껴집니다. 고개를 아주 살짝 숙이고 차분하고 다소곳하게 있는 모습을 보고 '수굿하다'라고 말합니다. 그 자체로 '고개를 조금 숙이다'라는 뜻을 가진 동사로 사용해도 좋습니다. 부끄러움과 조심스러움을 동시에 보여주는 모습으로 정말 안성맞춤이지 않을까요? 강의 첫날, 작은 목소리로 자기소개를 하던 그대의 모습은 정말 수굿했답니다. 세 시간 강의가 끝나는 내내 수굿한 제비꽃처럼 피어 있었고요.

　멋진 모자를 쓰고 음악회에 가지 못한다 하여도, 멀어진 꿈을 그러안고 **수굿하게** 시들어버린다 하여도, 탐욕스럽고 완고한 늙은이라는 소리만은 듣지 않고 살았으면 한다. 오래 입어 헐거워진 스웨터처럼 따스하고 편안하고 부드러워져, 가을날 언덕 위의 은빛 억새처럼, 새들새들한 봄 사과처럼, 잘 탄 연탄재처럼, 남몰래 조금씩 물기를 말리며 남몰래 조금씩 가벼워지고 싶다.

- 최민자, 「예순이 되면」, 『꼬리를 꿈꾸다』, 문학사상사, 2006, p.81.

🪄 그대의 말결

'수굿하다'의 의미로 '수긋하다'를 쓰는 경우도 있으나 '수굿하다'만 표준어로 삼는다. 〈관련조항: 표준어 규정 2장 4절 17항〉

와랑와랑 땅이 꺼지도록

와랑와랑

: [부사, 제주방언]

울리는 소리가 몹시 요란스럽게 큰 모양.

가을날 초등학교 운동장에서, 겨우내 군부대의 훈련장에서 흘러나오는 소리는 정말 우렁차지요. 함성과 기합 소리가 밖으로 우렁우렁 퍼져나갑니다. '우렁우렁'은 큰 소리가 우렁차게 울리는 모양을 흉내 낸 말입니다. 바로 이 단어를 제주도에서는 '와랑와랑'이라는 단어로 쓴다고 합니다. 표준어는 아니지만 글자의 모양새나 소리가 '우렁우렁'보다 귀엽고 재미있어서 상황에 맞게 살려 쓰면 좋을 것 같습니다. 기다리고 기다리던 사람이 멀리서 보인다! 그 사람을 마주하기 위해서라면 정말이지 땅이 꺼지도록 달려가야 하겠지요. 와랑와랑 뛰는 소리가 그 사람의 귓가에 전해지도록 말입니다.

학생: (숨을 헐떡이며) 교수님, 안녕하세요!

정희 씨 : 무슨 좋은 일이 있기에 그렇게 와랑와랑 뛰어 가나요?

학생: (여전히 숨을 헐떡이며) 저, 저 있잖아요, 교수님. 저, 당선 됐대요! 제가 등단했어요, 교수님!

정희 씨 : 정말이요?

학생: 네, 정말이요!

정희 씨: 와! 제 가슴도 막 뛰려고 해요. 와랑와랑!

학생: 저도 가슴이 뛰어서 혼났어요. 교수님처럼, 와랑와랑!

정희 씨: 축하해요, 진심으로 축하해요!

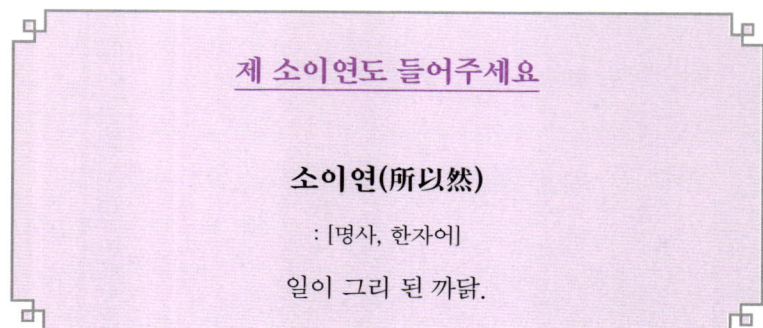

제 소이연도 들어주세요

소이연(所以然)

: [명사, 한자어]

일이 그리 된 까닭.

"그래, 그 일의 소이연이 뭔데?"

● ● ● ● ● ● ● ● ●

소설이나 드라마 속에서 간혹 들어보았을 수도 있는 대사입니다. '소이연(所以然)'은 어떤 일이 그러한 결과를 나타내게 된 까닭을 말합니다. 줄여서 소연(所然)이라고도 합니다. '지금의 상황 혹은 결과가 있기까지의 구체적인 사연'이라고 이해하면 좀 더 쉬울까요?

강의 시간에 매번 20분씩 지각을 하는 학생이 있었습니다. 어쩜 계획하기라도 한 듯이 매번 똑같은 시간만큼 늦을 수가 있을까. 미안한 듯 고개를 푹 숙이고 있는 학생에게 매 시간 닦달할 수도 없는 노릇이었습니다. 그래도 제 시간에 늦지 않고 오는 다른 학생들에게 억울한 감정을 갖게 해서는 안 되겠다는 나름의 판단이 서서, 그 학생의 소이연을 한번 들어보기로 했습니다. 매번 20분씩 지각을 할 수밖에 없었던 소이연은 이러했습니다. 그 학생은 스스로 학비와 생활비를 마련해가며 학교를 다니고 있다고 했습니다. 학교 앞에서 자취를 하며, 낮 시간에는 강의를 듣고 저녁 시간부터는 고깃집에서 밤샘 일을 하고 있었지요. 일이 하필이면 딱 강의 시작할 무렵에 끝나는데, 밤새도록 고기 냄새가 밴 옷을 입고는 도저히 강의실에 들어설 수가 없더라는 것입니다. 그래서 부랴부랴 집으로 들어가 샤워를 하고 옷을 갈아입고 나오면 딱 20분 지각하고 만다는 것이었지요. 무슨 말이 더 나오지 않았습니다. "잠은 언제 자요?" 멋쩍은 마음에 슬며시 건넨 말이었습니다. 그때 그렇게 대답만 안 했어도! "강의 시간에 자요!" 배시시 웃으며 말하던 그대.

 책 속의 말 한 줄

그러면서 우리는 마음학교의 학생이 되어 몰랐던 사실들을 하나둘 알아가는 것이었다. 왜 그때는 그렇게 행복했고 왜 그 행복은 또 그토록 불안했으며 그 불안은 어째서 조금은 달콤하였던가를. 그러니까, 마음이 몰랐거나 모른 척했던 삶의 **소이연**들을.

- 신형철, 「지워지면서 정확해지는, 진실」, 김소연, 『눈물이라는 뼈』,
문학과지성사, 2010, p.155.

놀란 마음에 무르춤하기도

무르춤하다

: [부사, 우리말]

뜻밖의 사실에 놀라 뒤로 물러서려는 듯이 하여
행동을 갑자기 멈추다.

"교수님하고 눈이 딱 마주치는데,
정말 무르춤해서 표정 관리가 안 되더라고."

• • • • • • • • •

교양 수업이 진행되는 강의실은 늘 학생들로 꽉 차 있어서 콩
나물시루를 연상시키지요. 슬그머니 나가고 싶은 욕구가 삐죽 솟
아납니다. 학부 1학년 때였던 것 같네요. 철학 관련 교양 수업이
었는데, 왠지 그날은 콩나물시루에 갇혀 있기가 유난히도 싫었습
니다. 어쩌면 여의도 공원 한복판으로 나가 자전거를 타고 싶기
도 했던 것 같습니다. 강의실에서 몰래 나와 건물을 막 벗어나려
는데 눈앞에서 담당교수님과 마주치고 말 줄이야……. 인사나 하
지 말 것을, 무르춤하다가 "지금 들어가려던 참입니다!"라고 외쳐
버렸습니다. 정말이지 놀라서 뒤로 자빠질 뻔했다는 말이 딱일 텐
데, 그래도 들켜선 안 된다고 순식간에 몸과 마음을 붙잡았지요.
이렇게 놀란 마음을 표내지 않고 바로잡는 행동을 보고 '무르춤하

다'라고 표현합니다.

가끔씩 교정에서 마주친 학생이 무르춤 놀라는 경우가 있습니다. 그 상황을 제가 더 못 이겼던 탓인지, 아니면 제법 그럴싸하게 대처하고 싶었던 마음인지, 저는 한결같이 말하곤 했습니다. "다음 주에는 꼭 봅시다!" 콩나물시루가 싫고, 문득 자전거가 타고 싶었던 것일 수도 있으니.

🪄 그대의 말결

'무르춤하다'의 의미로 '무루청하다, 무르청하다'를 쓰는 경우가 있으나,

'무르춤하다'만 표준어로 삼는다. 〈관련조항: 표준어 규정 3장 4절 25항〉

자신을 잡도리하는 사람

잡도리

: [명사, 우리말]

단단히 준비하거나 대책을 세움. 또는 그 대책.

잘못되지 않도록 엄하게 단속하는 일.

세계적인 소프라노 조수미 씨. 본인의 좌우명에 대해 "성공의 비밀은 자신감이고, 자신감의 비밀은 엄청난 준비다"라고 말했다고 하지요. 누가 봐도 손색없을 만큼 완벽한 성과는, 자신이 봐도 부끄럽지 않을 만큼의 준비를 통해서만 가능할 것입니다.

일에 있어서도 마찬가지가 아닐까요. 계획한 대로 일을 잘 마무리 짓기 위해서는 부단한 준비를 해야 합니다. 예기치 못한 상황에 유연하게 대처할 수 있는 능력도 그러한 준비 과정 속에서 여물기 마련입니다. 자기 자신을 잡도리하는 사람만이 어떤 상황에서도 자신을 통제하고 발전시킬 수 있지 않을까요? 물론 자신이 지칠 정도로 닦달하거나 보채서도 안 될 일이지만 말입니다. '잡도리하다'는 '일이 잘못되지 않도록 단단히 준비한다'는 뜻과 함께 '심하게 닦달하거나 보챈다'는 뜻도 가지고 있습니다. '답도리', '잡드리', '잡디리' 같은 사투리와 함께 쓰이며, '잡두리'는 잘못된 표현입니다.

학생 A: 연초가 중요해, 연초가. 연초에 아주 잡도리 하듯이 나를
　　　　잡아놓지 않으면 한 해를 다 망치고 만다고.

학생 B: 그래, 올해는 무엇을 위해 잡도리를 해둘 건데?

학생 A: 일단 과 수석. 작은 것부터 시작하겠어.

학생 B: 맨날 지각하면서 과 수석은 무슨 수로!

 책 속의 말 한 줄

　하필 그랬다 침대에 벌렁 누워 영화나 보는데 어디선가 울리
는 휴대폰 벨소리……김민정 씨……나 신현정이올시다……김민
정 씨……우리 개가 아랫집 개를 물어 죽이고 어디로 내뺐다는
데……그집 연놈들이 씩씩거리며 문 차고 들어와서는 날 아주
잡도리하듯 그거이 참……개를 찾아 개보고 나보고 사과를 하러
오라지 않수……이 비에 그니까 비가 와 개새끼가 미쳤나……생돈
십만 원 물어주고 내 속이 쓰려 술 한잔했시다……김민정 씨……
미안합니다

- 김민정, 「사정이야 어찌 되었든」, 『그녀가 처음, 느끼기 시작했다』,
문학과지성사, 2013.

그대와 그대 사이에 피어난 화톳불

화톳불

: [명사, 우리말]

한데다가 장작 따위를 모으고 질러 놓은 불.

"누가 내 가슴에 화톳불을 질렀을까?"

• • • • • • • • •

마른 나뭇가지, 나뭇잎, 풀 등을 아울러 '검불'이라고 합니다. 학창 시절 수학여행이나 모꼬지를 가면 모닥불 피워놓고 빙 둘러앉는 시간이 가장 기다려지곤 했지요. 검불을 넣어 피웠던 모닥불과 같은 뜻의 말로 '화톳불'이라는 말이 있습니다. 단어에서 풍기는 느낌 때문인지 무언가 더 뜨거운 불씨가 툭하고 튀길 것만 같군요. 따끈한 화톳불을 사이에 두고, 그대와 그대 사이에도 화톳불이 피어나곤 했던 밤! 학창 시절 동기들과 피웠던 화톳불은 도무지 잊히지 않는 법인가 봅니다.

학생 A: 교수님 화나신 것 같아. 눈에 화톳불이 이글거리셨어.

학생 B: 화톳불? 활활 타올랐다고?

학생 A: 응, 그랬다니까.

학생 B: 에이, 교수님 눈 자주 그렇게 빨개지던데……

학생 A: 아니야. 오늘은 유난히 더 빨갰어. 누군가 교수님 가슴에 화톳불을 지른 게 분명해.

학생 B: 누군가가 지를 수 있는 화톳불이라……. 그럼 화나신 게 아닐 수도 있겠네!

🪄 그대의 말결

'화톳불'의 의미로 '화툿불'을 쓰는 경우가 있으나 '화톳불'만 표준어로 삼는다. 〈관련조항: 표준어 규정 2장 4절 17항〉

얼마나 벙어리 냉가슴을 앓았을까

벙어리 냉가슴 앓듯

: [속담]

속에 있는 사정을 말로 하지 못해서
속으로만 끙끙대고 걱정하는 것.

"그런 사정이 있었으면 미리 말씀해주시지...
얼마나 벙어리 냉가슴을 앓았을까!"

• • • • • • • • •

보지 못하고 듣지 못하고 말하지 못하는 사람은 얼마나 보고 싶
고 듣고 싶고 말하고 싶을까? 한때는 볼 수 있고 들을 수 있고 말
할 수 있다는 사실만으로도 감사할 일이라고 생각했던 적이 있습
니다. 뭐 물론 그렇긴 합니다. 하지만 언젠가부터 그보다 더 가슴
아픈 일도 있을 수 있다는 사실을 알게 되었습니다. 분명히 볼 수
있고 들을 수 있고 말할 수 있는데도, 차마 보지 못하고 듣지 못하
고 말할 수 없는 상황, 바로 그것. 항상 20분씩 지각을 해야만 했
던 학생의 마음이 그렇지 않았을까요? 얼마나 말하고 싶었을까, 얼
마나 가슴앓이를 했을까. 이렇게 말을 하지 못하는 사람이 속앓이
를 하듯 답답해 하고 있는 상황을 비유하여 '벙어리 냉가슴 앓다'
라고 표현합니다. 그런데 이 표현, 조금 조심해야 할 표현입니다.

40

'벙어리'는 청각 및 언어장애인을 비하하는 듯한 어감을 가지고 있기 때문입니다. 이처럼 우리 주변에는 조금만 주의해서 쓰면 훨씬 더 좋은 말들이 있는데요. 다음 쪽 '쉬어가는 페이지'에서 조금 더 살펴보기로 합시다.

【곁말 하나】

＊ 우황 든 소 앓듯: [속담]

말 못 하는 소가 안타까운 마음을 하소연할 길이 없어 속만 썩이듯 한다는 뜻으로, 답답한 사정이 있어도 남에게 말하지 못하고 혼자만 괴로워하며 걱정하는 경우를 비유적으로 이르는 말.

조금만 주의해서 쓰면
훨씬 더 좋은 말들! (I)

우리가 일상에서 아무렇지 않게 사용하는 말들 중에는 본의 아니게 듣는 사람의 기분을 언짢게 하는 것들이 있습니다. 듣는 사람도 말하는 사람도 다 기분이 좋아질 수 있는 말이 있다면 얼마나 좋을까요? 여기, 조금만 조심해서 사용하면 훨씬 더 좋아질 수 있는 말들이 있습니다!

'벙어리 냉가슴 앓듯'이라는 표현에는 말을 하지 못하는 사람의 고충을 가볍게 여기는 듯한 시선이 포함되어 있습니다. 일단 '벙어리'라는 표현 자체가 장애를 가진 사람들을 존중하지 않는 호칭입니다. 이는 벙어리뿐만이 아닐 것입니다. 장애인들을 호칭할 때 사용을 자제해야 할 단어들과, 대체해서 쓰면 좋을 단어들을 함께 살펴봅시다.

▷ **맹인, 소경, 장님, 봉사, 애꾸눈, 외눈박이, 사팔뜨기 → 시각장애인**

▷ **벙어리, 귀머거리, 언청이, 농아 → 청각 및 언어장애인**

▷ **앉은뱅이, 절름발이, 지체부자유자, 외팔이 → 지체장애인**

▷ **저능아, 정신박약아 → 지적장애인**

장애는 결코 장애인들의 능력과 자질이 부족한 문제처럼 여겨져서는 안 될 것입니다. 또 장애인 스스로에게도 장애가 영원히 가지고 있어야 하는 불운한 운명이 아니라, 언제든 극복할 수 있는 대상이 되어야 할 것입니다. 벙어리라는 표현보다는 언어장애인이라는 표현을 쓰도록 해봅시다.

사회·경제의 발전은 직업의 종류도 다양하게 만들었습니다. "무슨 일 하세요?"라는 질문은 상대방을 이해하는 데 하나의 방법이 되어주기도 합니다. 직업은 곧 정체성의 표지가 될 수도 있게 된 것이지요. 귀천이 없다는 직업을 함부로 표현할 수는 없는 법. 직업을 표현하는 말들 중에서도 바꿔서 표현하면 훨씬 더 좋은 것들이 있습니다.

▷ **파출부, 가정부, 식모 → 가사 도우미**

▷ **노가다, 막노동꾼 → 건설노동자**

▷ **우체부 → 우편집배원**

▷ **청소부 → 환경미화원**

▷ **구두닦이 → 구두미화원**

▷ **간호원 → 간호사**

▷ **(택시)운전수 → 운전사**

직업은 사회를 움직이는 동력이자, 각자의 역할과 노력이 모여 만들어지는 공동의 가치입니다. 어떤 일이든 그 안에는 사람의 시간과 땀이 깃들어 있습니다. 그렇기에 직업을 낮춰 부르는 말은 곧 사람을 낮추는 말이 됩니다. 우리는 직업의 이름을 통해 상대를 판단하기보다, 그 일을 통해 세상에 기여하는 의미를 보아야 합니다. 오늘부터는 누군가의 일을 부를 때, 그 직업이 지닌 존엄과 노고를 담은 올바른 표현을 사용해 봅시다.

우렁잇속 같은 속마음

우렁잇속

: [명사, 우리말]

품은 생각을 모두 털어놓지 않는

의뭉스러운 속마음을 비유적으로 이르는 말.

요즘엔 논두렁에 나가도 옛날만큼 우렁이가 많이 보이지는 않는다고 합니다. 구수한 된장찌개에 자주 곁들였을 정도로 흔한 우렁이였는데, 전부 어디로 갔을까요? 말 못하는 우렁이에게 말 못하는 속사정이라도 생긴 것일까요? 누구, 우렁이 속마음을 알고 있는 분!

딱딱한 껍데기 속에 몸뚱이를 숨기면 하루고 이틀이고 그 모습을 보이지 않을 때가 많다는 우렁이. 도대체 살아 있는 건지 죽은 건지, 꼬챙이를 대고 찔러 봐야 알 수 있다나요. 도대체 무슨 생각을 하고 있는 건지 알 수 없는 사람들이 있지요? 그런 사람들의 속마음을 '우렁잇속'이라고 비유적으로 표현할 수 있습니다. 헤아리기 어려울 정도로 의뭉스러운 속마음이, 마치 껍데기 속에 몸을 숨기고 있는 우렁이의 몸뚱이와 닮았습니다. 속마음뿐만 아니라, 내용이 복잡하여 쉽게 결론지을 수 없는 일 역시 '우렁잇속 같다'라고 표현할 수 있습니다.

학생 A: 과제 말이야. 딱 다섯 장만 제출하라고 하시고서는, 정말

딱 다섯 장만 내면 서운해 하시고……

학생 B: 맞아. 그렇다고 예닐곱 장씩 넘게 제출해도 싫어하신다.

학생 A: 휴, 도대체 교수님 우렁잇속은 알 수가 없어.

학생 B: 그 우렁잇속 같은 속마음이 무엇인지 맞히는 게 과제 같아.

학생 A: 와, 정말 그럴 수도 있겠다!

✏ 그대의 말결

순 우리말이 포함된 합성어에서 뒷말의 첫소리 앞에서 소리가 덧나는 경우 사이시옷을 받치어 적는다. '우렁잇속'은 [우렁이쏙/우렁쏙]으로 소리 나므로 사이시옷을 받치어 적는다. 〈관련조항: 한글 맞춤법 4장 4절 30항〉

벗장이 수준을 벗어나자

벗장이

: [명사, 우리말]

어떤 일을 끝까지 배우지 않고
도중에 그만 둬서 익숙지 못한 솜씨를 보이는 사람.

"이번만큼은 정말 열심히 해서 벗장이 수준을 벗어나겠어!"

● ● ● ● ● ● ● ● ●

　악기를 가르치는 선생님들이 하는 이야기가 있습니다. '처음 배우는 사람'보다 가르치기 어려운 사람은 '옛날에 한 번 배워본 사람'이라고요. 원하는 수준까지 완벽하게 배웠다면 다시 스승을 찾아 배울 필요가 없겠지요. 문제는 한때 조금 배우다가 그만 둔 상태인 사람인데, 선생님들의 말인즉슨 그런 사람들이 어렴풋하게나마 배웠던 지식을 내세우며 일명 아는 체를 한다는 것입니다. 곧 초보보다 골치 아픈 것은 바로 벗장이라는 말씀. 어떤 일을 끝까지 배우지 않고 그만 둬서 솜씨가 완벽하지 못한 사람을 두고 '벗장이'라고 합니다. '배워보긴 했으나 초보나 다름없다'는 겸손함을 나타내는 단어로 사용하면 참 좋을 텐데, 아무래도 우리는 자신을 낮추는 자세에 있어서도 아직 벗장이가 아닐까 싶습니다.

얌통머리가 있다면

얌통머리

: [명사, 우리말]

'얌치(부끄러움을 아는 태도)'를 속되게 이르는 말.

  자신의 행동에 대하여 부끄러워 할 줄 아는 태도를 '얌치'라고 합니다. 우리가 흔히 쓰는 염치(廉恥)와 비슷한 말이지요. '얌치'라는 말을 조금 속되게 구어체로 표현한 말이 바로 '얌통머리'입니다. '얌치머리', '야마리', '얌통'도 다 같은 표현입니다. 우리말의 명사 뒤에 붙는 접사 '머리'는 해당 단어에 '비하'의 뜻을 더해줍니다. '인정'이나 '버르장'이라는 단어가 홀로 쓰였을 때는 비하의 뜻을 가지고 있지 않지만, 거기에 '-머리'가 붙은 형태인 '인정머리', '버르장머리'는 '그것도 가지고 있지 못하냐'는 비하의 뜻을 가지게 됩니다. 얌통머리도 같은 형태로서, '얌치도 없느냐'는 비하의 뜻을 표현하고 있습니다. 세 시간 동안 진행되는 강의 중, 끝나기 20분을 남겨두고 슬그머니 모습을 드러내는 학생이 있었습니다. 얌치가 있다면 별 소리 없이 돌아가겠구나 싶었는데, 강의가 끝나기 무섭게 다가와서는 그렇게 말하는 것입니다.

학생: 교수님, 그래도 끝나기 전에 들어왔으니, 출석 체크 해주세요!

정희 씨: "그대, 혹시 얌통머리라고 아세요?"

【곁말 하나】

* 얌치 빠지다: [관용구]

더할 나위 없이 체면도 부끄러움도 없다.

반드시 머츰해지는 때가 있다

머츰하다

: [형용사, 우리말]

계속해서 내리던 눈이나 비 따위가

잠시 잦아들어 멎는 듯하다.

"비가 머츰하네? 울렁이는 이 마음도 머츰해졌으면 좋겠다."

• • • • • • • • •

동남아시아 여행을 계획하고 있는 사람들이 가장 신경 써서 알아보는 부분이 바로 여행 당시의 기후라고 합니다. 즉 건기(乾期)인가, 우기(雨期)인가를 꼭 따져보아야 한다는 것입니다. 나라마다 사정은 다르지만 보통 5월에서 10월 사이를 우기라고 하는데요. 우기에 내리는 비는 우리나라에서 볼 수 있는 소나기 차원이 아니라고 합니다. 앞이 보이지 않을 정도로 많은 비가 빠른 속도로 쏟아져 내리는데, 이런 비를 '스콜(squall)'이라고 합니다. 다행히도 동남아시아 지역의 우기는 우리나라의 장마처럼 한 며칠씩 계속해서 비가 내리는 형태가 아니라, 갑자기 많은 비가 마구 쏟아지다가 다시 머츰해지기를 반복하는 형태라고 합니다. 비가 줄기차게 내리다가 잠시 잦아드는 모양을 보고 '머츰하다'라고 합니다. 어떤 사람은 오히려 동남아시아에서 스콜을 보았을 때 속이 시원해지는 기분을 느꼈다고도 말합니다. 기왕이면 여행 기간 내내 비가 오지 않는 건기일 때가 좋겠지만, 우기라고 해서 꼭 얼굴을 찌푸릴 일만도 아니라는 사실.

사람의 마음도 그렇지 않을까요? 지금 이 순간 그대를 몹시 화나게 하고 힘들게 하는 일, 반드시 머츰해지는 때가 있을 거라고 믿습니다. 쏟아지다가 멈추고, 흠뻑 젖었다가 마르기를 반복하는 날씨처럼, 세상일처럼 말입니다.

🛋 책 속의 말 한 줄

밤새 잘그랑거리다
눈이 그쳤다

나는 외따롭고
생각은 **머츰하다**

- 문태준, 「누가 울고간다」 중, 『가재미』, 문학과지성사, 2006.

✒ 그대의 말결

'머츰하다'의 의미로 '머죽하다, 머즈막하다, 머츰하다'를 쓰는 경우가 있으나 '머츰하다'만 표준어로 삼는다. 〈관련조항: 표준어 규정 3장 4절 25항〉

가슴 한편이 우멍할 때

우멍하다

: [형용사, 우리말]

물건의 바닥이나 면 따위가 납작하고 우묵하다.

한옥에 가면 마당 한편에 자리하고 있는 커다란 나무, 툇마루를 가운데 두고 달려 있는 방들, 방문마다 곱게 발린 창호지까지 어느 것 하나 정겹지 않은 것이 없습니다. 그중 부엌은 발을 깊이 내디 뎌서 들어가야 할 만큼 바닥이 움푹 패여 있는 것이 특징인데요. 이렇게 한옥의 부엌 바닥이 다른 방보다 낮은 이유는 아궁이를 만 들어 불을 지피기 위해서라고 합니다. 아궁이에 불을 지피면, 툇 마루 아래 공간으로 열기가 퍼져 나갑니다. 부엌 쪽에서 불을 지 피다보니, 자연스레 부엌에 가까이 있는 방일수록 더 따뜻할 수밖 에 없겠지요? 그 방에서 아궁이에 가장 가까운 방바닥을 바로 아 랫목이라고 합니다. 이렇게 아궁이가 있는 한옥의 부엌 바닥처럼 깊고 넓적하고 우묵하게 파여 있는 모양새를 '우멍하다'라고 표현 합니다. 어릴 적 시골 할머니 댁에 가면 서로 아랫목에서 자려고 야단을 떨었던 생각이 납니다. 그 따스한 자리에 손주들을 앉혀 놓고 옥수수며 감자며 쉼 없이 내오던 손길이 떠올라 가슴 한편 이 우멍해집니다.

정희 씨: 지난 방학 때는 어떤 시간을 보냈나요?

학생: 글쎄요. 지난 학기에 해놓은 게 하나도 없어서인지, 가슴

한편이 우멍하게 파인 듯 했어요. 시리고, 허전하고······.

정희 씨: 무언가를 무겁게 채워 넣으면, 가슴은 오히려 더 우멍하게

파일 수 있어요. 뭐든 적당한 게 좋지요. 다음 방학 때는

가슴에 우멍한 홈이 생기지 않도록 대비해봅시다.

🪄 그대의 말결

'의뭉하다'의 의미로 '우멍하다'를 쓰는 경우가 있으나 '의뭉하다'만 표
준어로 삼는다. 다만 '물체의 면이 쑥 들어가다'의 의미로 쓰인 '우멍하
다'는 표준어로 인정한다. 〈관련조항: 표준어 규정 2장 4절 17항〉

눈물을 홈착거리고, 세월을 홈착거리다

홈착거리다

: [동사, 우리말]

눈물 따위를 요리조리 자꾸 훔쳐 씻다.

보이지 않는 데 있는 것을 찾으려고 요리조리 자꾸 더듬어 뒤지다.

"아니, 눈물을 홈착거릴 정도로 슬프다면서
과제를 할 정신은 있던가요!"

· · · · · · · ·

한 학기 내내 성실한 모습을 보여주던 남학생이 있었습니다. 지각 한 번 없이 강의 시간을 잘 지키고, 과제 역시 기대 이상으로 완성해서 가져오는 학생이었지요. 알게 모르게 강의 분위기를 그 학생에게 기대고 있다는 생각이 들 정도로 모범적인 학생이었습니다. 그런데 학기가 거의 끝나갈 무렵, 갑자기 그 학생이 보이지 않았습니다. 괜스레 걱정이 됐습니다. 평상시 학생이 보여준 태도대로라면, 정말이지 이유도 없이 나오지 않을 학생은 아니었기 때문입니다. 학생은 그 다음 주에도 결석을 했습니다. 그러다가 종강을 하는 날, 드디어 모습을 드러낸 학생의 가슴팍에는 기말과제가 고스란히 안겨 있었습니다. 과제를 제출하는 학생에게 왜 2주나 나오지 않았느냐고 따지듯이 물었습니다. 곧 학생이 눈물을 홈착거리는 것 같더니만, 글쎄 한다는 소리가……. "여자 친구랑 헤어졌어요." 살며시 웃음이 나왔습니다. 고작 그 이유였느냐고 우스워서 그랬던 것이 아니었습니다. 저는 학생이 귀여웠습니다. 몹시 사랑스러웠고요. "그대가 그대의 그대보다 그대를 더 사랑했으므로, 그대는 지금 전혀 슬프지 않아야 합니다!" 뭐, 멋들어진 말로 위로를 해준 것 같긴 합니다. 그때 학생은 자신이 울고 있다는 사실을 별로 드러내고 싶지 않았던 모양입니다. 눈물이 한 방울 떨어질라치면 부리나케 소매로 닦아버렸으니까요. 그렇게 눈물을 자꾸 훔쳐내는 모습을 '훔착거리다', '훔착대다'라고 합니다. 또 무언가를 찾으려고 자꾸 뒤지고 헤집는다는 뜻으로도 쓸 수 있지요. 지금 그 학생은 어떻게 지내고 있을지 궁금해집니다. 그대의 그대를 찾기 위해 눈물을 훔착거리고 세월을 훔착거리며 지내고 있을까요?

책 속의 말 한 줄

태식의 눈꺼풀도 점점 무거워졌다. 하루 종일 케이크를 만들고 집에 들어가 발만 씻었다가 게이코가 도망갔다는 말에 다시 나와서 밤을 꼬박 새웠으니 그게 마땅한 일이었다. 눈물을 **훔착거리듯** 눈두덩을 두 손으로 비비는데 번득번득 회부연 뭔가가 지나갔다.

- 김연수, 「하늘의 끝, 땅의 귀퉁이」, 『내가 아직 아이였을 때』,
문학동네, 2002, p.17.

햇빛에 반짝이는 윤슬처럼

윤슬

: [명사, 우리말]

햇빛이나 달빛에 비치어 반짝이는 잔물결.

해질 무렵, 한강에 있는 다리를 건널 때면 정말 눈이 부시도록 아름다운 광경을 볼 수 있지요. 강물에 반짝이는 햇빛! 마치 하늘에 있는 누군가가 커다란 오렌지를 강물에 꾹 누르고 있는 모습처럼 보입니다. 연한 주황빛 물결이 은은하게 번지는 모습을 보면 잠시나마 하루의 피로가 풀리기까지 합니다. 그래, 세상은 아름답다!

캄캄한 밤, 달빛에 반짝이는 물결도 무시할 수 없는 장관이지요. 이처럼 강물 같은 표면에 햇빛이나 달빛이 비쳐 반짝이는 물결을 표현하는 단어가 있다는 사실, 알고 계셨나요? 바로 '윤슬'이라고 합니다. 그 모습을 표현하는 단어조차 이렇게 아름다울 수가 있을까요. 제 성씨가 '윤(尹)'씨였다면, 제 호는 반드시 '슬'이었을 것입니다! '잔잔한 물결이 햇빛에 비치는 모양'을 나타내는 말로 '물비늘'이라는 단어도 있습니다. '물비늘', '윤슬', 문득 시 한 구절을 떠올리고 싶을 만큼 아름다운 단어들입니다.

정희 씨: 해질 무렵, 지하철을 타고 한강 위를 건너본 적 있지요?

그때 강물 위에 비치는 윤슬, 정말 환상적이잖아요!

학생: 아휴, 교수님. 열차 안에 사람이 너무 많으면 지금 한강을

건너는지 바다를 건너는지 알 수도 없어요.

📖 책 속의 말 한 줄

소리 없는 것들을 들어야 하고 **윤슬**의 부대낌도 시리게

필사해야만 한다 저무는 것들이사 일별로 보낸다지만

흐르는 것에는 안겨야 하는 것이다

안겨 같이 흐를 때

제대로 같이 가는 것이다 물이 그려낸 곡선도 유장함도

남으로 길을 잡아 바다로 스며들 때까지, 물에 물을

더한 물에 서린 긴 이야기를 읽어내야만 한다

- 최영욱, 「강의 독법」, 『다시, 평사리』, 애지, 2017.

곰비임비 겹치는 일

곰비임비

: [부사, 우리말]

물건이 거듭 쌓이거나 일이 계속 일어남을 나타내는 말.

'가난한 집에 제사 돌아오듯 한다'라는 속담이 있습니다. 예부터 제사 치르는 일은 가세를 잠시 기울게 할 만큼 부담되는 일이었다고 하지요. 하물며 형편이 좋지 못한 집에 제사가 자주 들이닥친다면 그 부담감은 이루 말할 수가 없을 것입니다. 가난한 집에 제사가 자주 돌아오는 것처럼, 하필이면 어려운 시기에 곤란한 일이 자꾸 겹치는 경험을 해보셨을 텐데요. 뭐 좋은 일이 연거푸 이어진다면 얼마나 좋겠습니까. 그런데 대개 사람 일이라는 게 곤란한 일, 힘든 일이 곰비임비 겹치기 마련인가 봅니다. '곰비임비'는 어떤 일이 쉼 없이 계속해서 이어지는 모양새를 나타낸 부사어랍니다. 간혹 '곰비곰비'라고 쓰시는 어르신들이 있는데, 이는 '곰비임비'의 잘못된 표현입니다.

학생: 졸업은 애당초 글렀어요. 갖은 노력을 다해서 세 과목이나 재수강을 했는데, 두 과목이나 시험을 못 쳤어요. 교수님 찾아뵙고 사정을 말씀드렸더니 과제를 내주시더라고요.

57

그래서 과제라도 잘해야겠다고 마음먹고 도서관에 갔는데,

지난 학기에 반납하지 않은 책이 많아 대출이 불가능하대요.

그런데 시골에 계신 엄마가 농번기인데 한 번 내려와

보지도 않느냐고 서운해 하시고……

정희 씨: 앞으로도 일은 곰비임비 쌓일 것 같은데요? 마음을 조금

차분하게 갖고, 당장 할 수 있는 일부터 하나씩 해나갑시다.

회오의 시간이 이어지길

회오(悔悟)

: [명사, 한자어]

잘못을 뉘우치고 깨달음.

"나이가 들수록 자만의 시간은 줄고
회오의 시간이 늘어가는 것 같아요."

• • • • • • • • •

언젠가 미디어에서 죄수 출신의 목사가 큰 반향을 일으켰던 적이 있었습니다. 얼마나 많은 성찰과 수련을 거듭해야 될 수 있는 자리가 목사일 텐데, 교도소 안에서 어떻게 그 과정을 모두 해낼 수 있었을까. 목사는 작고 어두운 방에서 진심어린 회오의 시간을 보냈다고 고백했습니다. 자신의 잘못에 대하여 깊이 뉘우치고 다시는 그리하지 않으리라는 깨달음을 얻는 것을 두고 한자어로 '회오(悔悟)'라고 합니다. 조금 어려운 느낌이 없지 않지만, '뉘우칠 회(悔)'와 '깨달을 오(悟)'라는 각각의 글자에서 뿜어 나오는 매력은 분명한 듯합니다. 사람들 누구나 뉘우치고 깨닫기를 거듭하며 살 수 있다면 얼마나 좋을까요. 오늘 나의 말 한 마디에 속상해한 사람은 없었는지, 의도하지 않은 실수 때문에 상처 받은 사람은 없었는지. 지금 이 순간, 그대에게도 '회오(悔悟)'의 시간이 이어질 수 있기를 바라봅니다.

🛋 책 속의 말 한 줄

괴테의 모든 작품에 깃든 자족한 고요, 풍요한 조화는 그의 행복했던 어린 시절, 양친의 조화된 생활을 생각함이 없이는 완전히 이해될 수 없을 것이다. 그는 온갖 정열이나 **회오**에서도 온건함과 절도 내지 품성을 끝까지 잃지 않는다.

다시 말하면 '중용'을 그는 갖추고 있는 것이다. 그리고 이 중용은 어떤 나라의 어떤 사람의 경우에 있어서도 어린 시절 및 양친의 생활과 훈육과 끊을 수 없는 관계를 가지고 있다.

- 전혜린, 「사랑을 받고 싶은 본능」, 『그리고 아무 말도 하지 않았다』,
민서출판, 2001, p.189.

안다미로 담은 것이 밥뿐이었을까

안다미로

: [부사, 우리말]

담은 것이 그릇에 넘치도록 많이.

할머니 댁에 가서 밥을 먹으면 어떤 반찬에 먹어도 맛있더라! 정말 신기하게도 김치 하나에만 밥을 먹어도 그렇게 맛있을 수가 없습니다. "할머니, 그만 담으세요. 저 다 못 먹어요!" 어릴 적에는 밥이 너무 많다고 할머니에게 투정을 부리기도 했던 것 같습니다. 밥이나 국물 같은 음식을 그릇에 너무 많이 담아서 자칫하다가는 넘칠 것 같은 상태, 그 상태를 표현한 부사어가 바로 '안다미로'입니다. 할머니가 안다미로 담은 것이 비단 밥뿐이었을까요. 손주가 예뻐서 어쩔 줄 모르는 마음, 무엇이라도 더 퍼주고 싶어서 안달이 난 마음, 그 마음이야말로 안다미로 넘쳐났을 테니 말입니다.

학생: 이모, 국물 좀 안다미로 담아서 해장국 한 그릇 부탁해요!

이모 : 아이고, 술을 얼마나 안다미로 드셨기에? 얼른 해줄게.

학생: 우리 이모, 인심 하나는 안다미로 넘쳐나요!

61

글 솜씨가 덧게비를 친다면

덧게비

: [명사, 우리말]

이미 있는 것에 덧대거나 덧보탬. 또는 그런 일이나 물건.

　　소문이 무서운 이유는 그것이 퍼지면 퍼질수록 사실에서 왜곡된 이야기가 덧붙기 때문일 것입니다. 이렇게 이미 있는 사실에 이야기를 덧보태는 모양새를 보고 '덧게비치다'라고 표현합니다. 대학 시절, 아기자기한 사랑을 싹 틔웠던 남학생이 있었지요. 모 대학에 다니고 있는 학생이었고, 아버지가 모 중학교의 교장 선생님이라고 했고요. 연애에는 관심이 없을 줄만 알았던 제가 연애를 한다고 하니, 학교 안에 소문이 파다했다고 합니다. 언젠가 별로 친하지 않은 과 동기가 제게 이렇게 물었습니다. "너, 모 대학 총장 아들하고 사귄다며? 너 대단하다!" 기가 찼습니다. 언제 그렇게 소문이 덧게비를 쳤는지, 저는 의도치 않게 남들의 이목을 사는 연애의 장본인이 돼 있었던 것입니다. 뭐 굳이 더 덧게비를 붙이며 해명할 필요가 있겠나 싶어 그냥 놔두고 말았지만, 지금 생각해도 재밌는 일이 아닐 수 없습니다. 소문 같은 일 말고, 통장 잔고가 덧게비를 치고 글 솜씨에 덧게비가 붙었으면 좋겠습니다.

학생: 교수님. 거짓말은 정말 무서운 것 같아요. 한 번 거짓말을 하면 또 다른 거짓말들이 계속 덧게비를 치거든요. 정말 거짓말 같은 건 절대 하지 말아야 해요.

정희 씨: 하하하. 혹시 지금 더 덧게비치고 있는 속마음은 없고요?

학생: 아, 아니에요, 교수님. 다만 과제를 못 해왔을 뿐이에요.

🖌 그대의 말결

'덧게비'의 의미로 '더깨비, 덧개비'를 쓰는 경우가 있으나 '덧게비'만 표준어로 삼는다. 〈관련조항: 표준어 규정 2장 4절 17항〉

<u>낮곁의 유혹</u>

낮곁

: [명사, 우리말]

한낮부터 해가 저물 때까지의 시간을

둘로 나누었을 때 그 전반(前半).

봄이 오면 솜사탕처럼 폭신폭신하고 방금 구워낸 빵처럼 따뜻한 날씨 덕에, 가만히 앉아만 있기만 해도 잠이 스르르 들곤 합니다. 춘곤증이라고들 하지요. 그런데 가만히 생각해보면 꼭 봄이라고 해서 잠이 오는 것만도 아닙니다. 바로 점심 식사를 하고 난 후 몰려오는 졸음에는 계절에 상관없이 맞서기가 쉽지 않다는 사실입니다. 시간으로 따지면 대략 오후 1시에서 3시 사이가 될 듯합니다. 딱 이때를 콕 짚어 지칭하는 말이 없을까 싶으셨지요? 해가 하늘 높이 떠오른 정오 이후, 다시 그 해가 기력을 다할 때까지의 6시간 중 전반부에 해당하는 시간을 '낮곁'이라고 합니다. 낮잠의 유혹으로부터 가장 헤어나기 어려운 시간이면서도, 그날의 일 처리에 있어서 가장 힘을 쏟아야 하는 시간. 많은 연구자들에 의하면 낮곁에 20분 내외로 낮잠을 자는 것은 오히려 업무 효율을 높여준다고 합니다. 이제 대놓고 20분씩 잠을 자보라는 말씀은 아니고요. 몹시 견디기 힘들다면 잠시 눈을 감고 쉬어가는 게 현명할 수도 있다는 것. 하지만 낮결이 아닌 시간에도 20분이고 30분이고 자주 엎드려 있다면, 그건 분명히 만성피로를 의심해보아야 할 것입니다.

학생: 엄마, 할머니 다녀가셨어요?

어머니 : 응, 낮결에 잠깐 다녀가셨어. 커피 한 잔 드시고 가셨어.

학생: 아, 할머니. 용돈 주신다고 했는데!

어머니 : 인석아, 그럼 졸고만 있지 말고, 잠시 들르지 그랬어!

학생: 제 말이요. 20분만 잔다는 게 낮결 내내 졸고 말았네.

어머니: 할머니도 옛날 같았으면 그 시간에 낮잠 한숨 주무시곤
          했는데, 요즘엔 통 그러시질 않네.

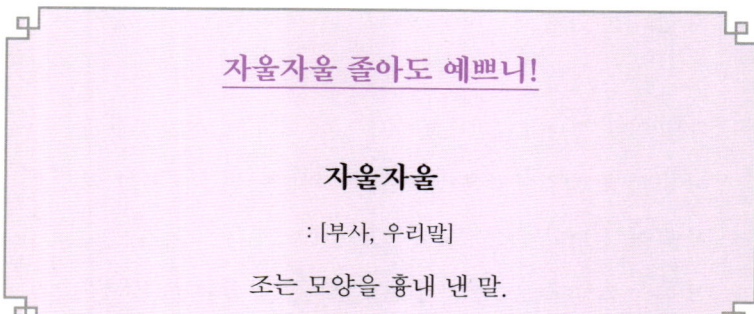

자울자울

: [부사, 우리말]

조는 모양을 흉내 낸 말.

"자울자울 졸고 있는 모습도 참 예쁘던데요."

• • • • • • • • •

우리의 언어 습관을 가만히 들여다보면, 우리는 일종의 규칙 같은 표현에 당연한 듯이 길들어 있는 게 아닌가 하는 생각이 들곤 합니다. 토끼는 왜 항상 깡충깡충 뛸까? 연기는 왜 항상 모락모락 피어날까? 강아지는 왜 항상 멍멍하고 짖을까? 유독 의성어나 의태어에서 그런 현상을 많이 발견할 수 있는데요. 졸고 있는 모습을 보고도 우리는 습관적으로 '꾸벅꾸벅'이라는 의태어를 쓰곤 합니다.

한번은 거실에서 티브이를 보면서 졸고 있는데, 빨랫감을 정리하던 어머니가 말했습니다. "피곤했나보네? 자울자울 졸지 말고, 잠깐이라도 눈 좀 붙여." 스르륵 감기던 눈이 번쩍하고 깨어났습니다. '자울자울'이라는 말이 가슴팍에 확 들어왔던 것이지요. 어머니의 고향이 전라도였다는 사실이 떠올랐습니다. 꾸벅꾸벅 졸고 있는 모습을 전라도 지방에서는 '자울자울 졸다'라고 표현한다

고 합니다. 방언이라서 생소할 수도 있지만 쓰면 쓸수록 입에 착
착 감기는 단어 같습니다. 졸고 있는 모양이 작은 아기 새처럼 여
리고 예뻐 보이지 않을까 싶을 정도로 말이지요. "우린 다 그렇게
써." 어머니는 너털웃음을 보였습니다. 모양도 소리도 예쁜 말을
알아서 참 좋았고, 어머니에게 귀한 보물을 얻은 듯해서 참 행복
했습니다.

 책 속의 말 한 줄

　푸른 벌레가 산자두잎 뒤 잎사귀 처마로 들어가 동글동글한 똥
을 피한다

　목주름 펴 처마 바깥을 갸웃거리다 잔다랗고 말랑말랑한 푸른
똥 누고 **자울자울** 존다

　잎사귀 처마를 득득 긁는 산비 소리에
　윗니 아랫니 돋아 간질간질한 산비소리에

- 문태준, 「산비 소리에」, 『가재미』, 문학과지성사, 2006.

속이 트릿할 정도로 먹어도

트릿하다

: [형용사, 우리말]

먹은 음식이 잘 소화되지 아니하여 가슴이 거북하다.

어릴 적 아버지는 월급날만 되면 항상 통닭 두 마리를 사서 들어오곤 했습니다. 어린 동생과 저는 그 통닭 맛에 감복하여 우리 아빠가 최고다, 아빠가 맨날 월급만 탔으면 좋겠다고 환호성을 지르곤 했지요. 그런데 그렇게 맛나 보이던 통닭이건만, 둘이서 두 마리를 다 먹는다는 게 여간한 일이 아니었습니다. 힘들게 목구멍 끝까지 다 집어넣어야 간신히 한 마리를 다 먹었던 것 같습니다. 그마저도 먹고 나면 속이 얼마나 불편했는지 모릅니다. 정말 다시는 통닭 먹자는 이야기 않겠노라고 으름장을 놓을 정도였지요. 이처럼 음식을 너무 많이 먹었거나, 혹은 상한 음식을 먹어서 속이 답답하고 불편한 기운을 느낄 때 '트릿하다'라고 말할 수 있습니다. 참! 신기한 일은요. 속이 트릿할 정도로 통닭을 먹었음에도 불구하고, 다음 아버지의 월급날이 되면 다시 아무렇지 않게 그 통닭이 들어가더라는 말씀. 좋아하는 음식은 속이 트릿할 정도로 먹어도 또 먹고 싶어지는 법인가 봅니다. '트릿하다'에는 속이 불편하다는 뜻 말고도, '일처리를 똑바로 하지 못하고 흐지부지하게 하다'라는 뜻도 있습니다.

　　학생 A: 그래서, 여자 친구하고는 헤어졌어?

　　학생 B: 아니. 내가 좀 트릿하잖아. 매몰차게 못하겠더라고.

　　학생 A: 으이구, 너희 모습 보면 내 속이 다 트릿해진다!

【곁말 하나】

* 타분하다: [형용사, 우리말]

　(…이) 입맛이 개운하지 않다. 음식의 맛이나 냄새가 신선하지
못하다. 날씨나 기분 따위가 시원하지 못하고 답답하다.

　　🪄 그대의 말결

　'트릿하다'의 의미로 '티리하다'를 쓰는 경우가 있으나 '트릿하다'만 표
　준어로 삼는다. 〈관련조항: 표준어 규정 3장 4절 25항〉

곡기를 끊을 만큼 아픈 일이란

곡기(穀氣)를 끊다

: [관용구]

음식을 먹지 못하거나 먹지 아니하다.

곡기(穀氣)는 곡식으로 만든 적은 양의 음식을 말하는 단어로 다른 말로 '낟알기'라고도 합니다. 끼니도 챙기지 않고 몹시 힘든 일을 겪고 있는 사람에게 '식음(食飲)을 전폐하고 있다'라고 하지요? 먹는 것 마시는 것을 모두 하지 않을 만큼 힘들어 하는 상황을 표현한 말로, '곡기를 끊다'가 있습니다. 아주 적은 양의 음식도 전혀 먹지 못할 만큼 힘든 상황, 과연 어떤 때에 찾아올까요? 혹은 이미 겪어 보셨는지요. 실연의 아픔 후, 스스로 비련의 여인이기를 청하며 곡기를 끊고 있을 때 어머니가 그런 말을 했습니다. "네가 먹지 않는 양까지 합쳐서 그 녀석은 더 많이 먹고 있을 것이다. 그러니 얼른 일어나!"

정희 아빠: 쟤는 왜 저렇게 곡기를 끊고 누워만 있어요?

금순 씨: 제 말이요. 집에 쌀이 없나 김치가 없나!

큰딸: 엄마 아빠는 몰라요! 쌀알 하나 넘길 수 없을 정도로 힘든 제 마음을요!

금순 씨: 그럼 호박죽이라도 끓여주랴?

정희 아빠: 팥죽도 괜찮겠어요. 곧 동지이기도 하고!

 책 속의 말 한 줄

말이 좋아 남편이지 사십 줄에 일자리를 놓아버린 터이고 병치레가 잦아 평생 철 안 드는 자식 하나 거느린 셈 치는 수밖에 달리 무슨 도리가 있겠는가. 오십 년 세월에 정보다 미움과 원망이 깊어 그녀는 걸핏하면 훨훨 나가버리겠노라고 소리친다. 다 늙어 저승길이 보이는 나이에 가긴 어딜 가겠는가만 말귀도 어둡고 정신도 흐린 반거충이가 되어버린 남편은 지레 겁을 먹어 **곡기를 끊고** 누워버린다.

\- 오정희, 「철 늦은 사랑 노래」, 『가을 여자』,
랜덤하우스코리아, 2009, p. 39.

곡기를 끊든 허발을 하든 제발

허발

: [명사, 우리말]

몹시 굶주려 있거나 궁하여 체면 없이 함부로 먹거나 덤빔.

힘든 일을 당하여 음식을 전혀 먹지 못하거나 먹지 않는 상황을 '곡기를 끊다'라고 했지요. 그렇다면 반대로 음식을 전부 먹어치울 기세로 허겁지겁 먹어대는 상황은 무엇이라고 할까요? 몹시 배가 고프던 차에 마침 음식을 먹을 수 있게 되자, 체면 가리지 않고 양 따지지 않고 마구 먹어치우는 모습을 보고 '허발을 하다'라고 말합니다. 가만히 생각해보면 힘든 일을 겪고 있을 때 우리들은 그것을 과시하기라도 하는 양, 곡기를 끊거나 아니면 정반대로 허발을 하는 모습을 스스로 보이곤 합니다. 무엇이 됐든 그것이 자기를 위로하는 방법이 되어주지는 못한다는 것을 아는데도 말입니다. 혹시 지금 많이 힘들다면, 그래서 곡기를 끊든 허발을 하든 자신을 괴롭히고 있다면, 부디 조금만 더 견뎌보라고 응원합니다. 곧 힘든 일이 걷히고 편안하게 식사할 수 있는 순간이 찾아올 테니!

금순 씨: 호박죽을 해줬더니 그제야 숟가락을 들더라고요.

정희 아빠: 몇 술이나 뜨던가요? 차라리 팥죽을 해줬으면 더 좋았

을 것을! 그럼 허발을 하고 먹었을 텐데…….

금순 씨: 아니, 이 마당에 호박이니 팥이니 따지겠어요?

정희 아빠: 에이, 단순히 곡기만 채울 일이 아니라…….

팥을 먹으면 더 힘이 나지 않겠느냐 뭐 이런 말이지요, 뭐.

책 속의 말 한 줄

아무 일도 일어나지 않았다 싱크대 틈새기로 빠져 버린 참기름 병뚜껑 그 사소함에 온 세상 우지끈 뒤집어지는 것이 문제다 동굴 속에 안주하던 온갖 잡동사니들 '틈입자 빗자루'와 맞붙으며 아우성이다 먼저 썩은 행주 조각이 모서리에 발목 묶은 채 안 된다 안 된다 살려 달라며 이를 옹문다 이번에는 식칼로 바닥 긁기다 사이다병 뚜껑이 뽀얀 먼지 뒤집어 쓴 채 '아아 형광등은 너무 눈이 시려요' 옷고름 부여잡고 얼굴 붉힌다 마지막으로 효자손 갈퀴질이다 찌그러진 볼따구 지줏대 삼아 치켜올린 둔부가 끙끙 수치심에 떤다 모가지 힘줄 때마다 우두둑 구기며 이를 갈지만 녹슨 젓가락 하나 토해 냈을 뿐 딸깍딸깍 밀려만 가는 병뚜껑

동트는 새벽 출근길 밥고리 찾아 **허발**나게 달리자 삼월 아침 하늘 뚜껑이 열려 대설주의보가 내렸던 날이다

- 강병철, 「꽃샘 눈」, 『꽃이 눈물이다』, 삶이보이는창, 2009.

조금만 주의해서 쓰면
훨씬 더 좋은 말들! (Ⅱ)

성차별적인 단어에 대한 순화는 세계적인 관심사이기도 합니다. 모 소설가의 첫 작품을 '처녀작'이라고 지칭하는 경우를 보았을 것입니다. '처녀'라는 말이 '처음'을 뜻하는 접두사처럼 쓰인 경우인데요. 처녀와 처녀가 아닌 여자를 나누는 기준부터가 마땅치 않다는 지적이 많습니다. 그냥 '첫 작품', 혹은 '데뷔작'이라고 해도 충분히 의미가 전달되므로 굳이 '처녀'라는 관습적인 수식은 사용하지 않도록 합시다.

영미 문화권에서도 성차별적인 단어는 발견됩니다. 처녀림은 '버진 포리스트(virgin forest)', 처녀봉은 '버진 피크(virgin peak)', 처녀비행은 '메이든 플라이트(maiden flight)', 처녀작은 '메이든 워크(maiden work)'로 사용하고 있지요. 우리의 경우처럼 처녀와 소녀를 뜻하는 버진(virgin)과 메이든(maiden)이 '처음'을 뜻하는 수식으로 사용되고 있는 것입니다. 하지만 성차별적인 단어에 대한 사용을 자제하자는 사회적 추세에 따라 이러한 표현들 역시 많은 부분에서 순화가 되고 있습니다. 실례로 유럽연합은 '미스(Miss)'와 '미시즈(Mrs.)'를 사용하지 말자는 결의안을 채택하기도 했지요.

▷'스포츠맨(sportsman)'→'스포츠퍼슨(sportsperson)', '애슬리트(athlete)'

▷ '스튜어디스(stewardess)' → '플라이트 어텐던트(flight attendant)'

▷ '폴리스맨(policeman)' → '폴리스 오피서(police offier)'

▷ '파이어맨(fireman)' → '파이어 파이터(fire fighter)'

　여류 소설가, 여성 대통령이라는 말도 마찬가지입니다. 물론 그 예가 흔치 않았다는 역사적 배경에 근거하여 특별히 지칭한 말일 수도 있겠지만, 남성과 차별된 능력을 강조하기 위한 표현이라면 분명히 고쳐져야 할 것입니다. 남성 소설가도, 여성 소설가도 모두 인생의 참의미를 표현해주는 사람들이니 말입니다. 또, 남편과 사별한 여자를 일컬어 '미망인(未亡人)'이라는 표현을 쓰곤 하는데요. 미망인의 사전적 의미는 '남편을 잃고 홀로 남은 여자'라는 뜻으로 나타나 있습니다. 옛날 남편이 죽으면 아내도 따라서 죽던 문화를 미화하는 분위기 속에서, 그렇지 못한 아내를 탓하며 생겨난 말이라고도 합니다. '홀로 남은 여자'라는 표현이 굳이 필요할까 싶습니다. 그냥 '고 ○○○ 씨의 부인'이라고 하면 그만인데 말입니다.

꽃처럼 시르죽어 있는 그대

시르죽다

: [동사, 우리말]

기운을 차리지 못하다. 기를 펴지 못하다.

"그대가 그렇게 시르죽어 있으니 제 마음이 다 아파요."

• • • • • • • • •

나이를 얼마나 먹든 먹지 않든, 누군가를 가르치게 되면 가슴속에 부모 같은 마음이 생기는가 봅니다. 한번은 강의 중에 한 남학생이 유난히 기운이 빠진 모습으로 앉아 있기에, 슬며시 다가가 무슨 일이냐며 말을 건넸습니다. 평상시 똑똑하고 열심인 학생이었지요. 그런데 그날따라 학생은 이상하리만치 대답을 못했습니다. 그렇게 강의가 끝나고 다시 학생에게 다가갔습니다. 그리고 오늘 그대의 시르죽은 태도 때문에 나 역시 시르죽고 말았다고 말했습니다. 기운이 다 빠져버린 듯이 축 처진다는 뜻으로 '시르죽다'라는 말을 쓸 수 있습니다. 그 단어를 알아들었는지 못 알아들었는지 머리를 긁적이며 나가는 학생의 모습을 보며 마음이 아팠습니다. 학생들의 속사정까지 다 알고 싶을 만큼 오지랖이 넓었던 것도 아닌데, 물을 주지 않아서 시들어버린 꽃처럼 시르죽어 있는 그 학생 때문에 강의 시간 내내 마음이 아팠던 것 같습니다.

대체 얼마나 교교하기에

교교(姣姣)하다, 교교(皎皎)하다

: [형용사, 한자어]

재주와 지혜가 있다.

달이 썩 맑고 밝다.

교교하다. 발음하는 소리도 참 아름다운 단어지요. 이 단어에는 한자어에 따라 두 가지의 뜻이 있습니다. 먼저 '아리따울 교(姣)' 자를 겹쳐 쓰는 '교교(姣姣)하다'는 재주가 많고 지혜롭다는 뜻을 가지고 있습니다. 아름답다는 뜻을 가진 글자가 두 번이나 겹쳤는데, 대체 얼마나 아름답다는 뜻을 표현한 것이겠습니까. 그래서 '교교(姣姣)하다'는 아름답다는 뜻을 넘어서 재주가 많고 지혜로운 사람을 표현할 때 쓰는 단어입니다. 또 '달 밝을 교(皎)' 자를 연달아 쓰는 '교교(皎皎)하다'는 달빛이 환하고 밝다는 뜻을 가지고 있습니다. 아름답다는 뜻이 두 번 더해져 본래의 뜻보다 더 뛰어난 뜻을 갖게 된 '교교(姣姣)하다'와 마찬가지로, 달빛이 환하고 밝다는 뜻이 두 번 더해지니 '고요하다, 깨끗하다, 결백하다' 와 같은 상황을 표현하는 단어가 되었습니다. 컴컴한 밤, 달빛이 훤하게 비치는 호숫가를 떠올려 보세요. 아무도 없이 달빛만 비치는 호수! 딱 그때의 분위기를 '교교(皎皎)하다'라고 표현할 수 있답니다.

고고하고 영롱한 찬별이 뜨다

찬별

: [명사, 북한어]

차가운 느낌을 주는 별.

주로 겨울철 밤하늘의 별을 이른다.

"아! 내 이별의 아픔을 아는지, 밤새 하늘에는 찬별만 가득하더라!"

• • • • • • • • •

원래 '별빛'이라는 게 그 단어만으로도 반짝이고 따뜻한 느낌을 갖게 해주지요. 하나, 추운 겨울날 밤하늘에 떠 있는 별은 그 별마저 차가운 느낌을 줄 때가 있습니다. 유난히 멀리 있고 아득하다는 생각 때문일까요. '저 별은 얼마나 춥고 외로울까?' 그래도 추운 공기가 휘감은 밤하늘에 홀로 반짝이는 별은 때로 고고하고 영롱하다는 느낌을 줍니다. 그렇게 겨울철 밤하늘에 뜬 별을 가리키는 북한어로 '찬별'이라는 단어가 있습니다. '별빛'이라는 단어만큼 반짝이고 따뜻하지는 않지만, 차가운 공기가 휘감은 밤하늘에 홀로 깊게 박혀 있기에 더 아름다울 수 있는 별. 누군가는 별을 보며 사랑하는 연인을 떠올리고 행복할 수도 있지만, 누군가는 이미 떠난 연인을 떠올리며 가슴 아플 수도 있습니다. 별은 별을 바라보는 사람들 모두에게 각각 다른 빛으로 반짝일 테니 말입니다.

【곁말 하나】

＊ 개밥바라기: [명사, 우리말]

저녁 무렵 서쪽 하늘에 보이는 '금성'을 이르는 말.

＊ 붙박이별: [명사, 우리말]

천구 위에서 서로의 상대 위치를 바꾸지 않고 별자리를 구성하는 별. 북극성, 북두칠성, 견우성, 직녀성 따위가 있다.

＊ 살별: [명사, 우리말]

가스 상태의 빛나는 긴 꼬리를 끌고 태양을 초점으로 긴 타원이나 포물선에 가까운 궤도를 그리며 운행하는 천체. 꼬리별, 혜성.

책 속의 말 한 줄

내 얼굴엔 **찬별**이 떠서 얼굴이 저려온다는 거

나는 쇠줄 두른 손목시계의 나사를 하나하나 풀 듯

숱한 그림자 타다 만 시계처럼 누워 있는

기찻길의 침목을 하나하나

눈동자 속으로 삼킨다는 거

– 김혜순, 「트레인스포팅」, 『당신의 첫』, 문학과지성사, 2013.

애옥살이에 사랑이 남아날까

애옥살이

: [명사, 우리말]

가난에 쪼들려서 애를 써가며 사는 살림살이.

어려서부터 알고 지내 온 덕분에, 제게도 가깝게 여겨지는 어머니의 친구 분이 있습니다. 한번은 친구 분이 집으로 놀러온 적이 있었습니다. 여느 때처럼 함께 과일을 집어 먹으며 두 분 대화에 끼어들었습니다. 그날의 화제는 친구 분의 아들에 관한 것이었습니다. 바로 아들에게 혼담이 오고갈 만큼 관계가 깊은 사람이 생겼다는 것. 더 자세히 들었을 때는, '속도위반'이라는 단어도 나왔던 것 같습니다. 뭐, 아들의 나이가 저랑 동갑이기도 하고, 아, 그러니까 이제 결혼하기에 아까운 나이는 아니라고 생각 되어서, 그것 참 잘된 일 아니냐고 박수를 쳤습니다. 그런데 친구 분 얼굴이 먹구름이 낀 듯 새카맣게 변했습니다. 그분 말씀이 자기는 이 결혼 절대 못 시킨다며 극구 말릴 거라고 했습니다. 어머니가 그래도 하겠다고 하면 어떻게 할 거냐고 물으니, 저들이 어떻게 살든지 말든지 한 푼도 보태주지 않겠노라고 큰소리를 쳤습니다. "두고 보라지! 애옥살이에 사랑이 남아나겠어?" 저는 뭔가 실수한 것 같은 생각도 들고 해서 포도 세 알을 입에 문 채 조용히 방으로 들어왔습니다. 바깥 눈치를 살피며 곧바로 '애옥살이'의 뜻을 찾아보았지요. '애옥살이'는 글쎄, 살림살이가 너무 가난한 나머지 몹시 애를 쓰며 살아가는 것을 가리키는 말이었습니다. '아, 친구 분도 너무하신다. 그래도 그렇지, 아기도 가졌다는데 애옥살이가 뭐람?' 방 안에서 저도 모르게 그만 이렇게 구시렁거리고 말았지요. 다른 말로 '애옥살림'이라고도 할 수 있습니다.

> 큰딸: 다들 신혼은 애옥살이로 시작하지 않나? 아줌마 별 걱정
> 다하시는 것 같아요.
> 금순 씨: 그래도 아무 소리 마라. 말은 저렇게 해도 정말 애옥살이
> 시키지는 못할 게다. 왜냐하면 저도 그렇게 신혼 생활을
> 했기 때문에, 그게 얼마나 힘든 건지 알거든.

✦ 그대의 말결

'애옥살림'과 '애옥살이' 모두 널리 쓰이므로 둘 다 표준어로 삼는다. '애옥살이'의 의미로 '애욱살이'를 쓰는 경우가 있으나 '애옥살이'만 표준어로 삼는다. <관련조항: 표준어 규정 3장 5절 26항, 표준어 규정 2장 4절 17항>

바로 이 점에 천착하여

천착(穿鑿)하다

: [동사, 한자어]

어떤 원인이나 내용 따위를 따지고 파고들어

알려고 하거나 연구하다.

4년 동안의 대학교 생활을 마치고, 새롭게 시작된 대학원 생활. '와! 대학원은 정말 멋진 곳이구나!' 처음에는 순전히 그런 생각들에 사로잡혔던 것 같습니다. 무엇 무엇이 멋지고 뛰어난지 조목조목 대보라고 하면 하나도 꺼내놓지 못했을 텐데, 이상하게도 그때는 굉장한 놀라움과 설렘에 가득 차 있었습니다. 당시 제게 가장 큰 자극이 되고, 저를 가장 열심히 매진하게 했던 것은 다름 아닌 '논문'이었습니다. 저는 색색의 펜을 양손에 들고 낯설지만 매력적으로 표현된 문장들에 밑줄을 치기 시작했습니다. 진하게 표시하기를 서슴지 않았던 문장들 속에 '천착(穿鑿)'이라는 단어가 있었습니다. 원래는 '뚫을 천(穿)' 자에 '뚫을 착(鑿)' 자를 사용함으로써 '구멍을 뚫다'라는 의미를 가진 단어인데요. 그보다는 논문 따위의 글 속에서 '원인을 파헤치다'와 같은 뜻으로 더 많이 쓰이고 있습니다. '필자는 바로 이 점에 '집중'하여 연구를 진행했다.' 여기에서 '집중'이라는 단어 대신 쓰일 수 있는 단어가 바로 '천착(穿鑿)'

이라는 단어였습니다.

선배 : 저는 '단군이 실존 인물이었을 수도 있다'라는 가설에 천착
　　　하여 고조선 시대의 사회 문화적 배경과 국가의 탄생을 연구
　　　해보았습니다.
정희: 그 가설을 더 심도 있게 파헤쳐 보았다는 말씀인가요?
선배 : 네, 그렇습니다. 그 가설이 우리가 연구하고자 하는 대상의
　　　근본 원인일 수 있다고 보았기 때문입니다.

느적느적 걷던 지난날

느적느적

: [부사, 우리말]

물체가 힘없이 자꾸 축 처지거나 물러지는 모양.

힘이 쪽 빠진 사람에게 '매가리가 없다'라는 말을 하곤 하지요. 여기에서 '매가리'는 기운이나 힘을 뜻하는 한자어 '맥(脈)'을 낮잡아 이르는 말입니다. 어떤 대상이 매가리가 없이 축 처져 있는 모양을 뜻하는 의태어로 '느적느적'이라는 단어가 있습니다. 같은 표현으로 '느질느질'이라는 단어를 써도 좋습니다. 해마다 오월이 되면 대학은 축제 분위기로 한창이지요. 축제의 끝자락에는 얼도 힘도 빠진 학생들이 강의실로 들어서곤 합니다. 한바탕 놀이의 끝을 보여주기라도 하듯 느적느적 걸어오는 양을 보고 있을라치면, 내게도 저런 때가 있었는가 하고 잠시나마 지난날을 떠올리게 됩니다.

정희 씨: 무슨 일 있어요? 힘이 하나도 없어 보이네요.

학생: 남자 친구가 많이 아파요. 느적느적 걸어서 강의실에 들어가는 모습 보니까 마음이 안 좋아요.

정희 씨: 휴. 느적느적 걷기는 그대도 마찬가지인걸요. 힘내요.

그래야 남자 친구도 그대 보고 힘을 내지요.

【곁말 하나】

* 하느작하느작: [부사, 우리말]

팔다리 따위가 힘없이 자꾸 조금 느리게 움직이는 모양.

* 비슬비슬: [부사, 우리말]

자꾸 힘없이 비틀거리는 모양.

✨ 그대의 말결

'는적는적'과 '는정는정' 중에서 '는적는적'이 널리 쓰이므로 '는적는적'

을 표준어로 삼는다. 〈관련조항: 표준어 규정 2장 4절 17항〉

덩덕새머리로 나타난다 해도

덩덕새머리

: [명사, 우리말]

빗질을 하지 아니하여 더부룩한 머리.

이른 아침 아파트 정문을 나서면 등교를 서두르는 학생들과 마주치곤 합니다. 일찌감치 일어나 준비를 마쳤는지 따뜻한 음료 하나를 들고 여유롭게 걸어가는 학생도 있고, 늦잠을 잤는지 어머니가 쥐어준 듯한 빵 조각을 들고 헐레벌떡 뛰어가는 학생도 있습니다. 그러다가 정말 아주 많이 늦었음을 표시라도 내듯이 엄청난 속도로 뛰어가는 남학생을 본 적이 있었는데, 그 학생의 머리 모양을 보고 얼마나 웃었는지 모른답니다. 어른들이 흔히 말하는 '머리에 새집을 지었나!' 소리가 절로 나올 만큼 모양새가 헝클어져 있었던 것입니다. 그런 머리 모양을 두고 바로 '덩덕새머리'라고 하지요. 과연 머리를 감기는 감았을까요? 손가락으로 대충 휘저으며 나름 단정한 모양을 만들고 교문을 들어서는 남학생들을 보고 있으면, 짠한 생각이 들다가도 문득 귀엽기까지 합니다. 그래도 늦기는 싫은 모양이구나! 그 단어만큼이나 귀엽고 재밌는 머리 모양새 때문에 온종일 입가에 미소가 지어졌던 날이었습니다.

정희 씨: 에헴. 거기 학생. 덩덕새머리를 하고 나타난 것을 보니,

아침에 몹시 서둘렀나 봅니다.

학생: 그럼요. 교수님 강의에 늦을 수야 있나요?

정희 씨: 아이고, 말이나 못하면!

【곁말 하나】

* 가랑머리: [명사, 우리말]
두 가랑이로 갈라땋아 늘인 머리. 갈래머리, 양태머리.

* 다박머리: [명사, 우리말]
어린아이의 다보록하게 난 머리털.

* 황새머리: [명사, 우리말]
머리카락을 복판만 조금 남기고 둘레를 모두 밀어버린 머리 모양.

얼굴과 가슴이 홧홧해지도록

홧홧하다

: [동사, 형용사, 우리말]

달듯이 뜨거운 기운이 일다. 달듯이 뜨겁다.

어릴 때는 누가 누구를 좋아한다는 소문만 들어도 얼굴이 금세 홧홧해지곤 했습니다. 소문의 당사자가 아닌데도 얼굴이 붉어지고 뜨거워졌던 것입니다. 그때처럼 얼굴이 갑자기 뜨겁게 달아오르듯이 빨갛게 물든 상태를 '홧홧하다'라고 합니다. 아마도 나도 곧 들키고 말겠지, 하는 근거 없는 두려움 때문에 그토록 홧홧해졌던 것 같습니다. 참 희한하게도 나이가 점점 들어가면서부터는 그러한 소문을 들어도 얼굴이 홧홧해지지 않게 되었습니다. 심지어 누구를 좋아하는 것 같다는 마음이 나 자신에게 생겼을 때도 그때만큼 얼굴이 뜨거워지지는 않는 것입니다. 그만큼 이성을 좋아하는 감정에 대해서 익숙해지고 의연해져서 그럴 수도 있겠지만, 문득 서운한 생각이 드는 것도 어쩔 수 없는 모양입니다. 왜 그때처럼 남몰래 누구를 좋아하지 못할까? 왜 상대도 나를 좋아하고 있는지 먼저 확인하고 싶은 것일까? 왜 아무것도 바라지 않고 얼굴과 가슴이 홧홧해질 수는 없는 것일까? 살면서 한번쯤은 다시 그때처럼 나를 달아오르게 하는 사랑에 솔직해지고 싶다는 생각을 해봅니다.

학생 A: 그렇다고 강의 시간에 고백을 했대?

학생 B: 응, 여자 애 얼굴이 엄청 홧홧해지더라고. 그러더니만
그대로 강의실을 나가버렸어.

학생 A: 야, 내가 들어도 홧홧하다!

【곁말 하나】

* 자드락나다: [동사, 우리말]

감추고 있던 일이 탄로 나다.

* 퉁바리맞다: [동사, 우리말]

(…에게) 무엇을 말하다가 매몰스럽게 핀잔당하다.

쿠렁쿠렁 움직이는 속마음

쿠렁쿠렁

: [부사, 우리말]

자루나 봉지 따위에 물건이 꽉 들어차지 아니하여

많이 들썩거리는 모양.

가끔 기분이 울적할 때 잔뜩 쇼핑을 하고 나면 조금이나마 기분이 풀릴 때가 있습니다. '좋아, 오늘은 나를 위해 한껏 써보겠어!' 하고 백화점이 됐든 시장이 됐든 온갖 군데를 쏘다니곤 하지요. 그런데 막상 가보면 그다지 사고 싶은 물건도 없다는 사실 앞에 다시 맥이 풀려버리고 맙니다. 무엇 무엇이 필요하고 또 갖고 싶은지 생각도 못하고 살 만큼, 나는 무엇이 그리 바빴단 말인가! 한번은 그렇게 아무것도 사지 못하고 들어오는 길에, 집 앞에서 양말을 잔뜩 늘어놓고 파는 장수를 만난 적이 있었습니다. 마침 양말이 똑 떨어졌단 생각이 번뜩 들어서 양말 몇 켤레를 고르고 있었지요. 그때도 '참! 나한테 어떤 양말이 필요했었지?' 하고 생각하는 틈에 그 자리에서 한참을 고르고 있었던 것 같습니다. 고민 끝에 양말 두 켤레를 집어 들었습니다. 아저씨는 검정 비닐 봉투에 그것을 담아주며, 방금 전 살까 말까 고민하다가 그냥 내려놓은 다른 양말 한 켤레를 봉투 안에 담아주었습니다. "봉투가 쿠렁쿠렁대니 보기 안

좋네. 덤이에요." 세상에, 백화점을 세 시간이나 돌아다녀도 구하지 못했던 마음의 위안을, 덤으로 얻은 양말 한 켤레에서 구하게 될 줄이야! 되레 쿠렁쿠렁 움직이는 그날의 속마음을 들킨 것 같아 부끄럽기까지 했던 하루였답니다.

금순 씨: 뭘 그렇게 쿠렁쿠렁 담아 왔니?

큰딸: 쿠렁쿠렁대요? 이럴 줄 알았으면 엄마 것까지 잔뜩 살 걸 그랬나? 그럼 꽉 찼을 텐데…….

금순 씨: 그래. 뭐가 됐든 꽉꽉 채워 봐. 오늘은 네 마음도 쿠렁쿠렁 허전해 보이네.

큰딸: 엄마 눈에는 제 마음이 비어 있는 것도 보여요?

금순 씨: 그래, 다 보인다! 엄마가 좀 채워주랴?

그렇게까지 타매했던 일

타매(唾罵)하다

: [동사, 한자어]

아주 더럽게 생각하고 경멸히 여겨 욕하다.

동생과 어린 시절 이야기를 하다 보면 어떻게 시간이 가는 줄도 모를 만큼 한바탕 즐거운 수다가 벌어지곤 합니다. 누가 누구를 좋아했네, 누가 상장을 많이 탔네, 갖가지 이야기를 하지만 그중에서도 가장 재미있는 이야기는 단연 호되게 혼났던 일에 대한 것입니다. 뭐 따지고 보면 부모의 단매보다 효과가 좋은 인생의 약도 없을 것입니다. 그러나 참 희한하게도 우리 부모는 동생과 저에게 매를 들지 않았습니다. 사실 단 한 번도 회초리를 맞지 않고 컸다고 해도 과언이 아닐 정도로 말입니다. 그러니 먼 훗날 동생이 실타래 풀어내듯 털어놓은 이야기는 거의 충격적이었다고 보아도 무방했습니다. 동생은 초등학교 1학년 때 어머니로부터 아주 심하게 혼이 난 적이 있었다고 합니다. 어머니가 얼마나 화가 많이 났는지 동생에게 있는 욕 없는 욕을 다 쏟아내는가 하면, 손에 잡히는 것은 무엇이 됐든 간에 전부 회초리 삼아 동생을 때렸다는 것입니다. 어머니는 연신, "이 못된 계집애, 너 그게 얼마나 나쁜 짓인 줄 알아!"라고 소리치며 동생을 타매했다고 했습니다. 경멸하듯이 아주 심하게 꾸짖는 것을 '타매(唾罵)하다'라고 합니다. 우리 어머니는 회초리에 '회'자도 모를 거라고 자부했던 유년에 대해 일종의 배신감을 느꼈던 것일까요? 이야기를 털어놓는 동생보다 되레 제가 더 흥분해 있었습니다. 도대체 어떻게 된 사연이었을까요?

> 정희: 너 도대체 무슨 잘못을 했기에 엄마가 그렇게까지 타매했던
>   거야? 응?
> 선희 : 응, 사실 내가 동네 애들하고 같이 가게에서 껌을 몇 번 훔쳤
>   거든. 그런데 그걸 가게 아주머니가 엄마한테 말했대. 딸 교육
>   똑바로 시키라고.
> 정희: 야! 너 진짜! 와! 너 진짜! 야! 내가 엄마였으면 넌 죽었어!
>   어휴, 진짜!

🛋 책 속의 말 한 줄

'내가 기억해야 할 게 당신 양복뿐이냐. 당신은 내 건망증이 마치 타고난 장애인 것처럼 **타매하지만** 선천성 건망증 환자가 어디 있겠는가. 천지분별 없이 들뛰는 세 아이 기르느라, 구차한 살림 꾸려가느라, 또 성미 급하고 변덕이 죽 끓는 듯하는 남편 비위 맞추느라 전전긍긍, 갈갈이 흩어진 신경으로 살아오면서 맑은 정신도 기력도 다 도둑맞은 게 아닌가.

-오정희, 「건망증」, 『가을 여자』, 랜덤하우스코리아, 2009, p.130.

우리 집 틀박이가 되었으면

틀박이

: [명사, 우리말]

일정한 범위나 형식에 박혀 있는 사람이나 짐승 또는 물건.

"아빠는 우리 딸이 우리 집 틀박이가 되었으면 좋겠어."

• • • • • • • • •

명절 때가 되면 가족 모두 큰집이 있는 시골에 찾아가곤 했습니다. 일 년에 딱 두 번밖에 가지 못한다는 한계 때문이었겠지요? 사촌들과 어울려 보내는 시골에서의 시간은 지루한 학교생활 중에 찾아오는 단비 같은 것이었습니다. 시골이라고 해서 없을 물건도 아닌데, 사촌들 생각에 노트며 연필, 자질구레한 장난감 등을 사서 포장했던 기억이 선연합니다. 그러다가 한번은 사촌들이 서울에 있는 우리 집을 찾은 일이 있었습니다. 아버지는 한 번도 동네 밖으로 나오지 않은 틀박이들이 어떻게 찾아올지 걱정된다며, 하루 종일 노심초사했습니다. '틀박이'는 이동 없이 한 곳에 매여 있는 사람이나 물건을 일컫는 말이지요. 아침에 출발했다던 사촌들은 저녁 무렵이 되어서야 우리 집에 도착할 수 있었습니다. 하루 종일 애를 태우던 아버지는 버스는 잘 찾아서 탔느냐, 지하철 승차권은 잘 구입했느냐, 지하철역 출구는 잘 찾아서 나왔느냐, 숨 쉴 틈도 없이 물었습니다. 사촌들은 아무 일 없었다며 꽤 자신에 찬 목소리로 입을 열었습니다. "네, 작은아버지! 승차권은 군인 옷을 입은 아저씨한테 전부 냈어요!" 아마도 매표를 도와주는 사회복무요원을 말했던 것 같습니다. 아버지는 그제야 안도의 한숨을 내쉬는 것은 물론 참았던 웃음을 터뜨리며 사촌들을 꼭 안아주었습니다.

큰딸: 아빠! 틀박이라는 말이 무지 귀여운 것 같아요.

정희 아빠: 그렇지? 아빠는 우리 딸이 우리 집 틀박이가 되었으면
좋겠어. 요샌 통 아빠랑 안 놀아주데.

'갹출해!' 말고 '추렴하자!'

추렴하다

: [동사, 우리말]

모임이나 놀이 또는 잔치 따위의 비용으로
여럿이 각각 얼마씩의 돈을 내어 거두다.

"우리가 조금씩 추렴해서 자리를 만들어보자!"

• • • • • • • • •

친목 목적으로 만난 사람들과 실컷 수다를 떨고 나면 묵은 체증이 다 풀리지요. "오늘은 내가 한턱 쏘지!" 마침 기분이 좋은 사람의 너스레는 분위기를 더욱 띄우기까지 합니다. 하지만 매 모임마다 한턱 쏠 수 있는 사람이 탁탁 나타나기는 힘든 일입니다. '오늘은 밥값을 어떻게 해야 하지?' 하고 서로 눈치만 살필 때가 있습니다. 지난번에는 내가 샀고 지지난번에는 네가 샀으니, 오늘은 저이가 사야 하지 않을까? 연신 눈치만 살피는데, 오늘 샀으면 했던 저 이 입에서 나온 말. "야, 갹출해!" '갹출(醵出)'이라는 말에 다들 못이기는 척 지갑을 열었던 것 같습니다. 사실 따지고 보면 값을 똑같이 나누어내는 것만큼 합리적인 방법도 없을 텐데, 그때는 왜 그렇게 못마땅하고 야박하게 느껴졌는지 모릅니다. 아무래도 '전부 나누어 내다'라는 뜻을 가진, '갹출하다'라는 단어가 삭막하게

96

느껴지기 때문이었던 것 같습니다. 그래서 앞으로는 '걕출하다' 대신, '값을 치루기 위해 여럿이 돈을 거두어 모으다'라는 뜻을 가진 '추렴하다'라는 단어로 바꾸어 사용하기를 권해 봅니다. 오늘 계산을 좀 했으면 싶었던 사람이 헛기침을 하고 있고, 다른 사람들은 연신 눈치만 보고 있을 때, 이렇게 한번 운을 떼보는 것이지요. "우리 오늘은 조금씩 추렴해서 같이 내자!"

【바꿔 써보기】

"걕출" vs "선배가"..밥값, 누가 내야 할까

SBS 다큐멘터리 프로그램 'SBS 스페셜'은 다음 달 1일 밤 11시 15분 '밥값과 술값에 대한 쪼잔한 이야기'를 방송한다. 프로그램은 우리나라의 '밥값'과 '술값' 문화를 파헤치고, 더욱 합리적인 비용 지불 방식을 모색한다.

* 출처: 연합뉴스 기사 중, 「"걕출" vs "선배가"..밥값, 누가 내야 할까」,
2013.8.31. 이태수 기자.

→ "추렴" vs "선배가".. 밥값, 다들 조금씩 모아보자!

🪄 그대의 말결

'추렴하다'의 의미로 '추념하다'를 쓰는 경우가 있으나 '추렴하다'만 표준어로 삼는다. 〈관련조항: 표준어 규정 2장 4절 17항〉

<u>정말 풀고 싶은 아포리아</u>

아포리아(aporia)

: [명사, 그리스어, 철학용어]

대화법을 통해 문제를 탐구하는 도중 부딪치게 되는 난제.

다른 방법이나 관점에서 새로이 탐구해야 하는 문제.

소크라테스는 철학의 오묘한 이치를 설파하기 위해, 종종 상대를 아포리아에 빠트리곤 했습니다. '아포리아(aporia)'는 해결할 방법이 없는 어려운 문제를 가리키는 말입니다. 소크라테스는 자신의 견해에 반기를 드는 상대와 대화를 나눌 때, 아포리아를 제시함으로써 상대가 스스로 무지(無知)함을 깨닫도록 했습니다. 비로소 지식과 탐구의 가치를 깨달은 상대는, 소크라테스가 제시한 아포리아에서 빠져 나오기 위해 노력하게 되었습니다. 물론 소크라테스라고 하여 모든 문제를 해결할 수 있었던 것은 아닙니다. 소크라테스 역시 여러 번 아포리아와 마주치게 되었습니다. 그 속에서 아포리아는 해결하지 못한다고 하여 버려둬야 할 문제가 아니라, 오히려 반드시 풀어야 할 문제라는 것을 깨달았지요. 자신에게 닥친 수많은 아포리아를 해결해가는 과정 속에서 지식은 더욱더 쌓이고 자신은 더욱더 겸손해질 수 있었습니다. 아리스토텔레스 역시 철학은 아포리아에서 시작된다고 말했을 만큼, 아무리 어려운 문제라도 그것을 해결하는 과정 속에는 반드시 사람을 크게 하는 가치가 숨겨져 있는 법입니다.

> 정희 씨: 요즘 그대들을 울게 하고 지치게 하는 아포리아는 무엇
> 인가요?
> 학생들: 도대체 싸우지 않고 연애하는 방법은 없는 것일까요?
> 정희 씨: 아! 저도 정말 풀고 싶은 아포리아로군요.

적확한 답이 나오도록

적확(的確)하다

: [형용사, 한자어]

정확하게 맞아 조금도 틀리지 아니하다.

바르고 확실하다는 의미를 나타내는 말로 '정확(正確)하다'를 쓰곤 합니다. 어떤 문제에 대하여 바르고 확실하게 맞는 답은 '정답(正答)'이라고 하지요. 자, 이런 문제가 있습니다. "하얀 색이 상징하는 것을 정확하게 쓰시오." 이럴 경우 과연 문제의 정답은 한 개일까요? 순수, 순결, 겨울, 결혼, 병원 등이 다 정답이 될 수 있을 텐데 말입니다. 즉 바르고 확실한 답은 여러 가지일 수 있다는 것입니다. 다시, 다른 문제를 보겠습니다. "다음 시의 구절에서 하얀 색이 상징하는 것을 적확하게 쓰시오." 아마도 학교의 국어 시험에서 많이 본 듯한 문제일 것입니다. 이때 선생님이 요구하는 답은 딱 한 가지입니다. 선생님이 가르쳐주었던 내용 중에 있었겠지요. 즉 첫 번째 문제에서 요구하는 정답이 열려 있는 것이라면, 두 번째 문제에서 요구하는 정답은 아주 제한적인 것입니다. 이렇게 정답에서 조금도 벗어나지 않고 정확하게 들어맞는다는 뜻으로 '적확(的確)하다'라는 단어를 쓸 수 있습니다. '정확하다'와 함께 구별해서 쓰면 좋을 것 같습니다.

학생: 교수님! 시험 문제를 객관식으로 내주시면 안 될까요?
그래야 적확한 답이 나올 수 있고, 시험의 객관성과 투명성도
확보되는 것 같아요.
정희 씨: 음, 어떻게 보면 서술형 문제에서 더 적확한 답이 나오지
않을까요? 최대한 공정하게 채점할게요. 걱정하지 말아요.

 책 속의 말 한 줄

'앙서점'이나 '님짜장'처럼 글자 하나 툭 떨어진 의외의 간판으로 마음 쿵 하는 경우야 참 흔하다지만 그래도 발견하는 재미 꽤 쏠쏠하여 길 가다 우뚝 멈춰 설 때가 있지 대낮이라 더 깜깜한 거기 그 가리, 가리노래방 아래 나는 서 있었고 그건 배호나 고복수를 불러 젖힐 때의 아버지처럼 비장을 건드리는 것이어서 나는 씁쓸과 쓸쓸 사이에서 **적확**이나 가늠하는데

- 김민정, 「어느 날 가리노래방을 지날 때」, 『그녀가 처음, 느끼기 시작했다』,
문학과지성사, 2013.

살벌한 분위기에 훈김을

훈(薰)김

: [명사, 합성어]

인정으로 생기는 훈훈한 분위기를 비유적으로 이르는 말.

권세 있는 사람의 세력이나 그 영향을 비유적으로 이르는 말.

대학교 시절 한창 동아리 활동을 하고 있을 때였습니다. 5월 축제에 있을 큰 공연을 준비하느라 꽤 분주한 시기였습니다. 시간은 촉박하고 일정은 빽빽하니 자연 동아리 회원들 사이에 오해와 싸움이 많아졌습니다. 급기야 축제를 하루 앞둔 날에는 동아리 방에 앉아 다들 한 마디도 않고 입을 꼭 다물고 있는 형국이 만들어졌지요. 당장 내일이 공연인데, 이렇게 삭막한 분위기 속에서 과연 가능할지 걱정이 이만저만이 아니었습니다. 바로 그때였습니다. 1학년 신입생 하나가 손에다 입김을 불기 시작했습니다. 아니, 땀이 나도록 더운데 웬 입김? 다들 무심결에 그 아이를 쳐다보았습니다. "너무 추워서요. 안 추우세요?" 그 말에 다들 눈치를 살폈습니다. 그러더니만 다들 따라서 입김을 불기 시작했습니다. 그 모습을 서로 마주보더니 금세 여기저기서 웃음이 새어나왔습니다. 신입생의 귀여운 동작 하나가 살벌한 분위기 속에 훈김을 만들어주었던 것입니다. '훈김'은 따뜻하고 포근한 기운, 또 그러한 기운이 느껴지는 훈훈한 분위기를 말합니다. 비유적으로는 '어떤 일에 권력을 행사하다'는 뜻으로 쓰이는 '입김'과 같이 쓰일 수도 있습니다.

동아리 회장: 훈김이 이는 걸 보니, 내일 공연은 성공이겠는걸?

동아리 회원 A: 공연 순서만 잘 걸리면 딱일 텐데!

동아리 회원 B: 네 친구가 총학생회장이라며. 가서 훈김 좀 넣어달
라고 해 봐!

 책 속의 말 한 줄

여자는 조름조름 내리는 빗속으로 길을 나선다. 봄의 **훈김** 때문인지 날씨가 쌀쌀하게 느껴지지는 않는다. 문득 열무 싹이 봄비를 맞으며 쑥쑥 자라고 있을 노인의 텃밭을 생각한다.

- 장정희, 「봄비」, 『홈, 스위트 홈』, 휴먼앤북스, 2009, p. 45.

키위새도 한때는 날개가 있었지

키위새

: [명사, 합성어]

뉴질랜드 삼림 지대에 서식하며

날개와 꼬리가 퇴화되어 날지 못하는 새.

"지금은 키위새가 된 몸이니, 원.

100미터가 뭐야, 10미터도 못 뛰겠다."

• • • • • • • • •

　해외여행을 떠나면 무슨 강박이라도 있는 양, 그 나라의 주요 관광지들을 둘러보려고 안달이 나곤 합니다. 프랑스에 다녀온 사람이라면 으레 에펠탑 앞에서 찍은 사진 한 장을 꼭 가져오고야 마는 것처럼요. 경험이 부족한 탓인지, 아니면 정말 그러한 관광이 좋아서인지, 저 역시 해외여행을 가면 사회 교과서 속에서 보았던 건물들 앞에서 폼을 잡으려고 애를 썼습니다. 그런데 참 희한하게도 입이 쩍 벌어지도록 감탄이 나오는 관광지들을 많이 갔는데도, 이상하게 기억에 오랫동안 남는 것은 작고 오동통한 새 한 마리였습니다. 바로 뉴질랜드를 여행할 때 보았던 키위새. 어두운 갈색에 거칠어 보이는 깃털 때문에, 웅크려 있는 모습을 보면 언뜻 키위처럼 보이기도 합니다. 뉴질랜드의 특산품인 키위! '키위새'라는 이름은

울 때 '키위키위'하는 소리가 난다고 해서 마오리족이 붙여준 이름
이라고 합니다. 뉴질랜드에서만 자생하는 뉴질랜드의 국조(國鳥)
로, 진화하는 과정 중에 날개가 퇴화하여 지금은 날지 못하는 새가
되었습니다. 따라서 우리가 세력을 잃은 사람에게 '이빨 빠진 호랑
이', '발톱 없는 독수리'라고 비유하는 것과 같이 상징적으로 써보
면 좋을 것 같습니다. 여기에서 한 가지! 앞으로 뉴질랜드를 여행
하게 될지도 모르는 사람들에게 도움이 될 만한 정보를 드리자면,
이 단어를 뉴질랜드 사람에게 잘못 사용하면 혼쭐이 날 수도 있다
는 사실입니다. 오세아니아 연안의 나라들이 뉴질랜드 사람을 얕
볼 때 흔히 키위새에 비유하기 때문이라고 합니다.

육상부 선생님: 선생님도 한때는 100미터를 10초 안에 뛰었다고.

지금도 뛰라면 뛸 수 있지만, 키위새가 된 몸이니 원.

육상부 아이들: 네? 그럼 선생님한테 날개가 있었다고요?

육상부 선생님: 그럼, 한때는 날개가 있었지. 거칠고 힘센 날개.

팔각이 빠진 것 같은 느낌

팔각(八角)

: [명사, 한자어]

산기슭의 따뜻하고 습한 땅에 자생하는 소교목.

특이한 향기 때문에 중국 음식에 빠지지 않고 쓰이는 향신료.

동파육 같은 중국 요리나 쌀국수 같은 베트남 요리에 거의 빠지지 않고 들어가는 향신료가 있습니다. 바로 '팔각(八角)'이라고 하는데요. 중국 남부 지방이나 베트남 북부 지방이 원산지인 열매를 말합니다. 중국 요리에서만 나는 특이한 향이 있지요? 그 향이 바로 팔각입니다. 곧 중국 사람들 입장에서 보았을 때, 팔각이 빠진 요리는 미완성된 요리나 다름없는 것이지요. 굳이 빼먹는다면 어쩔 수 없지만, 반드시 넣어야지만 완성되었다고 보는 중국 요리. 세계 3대 요리의 명성에 걸맞게 향신료 하나에서도 특색과 자부심을 느끼게 해줍니다. 따라서 팔각은 결코 빠져서는 안 되는 중요한 재료나 가치 등을 일컫는 말로 비유적으로 쓰일 수 있습니다. 또 '화룡점정(畵龍點睛)'의 의미와 마찬가지로 걸작을 만들기 위한 마지막 한 점이라고 사용할 수도 있습니다.

학생: 교수님, 제 과제 어땠어요? 완벽했지요?

정희 씨: 네, 좋았어요. 그런데 한 가지. 팔각이 빠진 것 같다는
느낌? 뭔가 아쉬운 감이 조금 있어요.

학생: 아, 맞다! 과제 끝에 이번 학기에 대한 감회를 덧붙이라고
하셨지요? 얼른 집어넣겠습니다!

무엇이든 초다듬이 중요

초다듬

: [명사, 방언]

처음, 맨 앞을 뜻하는 말.

표준어와 달리 특정 지역에서만 쓰이는 언어를 방언, 혹은 사투리라고 하지요. 대부분의 방언은 그 지역에서 생겨나 계속해서 쓰여 온 우리말이 많습니다. 그래서인지 그 어감과 생김이 쉽고 친근해 보이는 것이 특징입니다. 잘 찾아보면 살려서 쓰면 좋겠다 싶을 만큼 아름다운 단어도 참 많습니다. 은하수를 뜻하는 '미리내'나 냄새를 뜻하는 '내음' 등이 바로 그 예에 해당합니다. 이중 '내음'은 그 뜻이 문학적으로도 널리 쓰인다 하여 방언에서 표준어로 인정된 단어이기도 합니다. 이렇게 뜻과 소리가 정감 있고 아름다운 방언 중의 하나로 '초다듬'이라는 단어가 있습니다. 경남 지역에서 쓰이는 방언으로서, 어떤 일의 처음이나 맨 앞이라는 뜻을 가지고 있습니다. 옷감을 다릴 때 초벌로 먼저 살짝 해두는 다림질도 초다듬이라고 합니다.

정희 씨: 싸우지 않고 연애하는 방법, 물론 있습니다. 연애도 공부나 일처럼 초다듬이 중요하다는 사실만 알고 있으면 됩니다.

학생: 초다듬이요? 처음부터 너무 잘해주지 말라는 말씀이시죠?

정희 씨: 그것보다는 초다듬부터 서로에 대해 너무 잘 안다고 자만
해서는 안 된다는 말입니다.

【곁말 하나】

* 초다듬(初다듬): [명사, 합성어]

다듬잇감의 구김살을 펴기 위하여 초벌로 하는 다듬이질.

우선 초벌로 사람을 몹시 때리는 짓을 비유적으로 이르는 말.

그대를 부르기까지의 시간

20대 후반 비교적 이른 나이에 강의를 시작한 이래, '노련함'이란 단어는 늘 잡고 싶어도 잡히지 않는 아지랑이 같은 것이었습니다. 처음으로 맡은 강의는, 문예창작을 공부하는 학생들에게 도움이 될 만한 단어를 가르쳐주자는 목적을 가지고 있었습니다. **잡박하게** 알고 있는 단어들을 정리해주고, 몰랐던 단어를 뜨르르하게 사용할 수 있도록 도와주는 것이지요. 맞춤법과 띄어쓰기를 바로 잡는 일은 당연한 것이었고요. '노련'이 없으니 '노력'으로 채워 나가야 할 시간일 텐데, 제게는 그 '노련함'이라는 단어만큼이나 잡히지 않는 단어가 한 가지 더 있었습니다. 바로 수강하는 학생들을 호칭할 만한 단어. 도대체 그 단어가 떠오르질 않았습니다. 단순하게 '학생들', '학생 여러분'처럼 보편적인 단어를 쓸 법도 하건만, 그 아무렇지 않을 대명사 안에 아무렇지 않게 포함시킬 수 없는 학생들이 있었던 것입니다. 딱 보기에도 저보다 나이가 있어 보인다거나, 혹은 나이의 높낮이가 헷갈려 보이는 학생들 말입니다.

교정 한가운데 뭉긋하게 자리하고 있는 은행나무가, 차라리 저보다는 학교에 대해 더 노련하지 않았을까요. 참 어려운 숙제가 생긴 기분이었습니다. 말투도 걱정이 되긴 마찬가지였습니다. "강의를 맡은 권정희입니다."라고 정중하게 소개를 해야 할까, 아니면

"제 이름은 권정희예요."라고 친근하게 인사를 해야 할까. 그럼 너무 주책없게 보지는 않을까. 여러 선배들과 전화 통화를 하고 직접 만나기도 하며, 이른바 강의의 정석을 좇고 있었습니다. 하지만 좇으면 좇을수록 정답은 저만치 쫓겨나고 있었지요.

첫 번째 강의가 있던 날부터, 걱정은 현실이 되어 삐거덕거렸습니다. 강의 첫날이기도 하고 학교에 대해서도 좀 알아볼 계획으로, 늦장 부리기를 마다하고 **햇귀**가 가시자마자 집을 나섰습니다. 굼벵이도 저런 굼벵이가 없을 거라고, 베짱이도 저런 베짱이가 없을 거라고 놀려대곤 하던 어머니가 의아하다는 듯이 쳐다봤습니다. 저는 잔주름 하나 없이 **빳빳**하게 다려놓은 옷을 입으며 매무시를 다듬었습니다. 보란 듯이 기지개를 쭉 켜보였지요.

"어머니, 저는 좀 달라지기로 했어요."

사실 비장했습니다. 사람은 모름지기 무엇 무엇답게 행동해야 한다는 사실만큼 자명하지 않은 게 있을까요. 교수로서 당당한 모습을 찾을 것! 훌륭한 교수라야 훌륭한 강의를 할 수 있다! 저는 스스로에게 엄격해지고 싶었습니다. 학교에 도착하자마자 **집알이**를 나온 새댁처럼 교정은 물론 강의실 곳곳을 살폈습니다. 국기 게양대에 태극기와 함께 나란히 걸려 있는 교기가 눈에 들어왔습니다.

"그래, 잘 해낼 수 있어!"

국기에 대한 경례라도 하듯 사뭇 진지했습니다. 교정 한가운데에는 나루터처럼 아늑하게 꾸며진 연못도 있었습니다. 경비실 옆에서 털이 복슬복슬하게 난 강아지 한 마리가 꼬리를 흔들었습니다. 다시 봐도 참 정갈하고 아름다운 교정이었습니다. 대학 시절 무던히도 봤던 공간이건만, 훤하게 탁 틔어 있는 강의실이 유난히 널따랗고 근사해 보였습니다. 한 학기 동안 강의하게 될 강의실 앞에는 강의 제목을 알리는 푯말이 붙어 있었습니다. 저는 미리 뽑아 놓은 강의 계획서 넉 장을 가슴에 안고 최대한 우아한 자태를 뽐어 냈습니다. 어깨도 한 번 들썩였습니다. 누가 보면 어떤가요. 이제 여기에서 부푼 꿈을 가진 어느 교수의 첫 강의가 시작될 거라고요!

드디어 걱정하던 강의가 시작되었습니다. 삼십여 명의 학생들이 수강하는 단출한 강의였습니다. 예상대로 교수 나이를 가늠하는 듯한 학생들과 애써 노련한 척하려는 저 사이에서 긴장감이 감돌았습니다. 그 긴장감을 달래기 위함이었을 수도 있고, 또는 훗날 강의를 하게 되면 나도 저렇게 하리라 싶었던 계획이 섞인 것이었을 수도 있겠습니다. 저는 학생들 한 명 한 명에게 자기소개를 시켰습니다. "저는 누구이며, 올해 몇 살이고, 전공은 무엇이고, 앞으로 어떤 계획을 갖고 있습니다."라며 제가 먼저 그럴 듯한 본보기를 보였지요. 나지막한 목소리로 최대한 우아하게. 이제 자연스럽게 학생들의 나이를 알 수 있을 것이고, 그 후에 그들을 호칭할 만한 단어를 붙잡겠노라는 **꿍속**이었습니다. 틈틈이 출석부를 보며 수강생들의 이름을 외워둔 터라, 친근감 있는 분위기를 만드는 일쯤은 어렵지 않을 거라고 자신했습니다. 잠시 후 학생들의 자기소개가 시작되었고, 저는 보기 좋게 **적바림**을 시작했습니다.

대학 강의실이다 보니 스무 살이 넘지 않은 학생은 없을 텐데, 아직도 교복 때를 안 벗은 양 부끄러워하며 우두망찰 서 있는 학생들이 있었습니다. 이 상황이 마냥 쑥스럽고 재미있다는 듯이 시룽시룽 웃어대는 학생들도 있었습니다. 그런가 하면 중씰하다 싶을 만큼 먹은 나이를 내세우듯 그럴싸하게 소개를 펼치는 학생들도 있었지요. 그러다가 어깨가 **조붓하고** 몸가짐이 **수긋한** 여학생 하나가 앞으로 나왔습니다. **와랑와랑** 뛰어나온 것도 아니고, 그렇다고 어뜩비뜩 걸은 것도 아닌데, 이상하게 학생들은 그 여학생이 나오는 모습을 마냥 지켜보고 있었습니다. **소이연**이 궁금하기는 제 쪽에서 더 그러했을 것입니다. 잠시 후, 그 조붓하고 수긋한 여학생의 입에서 나온 말은 아직까지도 잊히지 않고, 또 잡히지 않는 말이 되어버리는데…….

"교수님 연배가 저보다 낮은 듯해서, 강의를 듣기가 다소 불편할 것 같습니다."

저는 **무르춤하다**가 괜스레 목청을 가다듬었습니다. 굳이 깍듯하게 대할 필요까지야 없겠지만, 그래도 서운하여 가슴이 철렁 내려앉은 듯하다고 **잡도리**를 할 법도 했습니다. 하지만 배짱이 생기지 않았습니다. 딴죽을 거는 것으로 볼 수도 있겠지만, 사실 여학생의 말이 틀린 것도 아닌 듯 했던 탓이지요. 누가 보아도 저보다 연배가 있어 보였으니 말입니다. 또 상황이 녹록지 않아 보였던 것도 사실이고요. 뭐, 세월이 지난 지금 시점에서 생각해보면, '여기는 강의실이다, 연배는 강의실 밖의 문제니 그렇게 말해서는 안 돼.'라고 논리정연한 말을 멋들어지게 늘어놓았을 수도 있었습니다. 아니면 넉살 좋게 '네, 제가 좀 동안입니다'라고 너스레를 떨었어도 되었지요. 하지만 그 순간만큼은 이상하게 꿀 먹은 듯 입이 꼭 다물어지는 게 아니겠습니까. **화톳불** 옆에 놓인 듯이 온몸이 후텁지근했습니다. 여학생은 여느 학생들이 보여주었던 것과 같은 자기소개를 거부하고 자리로 돌아갔습니다. 첫 번째 강의를 무사히 치르고 싶었는데, 그대로 그만 파투가 나버렸지요.

그렇게 첫 강의가 끝난 날, 하루 종일, 아니 다음 주 강의가 있을 때까지 며칠날 동안이나 **벙어리 냉가슴 앓듯** 끙끙 앓았습니다. 그저 앞이 벌다라는 생각밖에 들지 않았습니다. 물론 여학생이 무심코 던진 돌멩이였을 수도 있었습니다. 그러나 이미 이쪽은 숨이 넘어간 개구리처럼 헐떡이고 있었습니다. 학생들을 호칭할 만한 단어를 붙잡겠다던 마음은 온데간데 없이 그 여학생의 마음을 어떻게 붙잡아야 할지 번민했습니다. 교수가 형편없다고 볼멘소리를 떠벌리고 다니면 어떻게 하나, 걷잡을 수 없이 걱정만 불어났습니다.

이윽고 다음 주 강의가 있던 날, 저는 평소보다 일찍 강의실에 들어섰습니다. 볼썽사납게 닦달을 해주겠노라고 벼르고 있었던 것은 아닙니다. 아니, 그런 생각은 추호도 없었습니다. 솔직히 고백하건대, 그 여학생이 나타나면 강의실 밖에서 잠깐 이야기 좀 나누자고 해볼 생각이었지요. 도대체 어떤 **우렁잇속**인지 궁금하기도 했습니다. 그런데 여학생은 나타나지 않았습니다. 세 시간 강의가 모두 끝날 때까지도. 체면불고하고 다른 학생들을 쑤석이고 자드락대어 전해들은 소식에 의하면, 교수에게서 연륜과 노련함이 묻어나지 않는다 하여 수강 신청을 철회하였다고 하더군요. 제가 그토록 잡고 싶었던 바로 그 '노련함'이 없다는 이유로 말이지요. 차라리 잘된 일이다 싶어 깊은 숨을 몰아쉴 수도 있었습니다. 그런데 자꾸 무언가가 켕기는 것같이 마음이 불편했고, 그럴 때마다 탄식이 새나왔습니다. 제가 보기에 나는 아직은 **벗장이** 수준에 **얌통머리**도 모자란 듯이 보이는가 보구나! 저는 다시 첫날 강의에서처럼 **머츰하게** 서 있었습니다. 2주차 강의도 그렇게 끝나버렸습니다. 세 시간이라는 긴 시간이 통째로 날아가버린 기분이었지요. 물론, 학생들을 호칭할 만한 단어는 여전히 잡지 못한 상태였고요.

가슴속이 **우멍하게** 파인 듯했습니다. 영혼을 몽땅 도둑맞은 털터리가 된 기분이었습니다. 늦은 오후, 한강 어느 구석에 자리를 잡고 앉아 뱀처럼 똬리를 틀었습니다. 그러다가 축 처진 빨래처럼 널브러지기도 했지요. 지그시 눈을 감았습니다. 눈물을 **훔착거린** 것도 같습니다. 그렇게 예쁘기만 하던 **윤슬**도 눈에 들어오지 않았습니다. 앞으로도 이런 일들이 **곰비임비** 쌓일 텐데, 그때마다 어떻게 대처해야 하는가. 나는 지금 진정 내가 원하던 삶을 살고 있는가. 낭떠러지인줄도 모르고 매달려 있는 달팽이와 무엇이 다르단 말인가. 거창하게 삶이란 것까지 **회오**하는 시간이 이어졌지요. 그 다음 주 강의를 걱정하는 일이 안다미로 넘쳐났습니다. 그러다 보니 쓸데없는 걱정까지 **덧게비**를 쳤습니다.

"교수님, 정말이지 교수님 강의는 듣고 싶지 않습니다. 앞으로 강의에 들어오지 않겠습니다."

간혹 얼굴을 외운 학생이 꿈에 나타나면, 이렇게 간악한 말을 쏟아냈습니다. 낮결에 진행되는 강의임을 감안하더라도, 강의 시작부터 주니가 난 듯 **자울자울** 조는 학생, 주의가 산만하고 딴전을 피우는 학생을 볼 때면 속이 다 **트릿했습니다.** 나도 모르고 지내던 과거의 잘못들이 불거져 나오진 않을까 겁이 나기도 했습니다. 그러다 보니 그토록 좋아하는 잔치국수를 어머니가 토렴해 담아주어도, 웬일인지 **곡기를 끊은** 사람처럼 젓가락을 들지 못했습니다. 작년에 담갔던 김치가 유난히 시게 느껴졌습니다. 여느 때 같으면 국수도 김치도 **허발**을 하며 먹었을 텐데요. 소가 꽉 찬 만두도 입맛을 돋우지 못했습니다. 그렇게 날이 갈수록 스스로 **시르죽어** 갔습니다.

한밤중이 되어도 쉬이 잠이 오지 않는 날들의 연속이었습니다. 달빛이 **교교한** 창밖을 내다보고 있으면 어느새 **찬별**이 떠올랐습니다. 매주 강의하는 세 시간이 그렇게 **애옥살이** 같을 수가 없었습니다. 도대체 어디서부터 잘못되었을까. 첫날 강의에 천착하여 생각하기를 수도 없이 되풀이했습니다. 다 때려치우고 싶단 생각만 가득했습니다. 이러 이러한 교수가 되리라 하는 계획은 포말처럼 부서지고 없었습니다.

그러던 어느 날이었습니다. 교문을 지나 는적는적 걷고 있는데, **덩덕새머리**를 한 여학생 하나가 알아보고는 앞까지 뛰어와 인사를 했습니다.

"교수님, 방금 마을버스에서 내릴 때 넘어지셨죠?"

불잉걸이 튀기라도 한 듯이 얼굴이 **홧홧했습니다.** 하마터면 방금 전이랑 똑같이 넘어질 뻔했습니다. 정말로 방금 전 마을버스에서 내리며 발을 헛디뎠고, 그 바람에 앞으로 넘어져버렸던 참이었지요. 미처 식사를 챙기지 못했던 터라, 검정 비닐봉투에 빵이니 비스킷 같은 것들을 **쿠렁쿠렁** 담아왔는데 그것마저 바닥에 쏟아버린 상황이었습니다. 복사뼈가 욱신거려서 눈물이 날 지경이었습니다. 그런데 그 모습을 다 보고 있었다니! 창피하지 않으려야 않을 수가 없었습니다.

"못 본 척 해주세요, 그대!"

순간적으로 튀어나온 말이었습니다. '노련함'도 여학생도 붙잡지 못한 마당에 넘어지기까지야, 오 제발 그것만은……. 분명히 '잘코사니!' 하며 비웃고, 교수 행동거지가 그게 무엇이냐며 **타매하거나** 티뜯을 게 빤한 일이었습니다. 그런데 그때 여학생이 멋쩍게 머리를 긁적이며 건넸던 말 한 마디에 저는 다시 무르춤 놀라고 말았습니다.

"교수님. '그대'라는 말 참 많이 쓰세요. 학생들이 그 말이 좋은가 봐요. 그렇게 불러주시는 교수님이 안 계셨거든요. 아무튼 이따가 봬요!"

여학생이 먼저 건물 안으로 들어가고, 저는 그 자리에 **틀박이**가 된 채로 한참을 서 있었던 것 같습니다. 무언가에 얻어맞기라도 한 듯, 머릿속이 멍했습니다. 학생은 그저 짓궂게 농담 정도 건넨 것이었을 수도 있는데, 제게는 진중한 그 무엇처럼 들렸습니다. 가슴에서부터 뜨끈한 무언가가 울컥 쏟아져 나왔습니다. 그냥 내 모습 그대로 가슴으로 대하면 되는 것이었구나, 학생들이 나를 싫어하는 게 아니라 내가 학생들의 가슴을 **추렴하지** 못했던 것이었구나! 바로, 끈질기게 답을 내주지 않았던 **아포리아**가 해결된 순간이었습니다!

그날 이후로 이상하리만치 강의가 즐거워졌습니다. 한참 어려 보여도 '그대', 한참 연배가 있어 보여도 '그대', 아리송해 보여도 '그대'……. 결코 쓸 수 없을 거라고 생각했던 단어가 그렇게 적재적소에 **적확하게** 쓰일 수도 있다는 사실이 놀라웠습니다. '그대'라는 호칭을 쓸 때마다 학생들 얼굴에 미소가 보였습니다. 강의실에서 훈김이 피어났습니다. 기분이 좋았습니다. 날개를 단 **키위새**처럼 한껏 신이 났습니다. 말을 잘하고 글을 잘 쓰는 데 있어 도움이 될 만한 단어들을 공부하고 싶은 학생들에게, 정말 꼭 필요한 강의를 선물하고 싶었습니다. 성의 없이 자료들을 짜깁기해온 강의, 매 시간 시간이 발전 없이 비스름한 강의, 상당히 중요한 **팔각**이 빠진 것 같은 강의, 그런 강의들은 결코 하지 않겠노라 다짐했습니다. 교수는 단순히 지식을 읊는 내레이터가 아니요, 가슴에서 가슴으로 지식을 전하는 인생의 선배일 테니까요. 넘어진 모습을 목도한 처음의 그대에게 이 자리를 빌려 감사하다는 말을 꼭 전하고 싶었지만, 뭐 대충 넘어가버렸습니다. 오늘날 저를 있게 해준 말! 그 말은 바로 '그대'였습니다. 어떤 일이든 초다듬이 중요하다고 하지요. 그 후로 저는 모든 강의의 첫 시간에 이렇게 말하곤 합니다.

"그대, 그대가 삼키고 싶은 말이 이 강의 안에 있습니다.
이제 전부의 그대의 말입니다!"

▷ 굼뱅이(×) / 굼벵이(○)

▷ 국기계양대(×) / 국기게양대(○)

▷ 깎듯하다(×) / 깍듯하다(○)

▷ 나레이터(×) / 내레이터(○)

▷ 나룻터(×) / 나루터(○)

▷ 나즈막하다(×) / 나지막하다(○)

▷ 낭떨어지(×) / 낭떠러지(○)

▷ 넉살(×) / 넉살(○)

▷ 널부러지다(×) / 널브러지다(○)

▷ 넓다랗다(×) / 널따랗다(○)

▷ 녹록치(×) / 녹록지(○) (않다)

▷ 늦장(○) / 늑장(○)

▷ 단촐하다(×) / 단출하다(○)

▷ 담겄다(×) / (김치를) 담갔다(○)

▷ 돌맹이(×) / 돌멩이(○)

▷ (입맛을) 돋구다(×) / 돋우다(○)

▷ 또아리(×) / 똬리(○)

▷ 딴지(○) / 딴죽(○) (걸다)

▷ 딴청(○) / 딴전(○) (피우다)

▷ 때려치다(×) / 때려치우다(○)

▷ 멋드러지게(×) / 멋들어지게(○)

119

▷ 멋적다(x) / 멋쩍다(○)

▷ 며칫날(x) / 며칠날(○)

▷ 모자르다(x) / 모자라다(○)

▷ 복사뼈(○) / 복숭아뼈(○)

▷ 볼맨소리(x) / 볼멘소리(○)

▷ 볼성사납다(x) / 볼썽사납다(○)

▷ 부숴지다(x) / 부서지다(○)

▷ 비스켓(x) / 비스킷(○)

▷ 배짱이(x) / 베짱이(○)

▷ 베짱(x) / 배짱(○)

▷ 뵈요(x) / 봬요(○)

▷ 뻔하다(○) / 빤하다(○)

▷ 삐그덕(x) / 삐거덕(○)

▷ 상당이(x) / 상당히(○)

▷ (만두) 속(x) / 소(○)

▷ 안 되(x) / 안 돼(○)

▷ 않을래야(x) / 않으려야(○) (않을 수 없다)

▷ 웬일(x) / 웬일(○)

▷ 주위가(x) / 주의가(○) (산만하다)

▷ 주책이다(x) / 주책없다(○)

▷ 지(x) / 제(○): 앞서 말한 사람을 낮출 때 / "제가 뭔데 나한테 그래?"

▷ 짖굳다(x) / 짓궂다(○)

▷ 짜집기(x) / 짜깁기(○)

▷ 체면 불구(x) / 체면 불고(○)

120

▷ 챙피하다(×) / 창피하다(○)

▷ 추워도(×) / 추호도(○) (+ 없다)

▷ 치루다(×) / 치르다(○)

▷ (기지개를) 키다(×) / 켜다(○)

▷ 캥기다(×) / 켕기다(○)

▷ (빈)털털이(×) / 털터리(○)

▷ 통채(×) / 통째(○)

▷ 틈틈히(×) / 틈틈이(○)

▷ 파토(×) / 파투(○) (나다)

▷ 표말(×) / 푯말(○)

▷ 하마트면(×) / 하마터면(○)

▷ 한 밤 중(×) / 한밤중(○)

▷ 헷갈리다(○) / 헛갈리다(○)

▷ 후덥지근하다(○) / 후텁지근하다(○)

▶ 걷잡다: 잘못 되어가는 일을 바로잡다. / 일이 걷잡을 수 없이 커졌다.

▶ (옷을) 다리다 / (약을) 달이다

▶ (색깔이) 붉어져 / (일이) 불거져

▶ 떠벌리다: 허풍을 떨며 이야기하다. / 없는 이야기로 떠벌리고 다녔다.

　　떠벌이다: 크게 차리다. / 크게 떠벌일 줄만 알지 책임 지는 법이 없었다.

▶ 매무시 : 매만저서 옷 입은 모양을 단정히 하는 것.

　　매무새 : 옷을 매무시한 뒤의 모양새.

▶ 밖에: '안'의 반대를 뜻할 때는 앞 단어와 띄어 쓴다. / 창문 밖에 서 있다.

　　밖에: '작은 정도'를 뜻할 때는 앞 단어와 붙여 쓴다. / 너밖에 안 왔다.

▶ 빌려: 이 자리를 빌려 감사의 말씀 전한다.

빌어: 빌어먹는 신세에 백화점은!

▶ 복슬복슬 / 복실복실 → 규범표기는 '복슬복슬'이다.

▶ 비스름하다: 비슷비슷하다.

비스듬하다: 옆으로 살짝 휘었다.

▶ 어느: 여럿 가운데 대상이 되는 것, 불분명한 것 / 어느 학생입니까?

여느: 보통 일반적인 / 그대는 여느 학생과 다르지 않다.

▶ 좇다: 어떤 사상이나 분위기를 따르다.

쫓다: 구체적 대상을 따라가거나 멀어지게 하다.

▶ 지그시: 살짝 힘을 주어 누를 때는 '지그시'

지긋이: 나이가 웬만큼 먹었다고 표현할 때는 '지긋이'

▶ 잔주름: 피부에 생긴 주름 / 잗주름: 옷에 생긴 주름

▶ ~느라: 원인이나 이유를 뜻하는 단어 / 그 일 하느라 그렇게 늦었구나!

~노라: 개인의 의지를 뜻하는 단어 / 내가 하노라고 했는데

이 정도밖에 안 되네.

▶ ~라야: 꼭 그래야 함을 뜻하는 연결어미 / 교수가 될 사람은 인격이

훌륭한 사람이라야 한다.

~래야: 얼마 되지 않음을 뜻하는 연결어미 / 악기 실력이래야 아직

초보 수준밖에 되지 않는다.

▶ ~로서: 자격, 신분을 뜻하는 명사 / 선생님으로서

~로써: 수단, 방법을 뜻하는 명사 / 시작함으로써

▶ ~이에요: 마지막 글자에 받침이 있는 명사 / 연필이에요

~예요: 마지막 글자에 받침이 없는 명사 / 오이예요

* 아니에요 = '아니다' (명사가 아니므로)

122

Chapter Ⅱ

그대, 사람 사이의 말

포시랍게 살게 해줄게

포시랍다

: [형용사, 방언]

어려움 없이 자란 탓에 궂은일을 잘하지 못하다.
'호강스럽다(호화롭고 편안하게 생활하는 점이 있다.)의
경상도 방언.

어릴 때에는 일명 부잣집 아이들을 보면 청소나 빨래 같은 집안 일은 잘 못하겠지 하는 선입견을 갖곤 했습니다. '손에 물 한 방울 안 묻히고 자랐을 것이다!'라는 상투적인 생각을 했지요. 일상에서 관용구처럼 자주 쓰곤 하는 그 표현과 같은 말로 '포시랍다'가 있습니다. 유난히 피부가 하얗고 손이 고운 사람을 볼 때 으레 그런 생각을 했던 것 같습니다. '참 포시랍게 컸나보다…….' 햇볕에 그을고 이런 저런 험한 일들을 하며 자라는 통에 자취를 감춰버린, 하얀 피부와 고운 손.

프러포즈를 하는 남자의 자부심은, 이다음에 자기가 딸을 낳아도 그렇게 자라게 해주고픈 열망에 기인한 것이겠지요. "그래, 나만 믿어! 내가 손에 물 한 방울 안 묻히고 살게 해줄게! 포시랍게 말이야!" 대체 손에 물 한 방울 안 묻히고 산다는 게 말이 될까 싶습니다만.

학생 A: 저기 남쪽 끝 섬에서 왔다는데, 피부도 하얀 게 엄청

　　　　포시랍게 생겼더라.

학생 B: 그럼 섬에서 온 애들은 다 까마귀 같아야 하냐? 다른 건

　　　　모르겠고 그 아이 마음 쓰는 양이 영락없이 포시랍던데?

학생 A: 왜? 밥이라도 사줘?

학생 B: 응, 고기에 술까지 사줬어.

학생 A: 쳇, 네가 그럼 그렇지!

 책 속의 말 한 줄

"어이구, 그리 말할 줄도 알고 효자 났꾸마. 하지만서두 말이다.
니는 아주 어려서 모른다. 서울에서 대학교 다니는 니 큰형 한 사
람한테만 해도 얼마나 많은 돈이 들어간다꼬. 내가 구냥 밥만 하고
집에 **포시랍게** 들어앉아 있어만 봐라. 그야말로 택도 없데이. 니
아부지가 무슨 사업체나 번듯한 직장이 있는 것도 아니구."

- 김하인, 「리어카」, 『엄마는 예뻤다』, 위즈덤하우스 예담, 2008, p.123.

틀거지가 있으려면

틀거지

: [명사, 우리말]

든직하고 위엄이 있는 겉모양.

"좌우지간 남자고 여자고 간에 그 틀거지가 있는 사람을 만나야 해."

• • • • • • • • •

우리네 아버지를 생각하면, 키가 작아도 작아 보이지 않고 몸이 왜소해도 왜소해 보이지 않는 것이 참 신기하기만 합니다. 아버지라는 존재의 무게가 과연 틀거지로 표시나기 때문이 아닐까 싶은데요. '틀거지'는 이처럼 든든하고 위엄이 있어 보이는 겉모습을 나타내는 단어입니다. 강의 중에도 그런 청년이 있었습니다. 큰 키는 아닌데 뭔가 훤칠해 보이고 든직해 보이는 청년이었습니다. 자상하고 책임감이 넘쳐 보이는 성격도 틀거지가 있어 보이게 하는 데 한몫한 듯 했습니다. 곧 알게 된 소식에 의하면 그가 과대표 역할을 맡고 있다고 했습니다. 꼼꼼하게 학생들을 챙기고, 성실하게 학교의 행사를 돕는다는 이야기를 들었지요. 그러고 보니 그 틀거지라는 것이 애초에 타고나는 것이 아니라, 스스로의 몸가짐 그리고 마음가짐에 따라 만들어지는 것이 아닐까 하는 생각이 들었습니다.

책 속의 말 한 줄

기현 어머니는 목이 바짝 마른 판에 만 원 선금에 눈이 번쩍도 했지마는 장작을 싸게 사 주마니 반갑기는 하나 첫째는 돈 걱정이요, 초면인 남자를 붙들고 수다를 떨기가 싫어 어름어름해 놓고 나중에 조카 학생을 시켜 물어 보니 가만 있으라는 전갈이었다. 그 후부터는 이런 교섭은 일체 학생을 새에 넣고 하는 것이 편하였다. 자세히 두고 보니 자기와 나이 걸맞은 점잖고 **틀거지**가 있어 보이는 진중한 청년이니 만만치가 않고 말을 함부로 붙이기도 어려웠다. 아침 저녁 밥상을 들고 나가기도 쭈뼛쭈뼛해지고 늘 성이 가셨다. 손님이 벌떡 일어나서 상을 마주 받아들이는 것이 미안하고 거북한 것이었다.

- 염상섭, 「일대의 유업」, 『중학생이 보는 표본실의 청개구리』,
신원문화사, 2006, pp. 92~93.

그대의 말결

'틀거지'의 의미로 '틀거리'를 쓰는 경우가 있으나 '틀거지'만 표준어로

삼는다. 〈관련조항: 표준어 규정 2장 4절 17항〉

한팔접이가 되지 말 것

한팔접이

: [명사, 우리말]

적수가 되지 않는 상대에게 한 팔을 접어줄 수 있다는 뜻.

경기·내기 따위에서 힘과 기술이

매우 부족한 사람을 비유적으로 말.

TV를 통해 씨름이나 유도 같은 경기를 보다 보면, 조금 심하다 싶을 만큼 체격 차이가 나는 선수들을 볼 때가 있습니다. 그럴 때 조금 과장된 표현으로, "와, 손가락 하나 갖고도 이기겠다!"라고 말하곤 합니다. 이렇게 어떤 내기나 경기에서, 아주 쉽게 이길 수 있을 것 같은 상대를 두고 '한팔접이'라고 표현할 수 있습니다. 문득 우리 인생도 그럴 수 있겠구나 하는 생각이 듭니다. 우리는 살면서 수많은 경쟁 상대를 만나게 되지요. 나에게 한팔접이로 보이는 상대를 만나게 된다면 더할 나위 없이 기쁘겠지만, 반대로 상대방에게 내가 한팔접이로 비춰진다고 생각해볼 수도 있지 않겠습니까. 뭐 이기고 지는 것의 반복이 인생이겠지만, 모든 이들에게 항상 한팔접이로만 비춰진다면? 힘과 기술에 있어서 다소 부족해 보일 수는 있습니다. 하지만 열정과 의지마저 충분히 꺾일 것 같은 대상은 되고 싶지 않겠지요?

후임들: 선배님한테야 저희는 모든 면에서 한팔접이가 아닐까요?

권 과장: 경쟁에서 이겼느냐 말았느냐의 결과보다 중요한 것은,
어떻게 싸웠느냐가 아닐까 싶다. 내가 알려주고 싶은 것이
바로 그거거든. 살면서 만나게 될 모든 경쟁에서, 적어도
자기 자신에게만은 한팔접이가 되지 말라는 것. 나 좀
멋있니?

부박하기 짝이 없어

부박(浮薄)하다

: [형용사, 한자어]

천박하고 경솔하다.

하루는 어머니가 집 앞에 세워진 외제차를 가리키며 한소리를 하고 나섰습니다. 옆동 사는 여자 차인데, 없는 형편에 할부로 구입한 차라나요. 그래서 그 집 아저씨랑 애들은 다 떨어진 옷을 입고 다닌다는 것이었습니다. 조금 있으려니 곱게 화장을 하고 화려한 옷을 차려 입은 윗집 아주머니가 차에 오르는 모습이 보였습니다. 어머니는 혀를 끌끌 차며 말했습니다. "하는 짓거리하고는 참 부박하기 짝이 없다!"

흔히 '천박(淺薄)하다'는 고상한 기품이 느껴지지 않고 천한 사람을 질책할 때 자주 쓰는 표현입니다. 또 몹시 겸손하여 자신의 능력을 하잘 것 없는 것으로 낮추어 표현할 때, '미천(微賤)하다'와 같은 뜻으로 '천박하다'를 쓸 수 있지요. '천박하다'에 쓰인 '얇을 박(薄)' 자는 깊거나 높지 않은 대상을 가리키는 한자어입니다. 여기에 '뜰 부(浮)' 자를 합치면 어떻게 될까요? 깊지도 높지도 않은데다가 둥둥 떠오르기까지 한다! '부박(浮薄)하다'는 '천박하다'보다 더 얇고 낮으며 가벼운 대상을 일컬을 때 써봅시다. 당장 눈앞에 닥친 이익을 좇기 위해 얕은 꾀만 부리는 사람을 '속물(俗物)'이라고 하지요? 자신의 이익만을 위해 다른 사람에게 피해를 끼치는 사람을 보면 천박하다는 욕으로는 성에 차지 않을 때가 있습니다.

금순 씨: 얘! 드라마 좋아하는 것도 부박한 거니?

작은딸: 어떤 드라마를 보느냐에 따라서 다르지 않을까?

큰딸: 아니, 드라마를 어떻게 보느냐에 따라 다른 것 같아. 엄마는
아빠 중환자실에 있을 때도 휴게실 가서 드라마 챙겨 봤잖아.

금순 씨: 안 본다, 안 봐! 빨리 들어가서 과제들이나 하서!

 책 속의 말 한 줄

나는 속물인가? 그것이 세상의 속된 기준에 민감한 사람을 뜻하는 말이라면, 흠흠, 쉽게 부정하지 못하겠다. 친구가 아파트를 구입했다는 소식을 들으면 어쩔 수 없이 시세가 궁금해지고, 그저 그렇다고 여겼던 작품이 유수한 문학상을 탔다는 말을 들으면 **부박한** 내 취향을 의심하게 된다. 스무 살 때부터 쭉 좋아하던 전도연이 칸영화제 여우주연상을 받던 날, 무슨 남다른 선구안이라도 타고난 양 괜스레 우쭐해진 것은 말할 나위도 없다.

- 정이현, 「이런 사랑도 있다」, 『풍선』, 마음산책, 2007, p. 37.

사람이 된 시정잡배

시정잡배(市井雜輩)

: [명사, 한자어]

펀둥펀둥 놀면서 방탕한 생활을 하며

시중에 떠돌아다니는 점잖지 못한 무리.

"네 아빠 젊었을 때 딱 시정잡배 같았는데.

내가 사람 만들었지, 사람 만들었어!"

● ● ● ● ● ● ● ● ● ●

가끔 야외에서 책도 보고 아이들 노는 모습도 볼 겸해서 아파트 단지 내에 있는 놀이터로 나가곤 합니다. 책을 한두 장 보다가는 아이들 노는 모습이 재미나서 한참 동안 고개를 돌려 쳐다볼 때가 있습니다. 그러다가 한번은 고등학생 정도로 보이는 남자 아이들이 우르르 몰려온 적이 있었습니다. 딱 보아도 아직 어린 내가 풀풀 풍기는 아이들인데, 놀이터 구석에 모여 앉아 담배를 피우고 있었습니다. 그 사이에서 캔맥주가 오가는 것도 보였습니다.

놀라운 건 놀이터에 먼저 와 있던 어린 아이들이 그 모습을 여러 번 봤었는지, 한 번 쓱 쳐다보고는 다시 아무렇지 않게 놀더라는 것입니다. 이러지도 못하고 저러지도 못하고 있는데, 놀이터 끝에서 경비 아저씨가 달려왔습니다. 아저씨는 큰 소리로 아이들을 나무랐습니다. "너희가 시정잡배냐, 이놈들아! 얼른 싹 다 들어가지 못해!" 와, 진짜 속이 다 후련했습니다. 나도 알고 있는 단어인데, 저 단어를 저토록 멋지게 쓸 수 있다니! 자의적인 선택에 의해 자유분방한 삶을 사는 사람들을 지칭하는 히피, 보헤미안, 집시 등과는 구분하여 사용하도록 합시다.

【곁말 하나】

*** 히피(hippie): [명사, 외래어]**

기성의 가치관·제도·사회적 관습을 부정하고, 인간성의 회복·자연과의 직접적인 교감 따위를 주장하며 자유로운 생활 양식을 추구하는 젊은이들. 1960년대 후반부터 미국을 중심으로 생겨나 전세계로 퍼졌다.

*** 보헤미안(Bohemian): [명사, 외래어]**

속세의 관습이나 규율 따위를 무시하고 방랑하면서 자유분방한 삶을 사는 시인이나 예술가.

*** 집시(Gypsy): [명사, 외래어]**

코카서스 인종하는 속하는 소수의 유랑민족으로, 일정한 거주지가 없이 항상 이동하면서 생활하는 사람들을 일컫는 말.

*** 보보스(bobos)족: [명사, 합성어]** 사회적·경제적으로 성공한 부르주아 계층에 속하면서도 보헤미안과 같이 저항적이고 자유로운 삶을 추구하는 사람. 또는 그런 무리.

브로커 말고 주릅

주릅

: [명사, 우리말]

홍정을 붙여주고 보수를 받는 것을 직업으로 하는 사람.

가끔씩 뉴스에서 일명 '검은 돈'이 오고 간 수상한 거래를 대대적으로 보도할 때가 있습니다. 말 그대로 정상적인 경로를 통하지 않고 돈이 오가는 거래를 말하며, 흔히 부동산 거래나 뇌물이 오갈 때 많이 일어납니다. 이때 아나운서의 이런 멘트를 심심치 않게 들을 수 있는데요. "조사 결과 이들 사이에 브로커가 있었던 것으로 밝혀졌습니다." 여기에서 브로커(broker)는 다른 사람 대신 일을 해주고 그 사이에서 수수료를 받는 사람을 일컫는 말로, 중개인(仲介人), 중개업자(仲介業者)라고 지칭할 수도 있습니다. 같은 뜻을 가진 조금 쉬운 우리말로서 '주릅'이라는 단어가 있습니다. 두 사람 사이에 홍정을 붙여주고 거기에서 거래가 원만하게 이루어지면 양쪽으로부터 수고비를 얻어내는 사람을 바로 '주릅'이라고 합니다. 대화에서 흔히 '주릅(을) 들다'라는 형식으로 쓰이고 있지요.

정희: 그 영화 봤어? 어떻게 애를 가지고 주릅을 들지?

선희: 그러게. 각박한 요즘 세상을 보여주는 것 같아 씁쓸하더라.

【바꿔 써보기】

"브로커는 우리가 아닐까요?"

→ **"진짜 주릅은 우리가 아닐까요?"**

▶『브로커』, 고레에다 히로카즈 감독,
송강호·강동원·배두나·아이유 출연, 2022.

【곁말 하나】

* **뚜쟁이: [명사, 우리말]**

부적절한 관계를 이어주는 일을 하는 사람. '중매인'을 낮잡아
이르는 말.

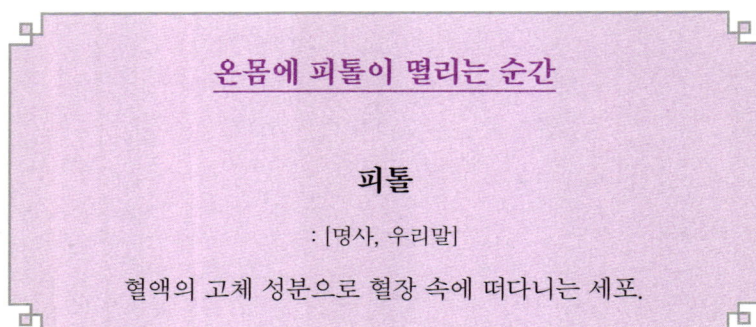

온몸에 피톨이 떨리는 순간

피톨

: [명사, 우리말]

혈액의 고체 성분으로 혈장 속에 떠다니는 세포.

"얼마나 좋은지 쳐다보고만 있어도
온몸에 피톨들이 부르르 떨려요."

• • • • • • • • •

어떠한 감정을 극적으로 느낄 때, 우리는 그 극적인 감정에 대한 관용적인 표현으로 신체의 일부를 자주 사용하곤 합니다. 이를테면 극심한 공포를 느꼈을 때, '온몸에 난 털이 쭈뼛쭈뼛 서다'라는 표현을 쓰는 것이 그 예라고 볼 수 있습니다. 또 '심장이 철렁 내려앉다', '간이 떨어질 뻔하다'라고 표현하기도 하지요. 그렇다면 흔하게 쓰는 그런 표현들 말고 조금 신선한 표현은 없을까요? 언젠가 지인과 함께 공포영화를 감상한 적이 있는데, 영화를 다 보고 난 후 지인의 입에서 나온 말이 참 인상적이었습니다. "무서워서 혼났네. 피톨들까지 다 떨어서 온몸이 간지러웠어." 집으로 돌아와 부랴부랴 사전을 찾았습니다. '피톨이 뭐지?' 의학용어라고 분류되어 있는 '피톨'은 혈액의 고형 성분으로서 혈장 속에 떠다니는 작은 세포를 가리키는 말이었습니다. 알고 보니 참 재밌는 단어가 아닐 수 없었습니다. 생물의 몸체를 구성하는 가장 작은 단위를 세포라고 하지요. 그 중에서도 혈액세포라니⋯⋯. 이제 어떤 감정을 표현할 때든지 그 단어를 쓰고 싶어 안달이 나고 말았습니다.

 책 속의 말 한 줄
....

조용히 내 말에서 귀를 거두시오
내 말이 불현 듯 낙뢰를 타고 창가에 부서질 때,
그 부서지는 시간의 **피톨**들이
정녕 당신이 들어야 할 소리인지도 모르오

- 강정, 「자멸의 사랑」, 『키스』, 문학과지성사, 2008.

나쎄에 맞는 행동이라...

나쎄

: [명사, 우리말]

그만한 나이를 속되게 이르는 말.

일명 '나잇값'을 하지 못하는 사람에게 '나잇살 먹고 뭐하는 짓이냐'라고 꾸짖는 모습을 본 적이 있을 것입니다. '나잇살'은 지긋이 먹은 나이를 낮잡아서 이르는 말로, 어느 정도 나이를 먹은 사람들한테 쓸 수 있는 단어입니다. 하지만 따지고 보면 나잇값 못하는 것이 나이를 먹은 사람들에게만 해당되는 일은 아닐 것입니다. 저마다 그 나이에 맞는 마음가짐과 행동을 해야만 하겠지요. 우리말에는 나이 자체를 낮잡아서 이르는 말로 '나쎄'라는 단어가 있습니다. 나이를 많이 먹었건 적게 먹었건 그 나이에 맞지 않는 행동을 하는 사람에게는 이렇게 한소리 건넬 수 있는 것입니다. "나쎄에 맞는 행동을 해라!" 사람은 나이가 들면 들수록 자기 나쎄에 책임을 질 수 있어야 한다는 어느 선배의 말이 문득 떠오릅니다.

정희: (아이스크림을 먹으며) 왜 그리들 싸우니? 하긴, 너희
　　　나쎄에 안 싸우고 크는 애들이 어디 있겠냐만. 그렇지 않아?
아이들 : (아이스크림을 보며) 나쎄는 아이스크림 이름이에요?

살며시 웃으며 눈바래기 해주길

눈바래기

: [명사, 북한어]

떠나는 사람을 눈으로 배웅해주다.

"차라리 살며시 웃으며 눈바래기 해줘."

• • • • • • • • •

직장 내 회식 자리는 사회생활의 연장이라고들 합니다. 맛있는 음식을 먹으며 스트레스도 풀고, 서로 일하면서 말하지 못했던 속내도 비출 수 있어서 나름 의미 있는 시간이지요. 그런 자리에 한 명도 빠짐없이 참석하는 것이 좋을까, 아니면 여건이 되는 사람들만 참석하는 것이 좋을까 싶은데요. 직장 생활 10년차를 자부하는 여동생에게 그 문제는 오랫동안 이어져온 고민이었습니다. 회식 일정이 잡히면 일주일 전부터 앓기 시작했습니다. '어떻게 하면 빠질 수 있을까?' '뭐라고 둘러대야 할까?' 그러더니 언젠가부터는 정반대의 고민을 하기 시작한 동생을 발견하였습니다. 동생도 어느덧 후임들을 거느린 상사가 된 것입니다. '어떻게 하면 한 명도 안 빠지게 할까?' '뭐라고 공지해야 할까?' 아, 저는 언니로서 동생에게 뭔가 근사한 대처법을 알려주고 싶었습니다! 너도 그럴 때가 있었지 않느냐, 오히려 여유롭게 대처하는 모습이 근사하지 않겠느냐……. 다음 회식부터는 자리를 끝까지 지키지 않고 먼저 궁둥이를 들썩거리는 후임이 있거든, 결코 째려보거나 미워하는 내색을 하지 말고 차라리 살며시 웃으며 눈바래기를 해주라고. '눈바래다'는 멀리까지 나가서 배웅하지 않고 눈짓으로 인사를 건네는 일을 말합니다. 안 그래도 잔뜩 불편한 마음이 되어 있을 후임에게 "어 그래, 간다고?"라며 큰소리로 인사를 건네는 것보다는, 마음 편히 갈 수 있도록 슬쩍 눈을 찡긋해주는 모습의 권 과장이 더 근사해 보일 듯합니다.

 책 속의 말 한 줄

그날따라 왠지 못미더웠던지 할머니는 자꾸만 다잡으며 말 단속을 하였다.

"응 알았어, 할머니 금방 다녀올게!"

소녀는 다부지게 대답을 하고 산을 내려오지만, 할머니는 내심 걱정스런 얼굴로 소녀의 뒷모습을 오랫동안 **눈바래기** 하고 있었다.

- 윤수현, 「빨간 달팽이와 크레파스」, 『달팽이』, 경향미디어, 2006, p.61.

따스하게 침윤되는 생각

침윤(浸潤)

: [명사, 한자어]

사상이나 분위기 따위가 사람들에게 번져 나감.

전통이자 관례, 풍습은 알게 모르게 강압이 될 수도 있어서 무서운 것 같습니다. 시력교정수술을 받기 이전, 저는 렌즈가 두꺼운 안경을 끼고 다녔습니다. 가끔씩 아침에 늦잠을 자면 강의나 약속 시간에 늦지 않기 위해 부랴부랴 택시를 잡곤 했습니다. 그런데 택시를 이용하는 사람들이 많지 않은 시간임에도 불구하고 택시 잡기가 여간한 일이 아니었습니다. 어렵게 잡은 택시에 오르자마자 마치 따지기라도 하듯이 물었습니다. 왜 이리 택시가 잡히지 않느냐고 말이지요. 기사에게서 들은 이야기는 그야말로 저를 경악케 만들었습니다. "원래 아침부터 안경 낀 여자를 태우면 재수 없다고 하잖아요." 그게 그때 당시의 택시 기사들이 만들어낸 이야기는 분명 아닐 것입니다. 옛날부터 전해지고 전해져오는 관습이었을 테니 말입니다. 만약 제가 몹시 아픈 몸을 이끌고 택시를 잡고 있던 상황이라고 생각해봅시다. 정말 생각만 해도 끔찍하고 화가 나기까지 합니다. 비단 택시 기사들 사이에서만 있는 이야기는 아닐 것입니다. 집에도 시장에도 학교에도 이미 깊게 침윤되어 있는 관습이 있을 것입니다. '침윤(浸潤)'은 원래 물기가 스며들어 서서히 젖는 일을 뜻하는 말입니다. 그래서 사람들 사이에 어떤 사상이나 분위기가 서서히 퍼져나가는 상황을 가리키는 말로 쓰이지요. "임신한 여자가 찾아왔을 때는 자고로 후하게 대접해야 하는 법이다." 식당을 운영하시는 분들 사이에 침윤되어 있는 이 풍습. 이렇게 따뜻하고 인간적인 모습들만 침윤되어 있다면 얼마나 좋을까요?

큰딸: 아빠. 우리 집에는 모두가 같은 TV 채널을 시청해야만 가족애가 두터운 거라는 생각이 침윤되어 있는 것 같아요. 저는 달라지기로 했어요. 제 방에 TV를 한 대 따로 놓겠어요.
정희 아빠: 뭐? 침 뱉는다고?

【결말 하나】

* **편재(遍在): [명사, 한자어]**
널리 퍼져 있음.
예) 학벌 위주 사회에 대한 부정적 인식을 갖고 있으면서도 사교육을 일찍 시작하지 않는 것에 대해서는 우려하는 심리가 학부모들 사이에 편재해 있다.

* **편재(偏在): [명사, 한자어]**
한곳에 치우쳐 있음.
예) 유명 사교육 시설 대부분이 서울 일부 지역에 편재해 있다.

너희들 칸살이 더 문제!

칸살

: [명사, 우리말]

사이를 띄운 거리.

일정한 간격으로 어떤 건물이나 물건 사이를 갈라서 나누는 살.

"생각해보면 옛날 집이야말로 칸살이 많았는데,

그래도 두런두런 참 잘 지냈지요?"

• • • • • • • • •

어릴 적 시골에 있는 할머니가 집으로 놀러온 적이 있었습니다. 사실 놀러 왔다기 보다는, 부모님의 부부 싸움이 깊어지자 그걸 직접 말려볼 생각으로 왔었지요. 할머니는 오자마자 시골에서 가져온 음식들로 저녁상을 차리기 바빴습니다. 아버지 어머니는 아무 말도 않고 눈치만 보고 있었습니다. 이윽고 저녁상을 가운데 두고 모두 동그랗게 모여 앉았습니다. 한참 후에야 말문을 튼 사람은 역시 할머니였습니다. "아이고, 이 아파트 답답하지도 않니? 두부 상자마냥 칸살이 딱딱 쳐 있는 게, 보기만 해도 답답하구나." 할머니가 윗옷 앞섶을 들썩거리며 말했습니다.

식사가 끝난 뒤에는 과일을 깎아놓은 접시를 가운데 두고 다시 둘러앉았습니다. 역시 아무 말도 오가지 않고 냉랭한 분위기만 이어졌습니다. 결국 보다 못한 할머니가 자리를 박차고 일어났습니다. "아파트 칸살이 아니라, 너희들 칸살이 더 답답하다!" 잔뜩 화가 난 할머니가 방으로 들어가 버리자, 그제야 아버지 어머니는 할머니 방으로 따라 들어가 이말 저말 꺼내놓기 시작했던 것 같습니다. 뭐 이후 두 분은 언제 그랬냐는 듯이 화해를 하긴 했지만, 그렇게 된 데에는 분명 할머니의 공이 가장 컸을 것입니다. 아, 칸살! '칸살'은 어떤 건물이나 물건 사이를 일정한 간격으로 나누어 놓은 살, 혹은 그 간격을 뜻하는 말이었습니다.

 책 속의 말 한 줄

심선생은 일어서서 산 아래를 내려다보았다. 저만치 아래 아직도 벗겨져 있는 지붕 때문에 보기 흉하게 천장의 **칸살**을 드러내놓고 있는 김씨의 집이 내려다보였다. 그리고 그 아래쪽으로 눈이 아리게 파란 지붕의 조립식 주택이 시선을 끌었다.

- 우애령, 「귀가」, 『당진 김씨』, 창작과비평사, 2001, p. 248.

결찌라도 되었다면

결찌

: [명사, 우리말]

어찌어찌하여 연분이 닿는 먼 친척.

삼촌, 사촌, 오촌, 육촌, 팔촌……. 우리나라만큼 친인척 관계도가 복잡한 나라도 없을 것입니다. 살다보면 가족밖에 없더라는 말이 피부에 와 닿을 때가 많다고 하는데, 뭐 그렇다면 삼촌이 됐든 팔촌이 됐든 가족의 범위는 넓을수록 좋겠다는 생각이 듭니다. 한번은 강의 중에 학생들에게 이런 질문을 던진 적이 있었습니다. "저 사람과는 정말 결찌라도 됐으면 좋겠다 싶은 사람이 있습니까?" '결찌'는 평상시에 자주 만나고 지내는 가까운 친척이 아닌, 어찌어찌하여 겨우 연이 닿을까 말까 할 정도로 먼 친척을 일컫는 말입니다. 재미도 있겠다 싶어 한 사람 한 사람의 이야기를 모두 들어보기로 했습니다. 뭐 대부분의 학생들이 대기업의 총수나 유명한 예술가를 예로 들었던 것 같습니다. 그때 한 학생의 입에서 아주 의미심장한 답변이 나왔습니다. "제가 지금 짝사랑하고 있는 여자 아이요. 차라리 우리는 결찌나 되는 친척이기에 이루어질 수 없는 사이라고 말해줬으면 좋겠어요." 다들 한동안 말이 없었습니다. 저렇게 마음이 다 아프도록 누구를 좋아할 수 있구나! "그 사

랑은 결찌였어도, 아니 사촌 지간이었어도 극복할 수 있을 것 같군
요!" 위로 대신 건넨 말이었답니다.

학생 A: 팔촌만 넘으면 결혼할 수 있지 않아?
학생 B: 모르지. 아니면 대법원 사람 중에 결찌라도 있으면 가능할
지도!

얄미운 텁석부리 아저씨

텁석부리

: [명사, 우리말]

'텁석나룻(짧고 더부룩하게 많이 난 수염)'이 난 사람을
놀림조로 이르는 말.

어머니는 동네 슈퍼의 주인아저씨를 정말 미워했습니다. 이유인즉슨 인정이 너무 없기 때문이라나요. 가끔 간단하게 두부 한 모나 어묵 한 봉지 정도를 사려고 들렀을 때, 잔돈이 조금 모자랄 때가 있다고 합니다. 큰돈을 깨기도 뭐하고 해서 나름 미안해하는 표정을 지으며 잔돈은 깎아줄 수 없느냐고 아양을 떨었다고 합니다. 그래봤자 일이십 원밖에 되지 않는 돈인데, 아저씨는 냉정하리만치 "안 돼요!" 하면서 딱 잘라버렸다고 합니다. 그러면 그런 날은 어머니로부터 하루 종일 슈퍼 아저씨 흉보는 소리를 들어야 했습니다. "아휴. 얄미워 죽겠어, 그냥! 생긴 것도 텁석부리가 돼가지고 얼마나 미운지 몰라, 그냥!" 어머니에게 '텁석부리'의 단어 뜻을 알려달라고 보채며 거우 그 마음을 달랬습니다. 짧고 가느다란 수염이 얼굴 절반을 덮을 정도로 잔뜩 나 있는 사람을 '텁석부리'라고 놀린다고 가르쳐주었지요. 그 모습이 꼭 인삼 같기도 해서, '텁석부리'는 심마니를 뜻하는 은어로도 쓰인다고 했습니다.

큰딸: 엄마! 텁석부리 아저씨 수염 싹 깎았던데요?

금순 씨: 그래? 그럼 이제 두부 값도 좀 깎아줄라나?

💡 책 속의 말 한 줄

"뭣이라고? 매를 핑계로 허튼 수작들을 하는구나. 당장 끌어내리지 않고 뭣들 하는 것이냐!"

문승조가 버럭 고함을 지르자 대졸들이 다시 응사들에게 다가가서 소매를 잡아당기고는 말에서 내리라고 했다. 그러자 **텁석부리** 수염을 한 응사가 말 위에서 외쳤다.

"소인은 시파치 전대평이라고 하옵니다. 지금 임금께서 속히 매를 본다고 하셔서 서두르고 있습니다. 살펴주시옵소서."

- 정명섭, 『조선직업실록-역사 속에 잊힌 조선시대 별난 직업들』,
북로드, 2014, p.69.

허청허청 걷다가 쓰러지기도

허청허청

: [부사, 우리말]

다리에 힘이 없어 잘 걷지 못하고 자꾸 비틀거리는 모양.

"어쩐 일이래? 허청허청 걷는 걸 보니 뭔 일이 있었나 보네.
시험을 망쳤나, 남자한테 차였나?"

● ● ● ● ● ● ● ● ●

　힘든 일을 하고 난 다음이거나 충격을 받은 일이 있을 때, 이상하게 걸음걸이부터 제대로 걸어지지 않지요. 자꾸 힘이 쭉쭉 빠지고 몸은 제멋대로 비틀리고 말입니다. 그러한 걸음걸이를 두고 '허정허정' 걷는다고 표현할 수 있습니다. 그런데 그 단어로도 성에 차지 않아, '허정허정' 걷는 것보다 걸음걸이가 더 힘들 때 쓰는 표현이 있습니다. 바로 '허청허청'이라고 합니다. 정말 당장이라도 곧 쓰러질 듯이 걷는 사람한테 쓸 수 있는 표현이겠지요. 어머니는 아버지에게도 또 딸들에게도 저 표현을 참 많이 쓰곤 했습니다. 아버지가 허청허청 걸어 들어올 때는 술을 거나하게 마시고 왔을 때지요. "대체 얼마나 부어라 마셔라 했기에 저리 허청허청 걷는담?" 또 우리 자매가 허청허청 걸어 들어올 때는 대부분 시험을 망쳤을 때였습니다. "아이고, 오늘은 몇 점을 받으셨기에 그리

들어오시나이까?" 늘 놀리기 좋아하는 어머니인데, 한번은 어머니가 그렇게 허청허청 걸어서 집에 들어온 적이 있었습니다. 가족들 모두 어머니를 따라 놀려대기 바빴습니다. "술을 드셨나, 아니면 시험을 망치셨나?" 사실 어머니가 많이 아파서 응급실로 실려 갔던 날인데……. 아, 그때 생각을 하니 정말로 허청허청 걸을 정도로 다리에 힘이 빠집니다.

 책 속의 말 한 줄

남는 잔 기웃거리다
중늙은 주모에게 실없는 농도 붙여보다가
취하면 뒷전에 고꾸라져 또 하루를 보내고
나 갈라네, 아무도 안 듣는 인사 허공에 던지고
허청허청 별빛 지고 돌아오겠네
그렇게 한두 십년 놓아 보내고
맥없이 그 처자 몸에 아이나 서넛 슬어놓겠네

- 김사인, 「부뚜막에 쪼그려 수제비 뜨는 나어린 처녀의 외간 남자가 되어」,
『가만히 좋아하는』, 창작과비평사, 2006.

문적문적 부서지지 않으려면

문적문적

: [부사, 우리말]

무르고 연한 물건 따위가 조금만 건드려도

자꾸 뚝뚝 끊어지거나 잘라지는 모양.

어릴 적 문방구 앞에 늘어선 뽑기 기계에서 보물을 찾아냈습니다. 달가닥 소리가 나며 굴러 나온 작고 동그란 통 안에 꽃게 모양으로 생긴 말랑말랑한 고무 인형이 들어 있었던 것입니다. '물에 담가두면 원래 크기보다 6배 이상 커짐.' 사용 설명서에 적힌 내용이 신기했습니다. 정말 6배 크기로 커진다면 실제 꽃게 크기만큼 커질 게 분명했습니다. 저는 욕심이 생겼습니다. 6배보다 더 큰 꽃게를 만들어서 친구들에게 자랑하고 싶었습니다. 어머니 몰래 욕조에 물을 한가득 채운 다음 인형을 물속에 차분히 빠트렸습니다. 그러고 나서 한 시간이 지나기 무섭게 욕실을 들락날락거렸습니다. 그러기를 수도 없이 반복하며 하루가 지났습니다. 다음날 아침, 일부러 욕실에 들어가지 않았습니다. 잔뜩 기대하고 있다가 그 마음 그대로 친구들에게 보여주며 자랑하고 싶었던 것입니다.

그날 오후, 반 아이들을 잔뜩 이끌고 집으로 돌아왔습니다. 욕실 문을 자랑스럽게 열어젖혔습니다. 욕조 안에서 정말 믿기지 않는 일이 벌어졌습니다. 꽃게가 정말이지 욕조를 뚫고 나올 정도로 커다래진 것입니다! 저뿐만 아니라 아이들 모두 입을 벌린 채 얼어붙었습니다. 저는 몰래 눈물을 훔쳤습니다. "자, 이제 꽃게를 이 땅 위에 꺼내놓자!" 제법 늠름한 목소리로 친구들을 향해 말했습니다. 정확히 열 명의 아이들이 다리를 하나씩 붙잡고 꽃게를 들어 올리던 순간에 정말 거짓말 같은 일이 벌어졌습니다. 꽃게의 다리가 모두 떨어져 나가는 것이었습니다. 몸통은 그대로 욕조 안으로 쑥 들어가 버렸지요. 문적문적해진 꽃게 다리는 손 안에서 전부 뭉개지고 형체도 남지 않고 사라져버렸습니다. 물건이 물러져서 쉽게 뭉그러지거나 끊어지는 모양을 '문적문적'이라고 합니다. '6시간 이상 담가두면 안 됨.' 따지듯이 다시 읽기 시작한 사용 설명서 끝에 아주 작은 글씨로 적힌 경고 문구가 보였습니다. 비록 꽃게의 다리는 긴 시간 앞에 문적문적해지고 말았지만, 그때의 순수했던 상상력만큼은 잊지 않고 싶습니다.

정희 씨: 문적문적해진 꽃게가 열 개의 다리를 모두 잃는 순간,
  제 사지에서도 힘이 빠져나가는 듯 했지요.
학생들: 아… 그러니까 저희는 교수님의 이야기를 믿기만 하면
  되는 거지요?

🪄 그대의 말결

'문적문적'의 의미로 '문정문정'을 쓰는 경우가 있으나 '문적문적'만 표준어로 삼는다. 〈관련조항: 표준어 규정 2장 4절 17항〉

마음이 혼몽해서 그런지

혼몽(昏懜)하다

: [형용사, 한자어]

정신이 흐릿하고 가물가물하다.

정신을 똑바로 차리지 못하고 헤매는 사람에게 흔히 '정신이 나갔다'는 표현을 쓰지요. 다른 말로 '혼몽(昏懜)하다'라는 표현을 쓸 수도 있습니다. '어두울 혼(昏)' 자와 '어리석을 몽(懜)' 자가 만나 만들어진 이 단어는 말 그대로 어둡고 어리석은 정신 상태를 가리키는 말입니다. 정신이 분명하지 않고 흐리멍덩하다는 뜻에서 '몽롱(朦朧)하다'도 같이 쓰일 수 있습니다. '몽롱하다'는 정신이 흐릿하다는 뜻 말고도, 시야가 확 트이지 않거나 혹은 사물이 잘 보이지 않는다는 뜻도 가지고 있습니다. 정신이 나가다, 혼몽하다, 몽롱하다……. 정신을 똑바로 차리지 못하는 상황에 대해서 가리키는 말이 이렇게 많은 것을 보면, 몸도 몸이지만 정신을 똑바로 가누고 사는 것도 참 어려운 일이라는 생각이 듭니다.

정희 아빠: 정신이 혼몽해서 그런지, 앞이 다 몽롱하다. 네가 꼭
　　　　　 개미같이 보이는구나.

큰딸: 네, 아빠. 저 어제 머리를 검정으로 염색해봤거든요. 아빠

약주 드시는 동안!

정희 아빠: 염색? 네 엄마도 염색했던데. 개미처럼 새카맣게 말이

야. 개미 엄마니까 똑같이 개미인 건가?

큰딸: 조금만 더 혼몽해지시면 저보고 기어보라고 하시겠어요.

개미처럼!

정희 아빠: 그렇지, 그렇지. 개미처럼 땅도 파고!

큰딸: 약주 좀 그만 드세요, 제발.

정희 아빠: 그래, 그래. 아빠가 요즘 마음이 혼몽해서 그런가보다.

네 말 들을게.

 책 속의 말 한 줄

계속 대형 차와 씨름하던 남자는 아예 고속도로를 벗어나 국도
로 들어섰다. 대형 차는 미처 따라오지 못하고 내처 고속도로를
내달렸다. 이리로 가면 더 걸리는 거 아냐? 여자는 멀미 때문에
혼몽해진 정신으로 간신히 남자에게 물었다. 이 길로 빠졌다가 다
시 고속도로를 타면 돼. 괜히 저런 차랑 씨름하다가 사고만 나. 남
자가 대답했다.

- 편혜영, 「소풍」, 『사육장 쪽으로』, 문학동네, 2007, p. 27.

내게 충분히 미쁜 사람

미쁘다

: [형용사, 우리말]

어떤 사람 혹은 그 사람의 말이나 행동이 믿고 의지할 수 있다.

"아무 말씀 없이 고개만 끄덕이시는 건,

내가 참 미쁘게 보이서서일까?"

• • • • • • • • •

믿음은 약속된 시간의 중첩 속에서 만들어지는 게 아닐까 생각해봅니다. 강의에 아주 열심인 여학생이 있었습니다. 결석은 물론이요, 지각 한 번 하지 않는 학생이었지요. 항상 맨 앞자리에 앉아 눈을 반짝이며 저의 목소리에 귀를 기울였습니다. 그 모습만으로도 저는 그 학생이 꽤 미쁘게 여겨지곤 했습니다. '미쁘다'라는 말도 참 예쁜데, 이 말은 어떤 사람의 말이나 행동이 믿음직해 보일 때, 또 그 사람 자체에 대한 강한 믿음이 있을 때 쓸 수 있는 우리말입니다. 학기말이 되어갈 무렵, 학생에게서 메일이 왔습니다. 아직 과제를 제출할 때도 아닌데 무슨 일인가 싶었습니다. 한 문장한 문장 공을 들였을 메일의 내용은... 삼 년여의 시간 동안 만난남자 친구가 군대에 가게 됐는데 입소하는 자리에 꼭 함께 해주고싶다는, 그러려면 부득이하게 강의를 빠질 수밖에 없다는, 보이지 않는다고 서운해 하지 마시라는 이야기를 담고 있었습니다. 저는 괜스레 기분이 좋았습니다. 입가에 잔잔한 미소도 번졌고요. "지금까지 보여준 그대의 말과 행동만으로도 그대는 제게 충분히 미쁘답니다. 절대 울지 말고, 꼭 안아주며 보내주세요." 아마도 이렇게 답장을 썼던 것 같습니다.

✨ 그대의 말결

접미사가 붙어서 된 말이라도 본뜻과 멀어진 것은 소리대로 적는 원칙에 따라 '미쁘다'로 적는다. 〈관련조항: 한글 맞춤법 4장 3절 22항〉

서로에게 융숭하기를

융숭(隆崇)하다

: [형용사, 한자어]

대우하는 태도가 점잖고 엄숙하며 극진하다.

"아버지. 어머니를 왕비라 여기시고 융숭하게 대하세요.
그래야만 아버지도 왕이 되실 수 있는 거예요."

· · · · · · · · ·

나이가 들면서 눈에 띄게 달라진 게 있다면 바로 나만의 시간이 줄어들었다는 것입니다. 이십 대까지는 잘 몰랐는데, 서른이라는 나이를 넘은 때부터는 못 본 척할 수 없는 경조사들이 수두룩했습니다. 결혼식이야 봄이나 가을에 대부분 몰려 있어서 그나마 쉴 수 있는 때라도 있지만, 돌잔치나 칠순잔치는 계절을 막론하고 항상 있었던 것 같습니다. 혼자서 온전히 무얼 할 수 있던 시간이 깡그리 날아간 것 같아 속상한 마음이 들기 시작했지요. 그래서 생각을 한번 달리 가져보기로 했습니다. 하품을 하고 눈만 끔벅끔벅하기 일쑤인 주례 말씀에 집중해보자! 분명 가슴에 남는 게 있을 것이다! 그러다가 정말로 가슴에 움푹 들어와 앉는 말씀을 들은 적이 있었습니다.

"신랑님. 신랑님께서 신부님을 왕비로 대하신다면, 신부님 역시 신랑님을 왕으로 대할 것입니다. 마찬가지로 신부님. 신부님께서 신랑님을 왕으로 대하신다면, 신부님 역시 왕비가 되는 것입니다. 서로에게 융숭한 대우를 하십시오."

아, 정말 감탄이 절로 나오는 주례사였습니다. 탈무드에 나오는 유명한 대목이지요. 저리 아름답게 인용될 줄은 꿈에도 몰랐던 것입니다. 집으로 돌아오는 내내 왕과 왕비, 그리고 융숭하다는 단어가 머릿속에 맴돌았습니다. 사람을 대하는 태도가 예의 바르고 극진한 모습을 '융숭(隆崇)'하다고 하지요. 생각해보면 경조사라는 것 역시 나와 관계 맺은 사람에 대한 극진한 예의인데, 왜 그토록 무의미하게 의무감으로만 참석했을까 하는 반성도 했던 날이었습니다.

 책 속의 말 한 줄

위의 시에서 "목련나무 허리를 잠시 어루만지고 올라갔다" 이후 바로 "그 다문 입술 [……]" 사이에는 건너뜀이 있는데, 행간의 의미라고 하기엔 석연치 않다. 앞으로도 「탑이 기러기처럼 많은」과 같은 작품이 보여주듯 **융숭한** 뜻을 담은, 재미있으면서도 삶의 성찰이 깊이 배어 있는 시들을 쓸 것으로 기대된다.

- 김주연, 「시의 홍수와 에스프리-제2회 미당문학상을 보면서」, 『근대 논의 이후의 문학』, 문학과지성사, 2005, p. 246.

백날을 읍소해도 어림없는 일

읍소(泣訴)

: [명사, 한자어]

눈물을 흘리며 간절히 하소연함.

하루는 어머니가 아이처럼 신이 난 모습으로 집에 들어왔습니다. "그 집 나왔대!" 그 집? 그 집이라면 어머니가 아주 오래 전부터 살아보고 싶다며 노래를 부르던 집이었습니다. 동네에 그다지 높지 않은 산이 있었는데, 그 산자락 밑에 또 아담한 공원도 하나 있었지요. 산의 능선과 공원의 경치를 한눈에 감상할 수 있는 아파트라니 얼마나 좋았겠습니까. 좀처럼 빈 집이 나지 않는 아파트였습니다. 그 아파트에 마침 빈 집이 났다고 하니 어머니가 신이 나기도 났을 일이지요. 그런데 문제가 생기고 말았습니다. 현재 살고 있는 아파트가 거래되어야 목돈을 만들어 이사할 수 있을 텐데, 이쪽 아파트에서는 그 어떤 기별도 없었던 것입니다.

어머니는 벌써부터 이사할 생각에 들떠 있는데 부동산 경기가 따라주질 않는다나요. 어머니는 '에라 모르겠다'라는 심정으로 새 아파트에 덜컥 계약을 하고 와버렸습니다. 잔금 날짜가 목전에 다다랐을 때 어머니는 비장한 표정을 지으며 집을 나섰습니다. "부동산에 가서 무릎 꿇고 읍소라도 해보련다. 어떻게 해서든 우리 집 좀 팔아달라고!" 아, 읍소까지 하시다니……. '읍소(泣訴)'는 안타까운 사정을 애원하듯 눈물을 흘리며 하소연하는 것을 가리키는 말입니다. 가슴이야 아팠지만 그래도 그 읍소 덕분이었을까요? 어머니는 마침내 오랫동안 염원하던 집으로 이사할 수 있었습니다.

큰딸: 눈물로 읍소하니까 반응이 좀 있었어요?

금순 씨: 응, 내 살다 살다 부동산에서 울어보기는 또 처음이었네. 아무튼 무조건 우리 집부터 거래될 수 있게 해준대.

큰딸: 와, 엄마 대단하시다. 그럼 저도 어머니처럼 읍소하면 학교 앞에다가 방 하나 얻어주시는 거예요?

금순 씨: 아니, 그건 백날을 읍소해도 어림없어. 잔말 말고 네 방으로 들어가.

어디다 대고 따따부따

따따부따

: [부사, 우리말]

딱딱한 말씨로 따지고 다투는 소리. 또는 그 모양.

"자매가 따따부따 따지는 모습에 속이 다 후련했습니다."

• • • • • • • • •

어느덧 대학생이 된 동생은 벼르고 있던 계획을 선포하기라도 하듯 말했습니다. "아르바이트를 하겠어요. 제 용돈을 스스로 벌어보고 싶어요." 그래서 동생이 선택한 첫 직장은 '따따부따'라는 이름을 가진 맥줏집이었습니다. 도서관 틀박이가 돼주었으면 하고 내심 바라던 부모님은 실망이 컸지만, 그래도 동생의 야심찬 계획을 응원해주었습니다. 물론 동생이 일을 하는 시간 내내 어머니의 걱정은 마르지 않았지요. "네가 한번 들여다 봐라. 일은 잘 하고 있나, 손님들이 힘들게 하지는 않나." 결국 어머니의 성화에 못 이겨 손님인 척하고 동생의 일터를 찾아갔습니다. 그런데 하필 그날 손님에게 면박을 당하고 있는 동생을 보고 만 것이었지요.

"손님이 이 메뉴를 주문하셨다고요!"

동생이 억울하다는 듯한 목소리로 손님과 다투고 있었습니다.

161

저는 어느 틈에 끼어들어야 할지 몰라 발만 동동 굴렀습니다.

"어린 게 어디다 대고 따따부따야! 손님이 아니라면 아닌 줄 알아야지!"

언니가 된 자로서 더는 참을 수가 없었습니다. 저는 바로 현장에 몸을 던졌습니다.

"아저씨, 따따부따는 술집 이름이고요!"

저의 볼멘소리에 동생의 얼굴이 붉어졌습니다. 손님이 가고 나서 동생이 나직한 목소리로 말했습니다.

"응, 언니. 있잖아. '따따부따'는 따지듯이 쏘아대고 다투는 모양을 흉내 낸 말이야."

뭐 살짝 부끄럽기는 했지만 저는 동생을 구했다는 용맹함에 스스로 감탄하고 있었습니다.

【곁말 하나】

* 옴니암니: [부사, 우리말]
자질구레한 일에 대하여까지 좀스럽게 셈하거나 따지는 모양.

* 왕배덕배: [부사, 우리말]
이러니저러니 하고 시비를 가리는 모양.

말곁이 더 듣기 싫은 법

말곁

: [명사, 우리말]

남이 말하는 옆에서 덩달아 참견하는 말.

때리는 시어미보다 말리는 시누이가 더 미운 이유는, 시누이의 말과 행동이 결코 말리는 것으로만 보이지 않기 때문이겠지요. 시어미가 며느리에게 한창 잔소리를 하고 있는데 곁에서 이말 저말 보태며 끼어드는 모습은 얄미울 수밖에 없습니다. 이처럼 다른 사람이 말할 때 곁에서 끼어들고 참견하며 늘어놓는 말을 '말곁'이라고 합니다. 예전에 지인에게 들었던 재미있는 이야기가 있습니다. 경차를 운전하던 사람이 고급 승용차를 들이받는 사고가 일어났습니다. 경차 운전자는 고급차 운전자로부터 일명 '똥차 운전자' 취급을 받았는데요. 그 점이 못내 서러워 그 고급차보다 훨씬 더 좋은 외제차를 타는 친구를 불러냈다고 합니다. 외제차를 타는 친구는 나타나자마자 고급차 운전자를 단박에 똥차 운전자로 만들어버렸지요. 신이 난 경차 운전자는 '거 봐라, 내가 뭐라고 했느냐, 까불지 말라고 하지 않았느냐' 하며 계속 말곁을 놓았습니다. 그러자 외제차를 타고 온 친구가 그랬다고 합니다. "넌 가만히 있어! 내가 새로 한 대 뽑아줄 테니까!" 왜 처음부터 그렇게 따지지 못하고 친구가 나타났을 때에야 말곁을 놓았을까요. "고급차 타는 값을 좀 하시죠!" 이렇게 말입니다.

큰딸: 엄마, 아까 윗집 아주머니랑 왜 다투셨어요?

금순 씨: 아니, 경비 아저씨 새로 오셨기에 수박 좀 썰어가서
　　　　　이 얘기 저 얘기 물어보려고 하는데, 옆에서 자꾸 말곁을
　　　　　놓잖아.

큰딸: 뭐라고 참견하시는데요?

금순 씨: 내가 분리수거 날짜를 잘 안 지킨다나 뭐라나. 아휴, 몰라.

🪄 그대의 말곁

어원적으로 원형에 더 가까운 형태가 아직 쓰이면 그것을 표준어로 삼
는 원칙에 따라 '말곁'을 표준어로 삼고, '말곂, 말깃'은 버린다.

〈관련조항: 표준어 규정 2장 1절 5항〉

어찌나 족대기는지 귀가 떨어질 뻔

족대기다

: [동사, 우리말]

다른 사람을 견디지 못할 정도로 볶아치다.

자기 말이 옳다고 함부로 우겨 대다.

사람을 아주 견디지 못할 정도로 달달 볶고 괴롭히는 모습 보셨지요? 그런 모습을 우리말로 '족대기다'라고 표현합니다. 어릴 때에는 그 말이 발음도 쉽지 않고 모양도 예쁘지 않아서 듣고도 알고 싶지 않은 듯 모르는 체하곤 했는데요. 어머니가 아버지를 무척이나 족대기던 날이 있었습니다.

"왜 거짓말을 하시는데요?"
"어떻게 이런 생각까지 하셨어요?"
"어쩜 저한테 이러실 수 있어요?"

'아, 정말 엄마는 해도 해도 너무 한다!' 이게 우리 자매의 생각이었습니다. 우리는 방문을 쿵 닫고 두 귀를 꽉 막는 시늉을 했습니다. 세월이 많이 지나서 어머니에게 그때의 일을 물어본 적이 있었습니다. 그때 딱 한 번 어머니가 아버지를 무척이나 족대기던 모습을 봤었다고, 대관절 왜 그러셨냐고. 어머니는 기가 막힌 사연

165

을 털어놓았습니다.

"그때는 아빠 월급이 지금처럼 통장으로 들어오던 시절이 아니었어. 월급날이 되면 지폐가 가지런히 들어 있는 월급봉투를 받아들고 왔거든. 그런데 그날 아빠 월급봉투가 다른 때보다 유난히 얇은 거야. 보니까 월급봉투 앞에 아빠 글씨로 숫자가 턱하니 고쳐져 있지 않겠어? 아니, 내가 글쎄 아빠 글씨체를 못 알아보겠냐 말이지."

정희 아빠: 아휴, 그날 네 엄마가 족대기는 바람에 귀가 다 떨어지
         는 줄 알았다. 다 큰 성인이 돈이 필요하면 알아서 좀 쓸
         수도 있는 것이건만!
큰딸: 아빠, 제가 엄마였으면 아마 백날은 더 족대겼을 거예요.
     아휴, 우리 엄마 착하기도 하지.

🪄 그대의 말결

'족대기다'의 의미로 '좁히다'를 쓰는 경우가 있으나 '족대기다'만 표준어로 삼는다. 〈관련조항: 표준어 규정 3장 4절 25항〉

톱상하게 말하지 않아도

톱상하다

: [형용사, 우리말]

말이나 행동 따위가 투박하고 상스럽다.

"그러게 말이다. 좋게 말해도 되는데,

꼭 톱상하게 말하는 사람들이 있다니까."

• • • • • • • • •

남의 일에 일일이 다 참견할 재간도 아닌데, 이상하게 그냥 못 지나칠 정도로 이해가 안 되고 화가 나는 일들이 있습니다. 특히 누군가 어린 아이나 어르신에게 말이나 행동을 함부로 하는 모습을 볼 때 그렇습니다. 한번은 웬 젊은 남자가 아파트 경비 아저씨에게 삿대질을 하며 큰소리를 내는 모습을 목격했습니다. "몇 번을 말해야 알아들어? 나 이 아파트 사는 사람 맞으니까 내 차에 스티커 붙이지 말라고 했지?" 정말 다시 생각해도 손발이 부들부들 떨립니다. "말을 저렇게밖에 못 하나?" 곁에서 남 일인 듯 지켜만 보던 사람들이 하는 말이었습니다. 그렇게 볼썽사나울 정도로 거칠고 상스러운 말이나 행동을 보고 '톱상하다'라고 합니다. 약속이 있어서 급하게 나가는 길이었다는 저의 사정이 핑계가 될 수 있었을까요? 딱 봐도 제 또래로 보였는데, 그 말이며 행동거지가 톱상하기 이를 데 없는 녀석을 보고 한 마디도 하지 못하다니……. 하루 종일 경비 아저씨에게 죄송한 생각이 들어, 집에 들어오는 길에 괜히 음료수 하나를 사다드렸던 적이 있었습니다.

📖 책 속의 말 한 줄

아무래도 믿기지 않아 막대는 거듭 우기러 들었다. 감관만 해도 영선(領船), 봉상(俸上), 둘이나 된다던 것을 막대는 알고 있었다. 감관도 아무나 하더냐. 사태 부족이 아니면 감히 넘볼 수 없던 자리였다.

"이녁은 그 같잖은 양반이라면 턱주가리 체면 없이 겁부터 먹데나. 양반이면 개나 걸이나 다 양반이다?"

그애가 그 잘난 자웅눈을 지릅뜨며 **톱상스런** 말투로 까닭없이 막대를 때리려 들었다.

- 이문구, 『오자룡』, 중앙M&B, 2004, pp. 97~98.

시쳇말로 뭐라고 하는 줄 알아?

시쳇(時體)말

: [명사, 합성어]

그 시대에 유행하는 말.

속도위반이라는 말, 어떻게 사용하고 계신가요? 아마도 운전하는 사람들한테는 벌점이 매겨지고 벌금이 내려지는, 그야말로 듣기만 해도 열이 확 뻗치는 단어일 것입니다. 그런데 언젠가부터 이 말이 다른 의미로도 쓰이기 시작했습니다. 심지어는 그 다른 의미가 본래의 의미가 아니었을까 싶을 정도로 자주 쓰이게 되었지요. 곧 부부가 될 남녀가 결혼식을 치르기 전에 아기를 갖는 일을 비유하는 표현으로 말입니다. 이제는 일상에서도 드라마에서도 '속도위반'이라는 단어를 쉽게 접할 수 있게 되었습니다. '속도위반'과 같이 그 시대에 유행처럼 널리 쓰이는 말을 '시쳇(時體)말'이라고 합니다. 흔히 '시쳇말로'라는 꼴로 말의 처음 부분에 붙여서 쓰지요. 결혼식을 치르거나 혼인 신고를 한 다음에 아기를 갖는 것이 규정 속도인지는 모르겠습니다. 그렇지만 도로 위의 속도위반에는 벌금을 매겨도 아기 갖는 일의 속도위반에는 벌금을 매기지 않지요?

친구: 아, 정말 시쳇말로 속도위반이라도 하고 싶다!

정희: 어머니께서 또 시집가라고 잔소리 좀 하셨나보네! 저기, 이
     건 궁금해서 하는 말인데 말이야. 그 속도위반에도 벌금을
     매기겠다고 하면, 그 벌금은 누가 누구한테 내야 할까?

🪄 그대의 말결

고유어 계열의 단어인 '시쳇말'이 널리 쓰이고 한자어 계열의 단어인
'시셋말'이 널리 쓰이지 않으므로, 고유어 계열의 단어만 표준어로 삼
는다. '시쳇말'의 의미로 '시샛말'을 사용하는 경우가 있으나 '시쳇말'
만 표준어로 삼는다. 〈관련조항: 표준어 규정 3장 2절 21항, 표준어 규정 3
장 4절 25항〉

사람도 헌털뱅이가 되는 것처럼

헌털뱅이

: [명사, 우리말]

'헌 것'을 속되게 이르는 말.

우리말에는 말 뒤에 붙어서 본래 말의 뜻을 확장시켜주는 '접미사'라는 것이 있습니다. '뱅이'도 그중의 하나인데요. 좋지 않은 행동이나 성질 뒤에 붙여 그러한 모습을 보이는 사람이나 물건을 낮잡아 말할 때 쓰는 표현입니다. 게으름뱅이, 주정뱅이, 비렁뱅이 등이 그러한 예라고 볼 수 있지요. '헌털뱅이'도 그 예에 해당하는 단어입니다. 오래 써서 헐거나 낡아버린 물건을 속되게 헌털뱅이라고 표현할 수 있지요. 오래 전 여름, 어머니 바로 위의 형제인 이모가 세상을 떠났습니다. 장례가 끝나고 얼마 뒤, 어머니는 이모의 유품도 정리할 겸 시골에 있는 이모 댁에 다녀왔습니다. 뭐가 그리 슬프고 마음이 아팠는지 어머니는 하염없이 눈물을 쏟았습니다. 살아생전에 어머니가 사다 준 가방이며 구두, 액세서리를 하나도 사용하지 않고 장롱 속에 고이 모셔두었더라는 것입니다. "처음 사다줬을 때는 그렇게 예쁘다고 좋아했었는데, 전부 헌털뱅이가 되어서 하나도 쓸 것이 없더라!" 왜, 좋은 물건이 생기면 이상하게 안 쓰고 나중에 쓰고 싶어지잖아요. 어머니는 제가 그런 모습을 보일라치면 가차 없이 잔소리를 했습니다. 아무리 아껴도 무덤에는 절대 못 가져간다고. 그러니까 헌털뱅이 되기 전에 실컷 두고 쓰라고.

금순 씨: 세월이 오래 되면 사람도 헌털뱅이가 되는 것 같아. 기쁜 일에도 웃음이 안 나고, 슬픈 일에도 눈물이 안 나는 걸 보면.

큰딸: 눈이 헌털뱅이가 된다는 거예요, 마음이 헌털뱅이가 된다는 거예요?

금순 씨: 저것이 아주 그냥! 빨리 들어가!

인정사정없이 린치를 가하다

린치

: [명사, 외래어, 관습어구]

정당한 법적 수속에 의하지 않고 가하는 잔인한 폭력.

영화나 드라마를 보면 경찰들이 범죄자를 검거하는 순간에 꼭 거론하는 말이 있습니다. "당신은 변호사를 선임할 수 있고……." 아무리 흉악한 범죄를 저질렀다고 해도 결코 빼먹지 않는 말이지요. 나름 범죄인의 인권을 존중해준다는 면에서 의의가 있을 텐데요. 그러나 그 인권조차 무의미했던 시기가 있었습니다. 18세기 미국은 개척의 시대였습니다. 동부에서 시작된 도시의 발전은 서부로 점차 확장되어 갔습니다. 하지만 동부에 비해 여전히 낙후하기만 한 서부에는, 각종 흉악 범죄가 들끓었습니다. 그러던 중 1774년, 버지니아주에 찰스 린치라는 치안판사가 부임을 합니다. 서부의 흉악 범죄에 종지부를 찍겠노라는 일념에 불타고 있던 린치는 획기적인 법안을 통과시켰습니다. 바로 범죄자를 검거하는 순간 형식적으로나마 범죄자의 인권을 존중해주었던 적법한 절차를 모조리 생략시켜버린 것입니다. 즉 용의자라고 생각되는 자를 검거할 때에는 어떠한 절차도 없이 사형과 같은 중형을 바로 선고할 수 있도록 한 것입니다. 놀랍게도 그 이후 서부의 범죄율은 급

속도로 떨어질 수 있었습니다. 그때부터 타당한 절차나 목적 없이 타인에게 무차별적인 폭력을 가하는 행위를, '린치를 가하다'라는 형식으로 빗대어 표현하게 되었습니다.

학생 A: 주인공이 아무 이유도 없이 두들겨 맞는다는 말이야?

학생 B: 응, 깡패들이 인정사정없이 린치를 가했어. 정말 개 패듯이 패더라니까.

학생 A: 정말 잔인한 영화다. 현실에서도 그럴까 봐 무섭네.

학생 B: 요즘 영화에 린치를 가하는 장면이 부쩍 많아진 것 같아. 아무 이유도 없이 맞고, 죽고······.

학생 A: 비단 영화만 그럴까? 저게 현실에서 일어난 일이 맞나 싶을 만큼 잔인한 사건 사고가 너무 많잖아, 요즘.

치도곤을 맞아도 시원찮을!

치도곤(治盜棍)

: [명사, 한자어]

조선 시대에 죄인의 볼기를 치는 데 쓰던 곤장의 하나.

사극 드라마나 영화를 보면 자주 보는 장면이 하나 있습니다. 죄인을 나무 형틀에 엎드리게 해서 묶어놓고 힘껏 볼기를 치는 장면. 흔히 '곤장을 친다'라고 표현하곤 하는데, 그 곤장을 칠 때 사용하는 몽둥이에 이름이 있었다는 사실, 알고 계셨나요? 바로 한자어로 치도곤(治盜棍)이라고 합니다. 다스릴 치(治)에 훔칠 도(盜), 몽둥이 곤(棍)자를 쓰는 형태에서도 알 수 있듯이, 주로 도둑질을 한 죄인에게 사용했습니다.

길이가 길고 너비도 넓은데다가 두께도 엄청나서 맞으면 정말 눈앞이 팽 돌았다고 전해지지요. 가끔 어르신들이 못마땅한 일을 저지른 사람들을 보면, "저런, 치도곤을 맞아도 시원찮을 놈!"이라고 분하게 여기는 모습을 본 적이 있었는데, 치도곤이 바로 곤장을 일컫는 말이었다니. 치도곤은 누군가에게 몹시 혼나거나, 혼날 일을 당했을 때를 비유하는 표현으로도 쓰일 수 있습니다. "실수 좀 했다고 세상에 그렇게 치도곤을 주나!" 바로 흠씬 혼이 나거나 망신을 당했을 때 나올 법한 탄식이겠지요? 흔히 '치도곤을 안기다',

혹은 '치도곤을 먹이다'와 같은 형태로 쓰곤 합니다.

> 학생 A: 이십 대 초반의 아버지가 컴퓨터 게임을 하다가 아기가
>   너무 운다고 침대에 던져버렸다지 뭐예요. 아기는 당연히
>   죽었고요.
> 학생 B: 정말 세상 사람들 전부 치도곤을 들고 때려줬으면 좋겠
>   어요.
> 정희 씨: 치도곤을 먹이고 싶을 정도로 그대들이 화난 모습을
>   보니 그나마 속이 후련하네요. 저도 아침에 기사 보고 내내
>   기분이 좋지 않았거든요.

【결말 하나】

＊부관참시(剖棺斬屍): [명사, 한자어]

죽은 뒤에 큰 죄가 드러난 사람을 극형에 처하던 일. 무덤을 파
고 관을 꺼내어 시체를 향해 형벌을 내렸다.

＊능지처참(陵遲處斬): [명사, 한자어]

대역죄를 범한 자에게 과하던 극형. 죄인을 죽인 뒤 시신을 훼손
하여 각지에 돌려 보이는 형벌이다.

추깃물 같은 세상사

추깃물
: [명사, 우리말]
시체가 썩은 데서 흘러나오는 물.

"사람을 저 지경으로 만들어놨는데, 고작 12년형이라고?
말도 안 돼. 세상이 정말 추깃물 바닥이구나."

• • • • • • • • •

범죄 영화를 보면, 몇 안 되는 단서를 가지고 범인의 검거는 물론 범행의 시점까지 찾아내는 장면을 종종 볼 수 있습니다. 와, 어떻게 저런 것까지 다 찾아내지! 감탄이 절로 나오는 장면을 보며 쾌감은 물론, 마치 자신이 세상의 극악무도한 범죄에 대하여 처단을 내린 것 같은 대리 만족을 느끼기도 합니다. 그런 류의 영화를 무척 좋아하는 친구에게서 들은 이야기에 의하면, 사람이 죽으면 일정 시간 후부터 몸에 반점이 생긴다고 하는데요. 또 그 시체에서 물이 흘러나오기 시작한다고 합니다. 그러한 변화들을 치밀하게 분석함으로써 사인(死因)과 사망 시점(時點)을 밝혀낼 수 있다는 것입니다. 친구의 말이 의심스럽기도 해서 찾아보니, 시체에 생기는 반점을 '시반(屍斑)'이라고 하며 실제로 이것을 통해 죽은 시점을 알아낼 수 있다고 했습니다. 또 시체가 썩으면 정말 물이 흘러나오는데, 그건 '추깃물'이라고 하여 죽은 시점이 꽤 오래 지났음을 알려주는 증거가 되었습니다. 사람의 죽음만큼 극단적이고 우울한 일도 없을 것입니다. 도저히 사람이 한 짓이라고는 믿고 싶지 않을 만큼 흉악한 범죄에 대하여, '추깃물처럼 더럽고 음침하고 무섭다'라는 표현을 쓰면 꼭 맞을 것 같습니다. 또 그러한 범죄가 드물지 않게 벌어지는 요즘 사회를 추깃물에다가 비유할 수도 있겠지요.

📖 책 속의 말 한 줄

푸른 슬레트 지붕이 녹스는 소리마저 정겨운 여름밤이었다 혹싸리 화투패 같은 빈 껍질의 어머니 가슴에서도 녹스는 소리가 들렸다 어쩜 그것은 내 가슴팍을 적시는 물살이었다 **추깃물** 같은 반딧불이 우리 집 낮은 담장 너머에서 몇 번 어둠을 흔들다가 사라지고 있었다

- 권정일, 「어머니는 수국화였다」, 국제신문, 1999.1.4.

자신도 모르게 쉬슬고 있는

쉬슬다:

[동사, 우리말]

파리가 알을 여기저기에 낳다.

"고기 좀 냉장고에 넣어두지 그랬어요!

금방 쉬슬어버렸네, 그냥!"

● ● ● ● ● ● ● ● ●

음식을 상온에 놔두면 금세 상하여 구더기가 생기고 파리떼가 몰려오지요. 무질서하게 모여 있는 모습을, 상한 음식을 먹으려고 떼로 몰려온 쉬파리들에 빗대어 '쉬파리 들끓듯하다'라고 비유적으로 표현하곤 합니다. 각종 파리들이 여기저기에 알을 낳아 놓았을 정도로 상하였다는 뜻으로 '쉬슬다'라는 표현이 있습니다. '쉬'는 구체적으로 파리의 알을, '슬다'는 벌레들이 알을 낳아 놓은 것을 가리키는 말입니다. '손톱 밑에 가시 드는 줄은 알아도 염통 밑에 쉬스는 줄은 모른다'라는 속담이 있는데요. 당장 눈앞에 놓인 이익에만 신경을 쓰는 탓에, 보이지 않는 곳에 숨어 있는 소중한 가치는 깨닫지 못한다는 것을 의미합니다. 문득 사람 사이도 그러한 것 같습니다. 지금 새로운 누군가에게 몸과 마음을 다하는 사이, 자신도 모르게 쉬슬고 있는 오랜 우정은 없는지 말입니다.

모르쇠보다는 무지렁이

무지렁이

: [명사, 우리말]

아무것도 모르는 어리석은 사람.

헐었거나 무지러져서 못 쓰게 된 물건.

왜 요즘 사람 같지 않게 세상 물정 모르고 아둔한 사람들 있지요? 어쩜 저리도 모를까 싶은 생각이 절로 드는 사람, 그런 사람에게 어른들이 '무지렁이' 같다고 말하는 것을 들은 적이 있습니다. 어려서 할머니가 너무 많이 써서 더는 못 쓰게 된 물건더러 무지렁이가 되어버렸다고 푸념하던 기억은 있는데, 그 말을 사람에게도 쓸 수 있는지는 잘 몰랐습니다. 정확히 말하면 할머니는 무지렁뱅이라는 방언을 쓰셨던 것 같습니다. 뭐 어찌 되었든 얼마나 모르고 얼마나 답답하면 사람을 못 쓰게 된 물건에 비유를 했을까 싶은데요. 그래도 정말 아예 아무것도 모르는 것이 차라리 나을 수도 있다는 생각이 듭니다. 무엇을 물어도 모른다고 딱 잡아떼는 모습을 보고 '모르쇠'라고 하잖아요. 적어도 모르쇠 보다는 무지렁이가 덜 밉지 않느냐, 뭐 그런 말인 것이지요.

금순 씨: (아버지의 월급봉투를 내밀며) 이 봉투 어떻게 된 거예요.

그렇게 모르쇠로만 있지 말고 얼른 대답해보세요. 당신이
사기 치신 거 맞잖아요!

정희 아빠: (팔짱을 끼고, 어머니의 눈도 마주치지 못하며) 아니,
사기를 치다니요? 나는 그쪽으로는 아예 무지렁이인데!

금순 씨: 무지렁이라고요? 그럼 이 글씨는 뭐예요? (연애 시절 정희
아빠가 건넨 연애편지를 내밀며) 동그라미를 찌그러트
려서 쓴 글씨가 아주 똑같잖아요! 동그라미 하나 어디로
갔어요?

정희 아빠: 그러게 말입니다. 그 동그라미가 어디로 갔을까요? 도
통 알 수가 없네!

【곁말 하나】

* **윤똑똑이: [명사, 우리말]**
자기만 혼자 잘나고 영악한 체하는 사람을 낮잡아 이르는 말.

* **어림쟁이: [명사, 우리말]**
일정한 주견이 없는 어리석은 사람을 낮잡아 이르는 말.

* **코푸렁이: [명사, 우리말]**
묽은 풀이나 코를 풀어 놓은 것처럼 흐물흐물한 것. 줏대가 없고
흐리멍덩한 사람을 놀림조로 이르는 말.

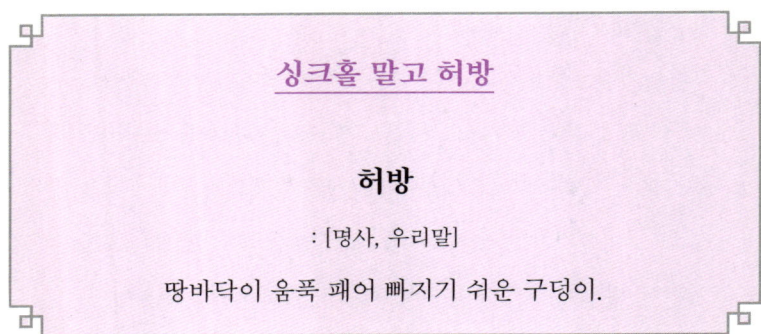

싱크홀 말고 허방

허방

: [명사, 우리말]

땅바닥이 움푹 패어 빠지기 쉬운 구덩이.

"내 마음은 아직도 허방에서 빠져나오지 못하고 허우적댄다."

• • • • • • • • •

요즘 들어 도심 곳곳에서 생겨난 '싱크홀(sinkhole)' 관련된 기사가 자주 보도되곤 합니다. 싱크홀은 땅의 지반이 내려앉아 땅바닥에 구멍이 생기는 것으로, 다른 말로 '돌리네(Doline)'라고도 합니다. 정말 작은 구멍에서부터 아주 커다란 구덩이의 형태까지 그크기도 아주 다양한데요. 작은 구멍에는 작은 생명이 빠지고 큰 구덩이에는 사람이나 자동차 등이 빠질 수 있으니, 싱크홀은 과히 도심을 위협하는 무법자가 되었습니다. 이 싱크홀을 가리키는 우리말이 있다고 하면 믿으시겠어요? 바로 '허방'이라고 합니다. 땅바닥에 움푹 패어 있어서 자칫하면 빠지기 쉬운 구덩이를 가리키는 말이지요. '허방 치다', '허방 짚다'라는 표현이 있는데요. 일이 잘되길 바라며 열심히 했는데 어떤 부주의로 그만 실패하고 말 때가 있습니다. 그때의 상황을 구덩이에 빠진 것같이 되어버렸다는 의미에서 사용하는 관용구들입니다. 날이 갈수록 도심 곳곳에 허방이 늘어나고, 그 책임 문제를 두고 싸우는 목소리가 높아지고 있습니다. 정말 자칫하다가는 사람들의 열정과 행복까지 허방에 빠질 수 있는 일인데, 하루 빨리 땅바닥의 허방도 마음속의 허방도 다 사라졌으면 좋겠습니다.

【바꿔 써보기】

"파주 주차장서 대형 싱크홀 발생…1t 트럭 빠져"

24일 낮 12시 55분께 경기 파주시 신촌동의 한 물류창고 주차장에 폭 7m, 깊이 3m 규모의 대형 싱크홀이 발생했다. 이로 인해 해당 주차장에 주차된 1t 트럭 한 대가 구덩이에 빠졌다. 인명피해는 발생하지 않았다.

* 출처: 뉴시스 기사 중, 「파주 주차장서 대형 싱크홀 발생……
1t 트럭 빠져」, 2023.8.24. 김도희 기자.

→ **"파주 주차장서 대형 허방 발생…1t 트럭 빠져"**

💫 그대의 말결

'허방'의 의미로 '호방'을 쓰는 경우가 있으나 '허방'만 표준어로 삼는다.

〈관련조항: 표준어 규정 3장 4절 25항〉

초개같이 살되 뭉개지지 말기

초개(草芥)

: [명사, 한자어]

풀과 티끌을 아울러 이르는 말.

쓸모없고 하찮은 것을 비유적으로 이르는 말.

사회 초년생들의 각오는 언제나 힘이 넘칩니다. 무슨 일이든 시켜만 주신다면 가리지 않고 따지지 않고 열심히 하겠노라 다짐을 하지요. 하지만 세상은 생각했던 것보다 더 만만하지 않아서, 각오는 금세 초개가 되어버립니다. 눈치 보고 경쟁을 일삼는 사회에서 제 아무리 각오를 단단히 하고 포부를 밝혀봤자 아무 소용이 없더라는 것입니다. '초개(草芥)'는 본래 풀이나 지푸라기를 뜻하는 말로, 별 쓸모가 없고 하찮은 대상을 비유적으로 이를 때 사용하는 말입니다. 신입의 패기를 초개같이 뭉개버리는 사회, 그리고 그런 사회를 상대로 초개같이 뭉개지는 개인. 둘 중 무엇이 더 초개 같다는 말이 될까요. 문득 모파상의 단편,「목걸이」가 떠오릅니다. 주인공인 마틸다는 잃어버린 목걸이 값을 갚겠다고 한평생을 초개같이 살았습니다. 아주 먼 훗날 그 목걸이가 가짜였다는 사실이 밝혀진 순간, 초개가 되어버린 건 목걸이였을까요, 아니면 그녀의 인생이었을까요.

친구: 초개같이 일하면 누군가는 알아준다고 하잖아. 그래서 정말

물불 안 가리고 열심히 일했건만, 돌아온 결과가 시원치 않네.

정희: 왜? 승진 안 됐어? 내년에는 되겠지.

친구: 그 내년이 벌써 삼 년째라고!

 책 속의 말 한 줄

다른 아르바이트도 많았지만, 대필 아르바이트에서 쉽게 손을 떼지 못한 이유는, 무엇보다 일이 쉬웠기 때문이었다. 뭐 대충 '그 험난한 역경 속에서도 이 땅의 민주화를 위해' '반독재 투쟁에 **초개**같이 목숨을 내던지고' 따위의 문구들을 넣어주고 조립하면, 의뢰인들은 반색하며 덤으로 보너스까지 주곤 했다. 그러니, 그 달콤한 유혹을 견딜 수 없었던 것이다.

- 이기호, 「대필의 추억」, 『독고다이』, 랜덤하우스코리아, 2008, p. 13.

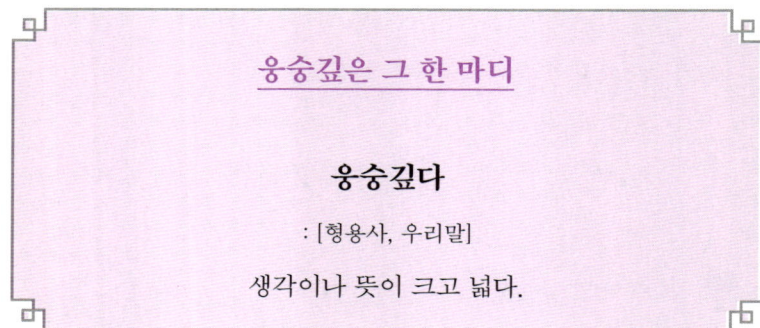

웅숭깊은 그 한 마디

웅숭깊다

: [형용사, 우리말]

생각이나 뜻이 크고 넓다.

"우리 아빠 말씀하시는 수준이

웬만한 스님도 울고 가실 정도로 웅숭깊어요."

· · · · · · · · ·

사회의 내로라하는 지식인들로부터 들은 한 마디 한 마디는 언제나 그 수준이 높고 깊어 보입니다. '그 사람의 생각이라면!' 하고 아주 당연하게 받아들이는 경우도 없지 않지요. 마음의 위로를 받고자 책을 고를 때에도, 일종의 보험이라도 되는 양 유명인사의 이름부터 찾게 되는 것처럼 말입니다. 이렇게 어떤 사람이 품고 있는 생각이나 뜻이 크고 넓을 때, '웅숭깊다'라는 표현을 쓸 수 있는데요. 이는 사람의 생각뿐만 아니라, 모나지 않고 가치 있어 보이는 물건을 가리킬 때도 사용할 수 있는 단어입니다. 찾아보면 우리 주변에는 웅숭깊은 것들이 참 많습니다. 꼭 유명인사의 말이 아니어도, 유명 브랜드의 상품이 아니어도 말입니다.

충수염 제거 수술, 흔히 맹장 수술이라 이르는 수술을 받고 병상에 누워 있는 딸을 안쓰럽게 내려다보는 아버지……. 아프다고 호들갑을 떨고 걱정도 끼쳐드린 것 같아서 미안한 마음이 가득했습니다. "아빠. 맹장 떼어내니까 소화도 안 되고, 배도 더 아픈 것 같아요." 괜스레 엄살을 피워 보았습니다. 그때 아버지가 던진 한 마디. 아, 정말 잊을 수 없는, 내 생애를 통틀어 가장 웅숭깊었던 한 마디. "손톱만 잘라도 손끝이 시린 법인데, 그럼 장기를 하나 떼어내고 온전할 줄 알았냐. 푹 쉬어라, 딸."

책 속의 말 한 줄

연인의 말주변이 좋을 때 그 달변이 발랄한 지성의 증거로 보이듯, 연인의 말수가 적을 때도 그 어눌함이 **웅숭깊은** 지성의 상징으로 보인다. 연인의 살짝 얽은 얼굴은 귀여운 보조개들로 채워져 있는 듯하고, 연인의 팔자걸음은 자연과 조화롭다. 연인의 파란 눈은 바다와 하늘을 닮아 사랑스럽고, 연인의 갈색 눈은 알밤栗처럼 귀엽고 앙증스럽다. 이런 모든 과정은 결정화의 과정이면서 거품이 부풀어가는 과정이다.

-고종석, 「거품-사랑의 유토피아」, 『어루만지다-사랑의 말, 말들의 사랑』,
마음산책, 2009, p. 209.

그대의 말결

'웅숭깊다'의 의미로 '웅성깊다'를 쓰는 경우가 있으나 '웅숭깊다'만 표준어로 삼는다. <관련조항: 표준어 규정 2장 4절 17항>

웅혼한 생김새처럼

웅혼(雄渾)하다

: [형용사, 한자어]

글이나 글씨 또는 기운 따위가 웅장하고 막힘이 없다.

조선 후기의 대표적인 서예가로 알려져 있는 김정희. 추사(秋史)라는 호가 더 유명하여 그의 글씨체는 '추사체(秋史體)'라는 형식으로 전해지게 되었습니다. 언젠가 김정희의 탄생지이기도 한 충청남도 예산에서 그를 기념해놓은 장소에 들른 적이 있었습니다. 탄생부터 학문에의 길, 말년의 유배 생활까지 빼곡하게 정리된 일대기를 보며 '대단한 사람이구나!'하는 감탄을 아낄 수 없었습니다. 그리고 말로만 듣던 추사체를 직접 마주하는 순간! 대체 무슨 글씨를 써놓은 것일까 하는 의문이 들 정도로 질서 없이 보이는 문장이, 발걸음을 멀리 할 때마다 오묘한 질서를 만들어내며 한눈에 들어오는 것이었습니다. 굵고 호방하게 써내려간 글씨를 보며, 저는 제법 그럴싸한 감탄을 외치고 싶었습니다. 자리를 함께 한 지인에게 거침없이 말했지요. "정말 웅혼한 글씨체로군요!" 와, 저는 감동하고 있었습니다. 정말 웅혼한 글씨를 남기고 간 추사에게도, 글씨체에서 느껴지는 웅장하고 뛰어난 기운을 일컫는 말로 '웅혼(雄渾)하다'를 사용한 제게도 말입니다!

정희: 저도 한때는 글씨 꽤나 잘 쓴다는 칭찬을 받았지요.

　　　뭐라더라, 생김새와 달리 아주 웅혼하게 글씨를 쓴다나?

지인: 음, 생김새도 꽤 웅혼해 보이세요. 아주 웅장하고 호방하고

　　　기운 넘치며…….

정희: 네? 이렇게 가녀린 제게 웅혼함이 느껴진다고요?

 책 속의 말 한 줄
······················

　필자는 현재까지 판독된 1,620여 자의 예서체의 힘이 넘치는 광개토대왕비문의 자획(字劃) 가운데 '치병적곡'의 네 글자를 차용하여 본 서의 제목으로 삼았습니다. 우리나라 고대사의 큰 획을 그은 광개토대왕비 비문의 글자를 제목으로 정한 이유는, 대외적으로 이적행위에 가까운 무책임한 발언과 행동으로 야기된 분열되고 신뢰가 무너진 우리 사회에 고구려의 **웅혼(雄渾)한** 정신과 기개를 되살려보자는 데 있습니다.

- 배형순, 『치병적곡』, 아트하우스, 2016, pp. 15~16.

입지전 같은 이야기는 좀

입지전(立志傳)

: [명사, 한자어]

어려운 환경을 이기고 뜻을 세워 노력하여

목적을 달성한 사람의 전기.

해마다 대학 축제 기간이 되면 졸업한 지 한참이 지난 저도 축제의 당사자처럼 들떠서 모교를 찾곤 합니다. 한때 청춘을 쏟아 부었노라 자부할 수 있을 만큼 열정을 다했던 동아리. 바로 동아리의 후배들이 보고 싶은 생각에서지요. 한껏 차려 입고 집을 나서는데 동생이 꼭 한 마디를 하고 듭니다. "입지전 같은 이야기 하려거들랑 아예 가지도 마라!" 뭐 그 순간에는 '쳇'하고 코웃음을 치고 말지만, 후배들을 만나고 나면 다시금 동생의 충고가 떠오르고 맙니다. "내가 말이야. 아무도 도와주지 않는 동아리를 살리느라 얼마나 노력했는지 몰라. 또 그렇게 동아리 활동을 열심히 하면서도 지금 이만큼 살고 있는 것 좀 보라고." 아, 정말 제가 후배였던 시절에도 듣기 싫었던 이야기인데! '입지전(立志傳)'은 아주 어려운 환경에서도 노력을 게을리 하지 않고 결국 뜻하는 바를 이뤄낸 사람의 일대기를 써놓은 글을 말합니다. 그런 성격을 띤 대상을 표현할 때 흔히 '입지전적'이란 말을 쓰곤 하지요. 정말 입지전적인 삶을 산 분들이 들었다면 얼마나 코웃음을 쳤을까요? 쳇, 그 정도 노력을 가지고 입지전이라니!

> 정희: (낙담하는 표정을 지으며) 네 말대로 난 입지전만 늘어놓는
> 선배이고 말았어.
>
> 선희: 가만히 있으면 후배들이 알아서 입지전을 써주는, 뭐 그런
> 선배가 되어야 하지 않을까? 난 우리 모임에서 좀 그런 선배
> 로 여겨지거든.

 책 속의 말 한 줄
....

  3·1운동 이후에는 임시정부에서 활동했고 문학에도 자질이 뛰어났던 그는 '동양의 마크 트웨인'이라는 찬사를 받았다. 마크 트웨인은 특유의 해학과 기지를 발휘한 풍자문학가로 잘 알려진 미국을 대표하는 소설가로, 박노영 역시 문학적 자질은 물론 재치와 유머가 뛰어났고 "제국주의 열강들이 앞다투어 침탈을 일삼던 암울한 시기에 태어나 일생을 치열하게 살았던 **입지전적** 인물"로 평가받는다.

- 김진섭, 「베일에 가려진 독립운동가, 미국으로 가다-박노영」,
『비겁한 근대, 깨어나는 역사』, 지성사, 2023, p.90.

조금만 주의해서 쓰면
훨씬 더 좋은 말들! (Ⅲ)

자, 그대는 어느 대학을 나오셨습니까? 그리고 그대는 상경하셨습니까? 우리말 중에는 알게 모르게 서울 중심적인 시선을 담은 말들이 많습니다. '상경(上京)'이라는 단어를 사전에서 찾아보면 '지방에서 서울로 올라옴'이라고 설명되어 있지요. 언뜻 별문제 없어 보이지만, 가만히 생각해보면 이 단어야말로 꽤 흥미로운 표현입니다. '올라가다', '내려가다'라는 말은 상하의 개념을 떠올리게 합니다. '서울로 올라옴'이라는 말은 서울을 기준으로 한 시선일 것입니다. '올라가다'라는 표현은 차별을 낳을 수 있고, 여기에 서울 중심적 사고까지 담겨 있다니! '지구는 둥글다'고 외쳤던 옛 과학자들이 깨어난다면 통탄할 일일 것입니다. 끊임없이 자전하는 지구에 위아래가 따로 있을 리 없지요. 그렇다면 서울이 위일 수도, 부산이 위일 수도 있을 텐데 왜 늘 서울은 위, 부산은 아래로 여길까요? 굳이 천문학 지식까지 끌어들일 필요도 없습니다. 서울에 대비되는 '지방'이라는 개념, 도대체 누가 만든 것일까요. 전라도나 경상도의 대학 입장에서 보면 서울의 대학이 오히려 '지방대'일 수도 있지 않겠습니까?

이처럼 언어 순화에 대한 관심은 세계적인 흐름이기도 합니다. 어린 시절 TV나 책에서 북극에 사는 사람들을 '에스키모'라 불렀던 기억이 있을 것입니다. 하지만 이 말에는 '날고기를 먹는 야만인'이라는 뜻이 담겨 있습니다. 실제 그들은 자신들을 '인간'을 뜻하는 '이누이트(Inuit)'라 부르며, 그들의 집은 '에스키모 집'이 아닌 '이글루(igloo)'라 해야 맞습니다.

열두 가지 색의 색연필 상자를 기억하시지요? 한때 사람의 피부를 칠할 때 가장 많이 썼던 색을 '살색'이라 불렀습니다. 그러나 피부색은 다양하며 차별의 근거가 될 수 없기에 이 표현은 비교적 일찍이 '살구색'이나 '연주황'으로 바뀌었습니다. 상상해 보세요. 한국에 온 흑인 유학생에게 살색을 집어달라 한다면 얼마나 불편하겠습니까.

또한 다문화 사회가 된 지금, '혼혈', '튀기' 같은 단어는 과감히 버려야 합니다. '순혈'과 대비되는 이러한 표현 역시 편견을 낳습니다. 순수하다는 것과 그렇지 않다는 것의 기준을 명확히 할 수 없으니, 애초에 '순혈'이라는 말 자체도 올바르지 않습니다.

그대도 언젠가 노인이 되겠지요. 나이 듦은 잘못도, 비극도 아닙니다. 그럼에도 여전히 사회에는 나이 듦을 비관하는 시선이 존재합니다. 지금부터는 '노인' 대신 '어르신'이라 부르고, 영어 표현인 'old people', 'aged person' 대신 'senior citizen'을 사용하는 것이 좋겠습니다.

언젠가 그대도 장애를 가질 수 있고, 고된 일을 할 수도 있으며, 서울이 아닌 곳에서 살 수도 있습니다. 우리가 무심코 사용하는 말이 누군가에게 상처가 될 수도 있고, 반대로 조심스러운 말 한마디가 누군가를 미소 짓게 할 수도 있습니다. 그대, 어떤 말을 사용하시겠습니까?

또 반거충이처럼 하려거든

반(半)거충이

: [명사, 합성어]

무엇을 배우다가 중도에 그만두어 다 이루지 못한 사람.

요즘 초등학교 아이들의 국어 시험지를 본 적이 있나요? 문제의 난도가 장난이 아니랍니다. 어른들도 헷갈려 하는 맞춤법, 띄어쓰기는 물론 어려운 사자성어도 단골 문제가 되었지요. 한번은 어느 초등학교에서 '삼 일도 못 가서 계획한 일을 포기하는 것'을 뜻하는 사자성어를 묻는 문제가 출제되었답니다. 답란에는 '작□삼□'이라고 하여, 아이들이 두 글자만 채워 넣으면 되는 것이었지요. 다행히 한자가 아닌 한글로 쓰면 되는 문제였기 때문에 많은 아이들이 '작심삼일'이라는 답을 맞힐 수 있었습니다. 그런데 그 가운데 도저히 정답 처리를 해주지 않을 수 없는 답안이 하나 있었으니……. 그 답은 바로 '작은삼촌'. 아, 정말 아이의 눈이란 얼마나 순수하단 말입니까. "우리 작은삼촌은요. 컴퓨터 자격증을 따겠다고 컴퓨터까지 사놓고 맨날 놀고요, 테니스를 배워보겠다고 비싼 라켓까지 사놓고 맨날 놀아요." 아이의 작은삼촌같이 무엇을 배우다가 도중에 그만 둔 사람을 일컬어 '반거충이', 혹은 '반거들충이'라고 합니다. 만약 아이를 만나게 된다면 아이의 생각처럼 재밌고 귀여운 이 단어를 꼭 가르쳐주고 싶습니다.

> 금순 씨: 고전무용은 또 웬 거니? 또 반거충이처럼 하려거든
> 시작도 하지 마라.
>
> 큰딸: 아니에요, 엄마. 이번엔 정말 끝까지 배울 거예요. 가을에
> 구민회관에서 공연도 할 수 있을 정도로 말이에요.
>
> 금순 씨: 글쎄다. 이것저것 해보겠다고 하는 사람들 태반이 나중에
> 반거충이가 되더라고. 그럼 안 하느니 못하지 않을까?
>
> 큰딸: 글쎄요. 반거충이가 될지언정 시작이라도 해보는 게 낫지
> 않을까요?

턱찌끼라도 얻어먹을까 싶어서

턱찌끼

: [명사, 우리말]

먹고 남은 음식을 뜻하는 '턱찌꺼기'의 준말.

바라던 일이 잘 되어 기분이 몹시 좋을 때, "한턱낼게!"라고 하며 호기롭게 외치는 사람들을 보았을 것입니다. '얼굴에 있는 턱을 말하는 건가?' 기분 좋은 일인데 아프게 왜 턱을 내나 하고 생각할 수도 있는 말이지요. 여기에서 '턱'은 신체의 일부를 가리키는 말도 아니요, 야트막하게 솟은 자리를 뜻하는 말도 아닙니다. 바로 '기분 좋은 일이 있을 때 남에게 베푸는 음식'을 우리말로 '턱'이라고 합니다. 이처럼 누군가 낸 '턱'의 남은 음식, 즉 찌꺼기를 '턱찌꺼기', 줄여서 '턱찌끼'라고 말합니다. 아예 처음부터 음식을 함께 먹어도 좋겠지만, 사정이 여의치 않을 때는 그 남은 음식이라도 얻어먹을 수 있다면 그만일 것입니다. 턱찌꺼기는 비유적으로, 어떤 일에 빌붙어서 얻은 조그마한 이득을 일컬을 때 쓰는 단어이기도 합니다.

금순 씨: 아이고, 턱찌끼라도 얻어먹을까 싶어서 하루 종일 박수
치고 앉아 있었는데 뭐 쳐다보지도 않더라고요.
정희 아빠: 그러게 그 복잡한 동네잔치를 뭐 하러 갔어요, 그래!

풀솜할머니가 되어 줄게

풀솜할머니

: [명사, 우리말]

외손주에 대한 애정이 따뜻하고 두터운

'외할머니'를 친근하게 이르는 말.

오래 전, 그러니까 어머니가 저와 여동생을 낳던 시절로 거슬러 올라갑니다. 그 시절에는 딸을 낳은 게 그리도 못마땅한 일이었다고 하니, 연년생으로 두 딸을 낳은 어머니는 거의 집안의 죄인이었다고 합니다. 일명 아들 낳는 보약까지 지어 먹였거늘 딸밖에 낳을 줄 모르는 죄인이었으니……. 외할머니는 어머니가 안쓰러워 무던히도 눈물을 흘렸다고 합니다. 그런 이유 때문이었을까요. 외할머니는 유독 우리 자매를 예뻐했습니다. 우리 집에 함께 지낼 때면 온갖 먹을거리, 입을 거리를 다 사다주는 것은 물론, 외삼촌과 이모들로부터 받았을 용돈도 전부 우리 몫으로 돌려주었습니다. 버르장머리 없는 행동을 보여도 큰소리 한번 내지 않는 할머니 덕분에 우리는 '풀솜에 싸 길렀나'라는 속담이 딱 맞을 만큼 여리고 곱게 자라날 수 있었습니다. 외손주에 대한 애정이 깊고 두터운 우리 할머니를 부를 수 있는 말이 딱 '풀솜할머니'였을 것입니다. 풀솜할머니는 외할머니를 가깝고 친하게 여겨 부르는 말이지요.

금순 씨: 난 네가 딸을 낳든 아들을 낳든, 네 자식에게는 정말 따
뜻한 풀솜할머니가 되어 줄 거야.

큰딸: 정말? 아들 낳으면 오리털할머니 되어주시는 거 아니고?

금순 씨: 아, 아들! 그래, 그럼 네가 내 평생의 한 좀 풀어줘 봐라!

【곁말 하나】

* 가시할머니: [명사, 우리말]

아내의 할머니.

* 넛할머니: [명사, 우리말]

아버지의 외숙모.

삶이 그대를 신산스럽게 할지라도

신산(辛酸)

: [명사, 한자어]

맵고 시다는 뜻으로, 슬픔의 고통을 비유적으로 이르는 말.

나이가 들수록 부모님에 대한 애틋한 마음이 커진다고, 이제는 실제로 그런 마음이 드는 나이가 된 것 같습니다. 마땅히 부모님께 좋은 선물도 해드리고 함께 좋은 시간을 보내드려야 할 텐데, 마음처럼 쉬운 일이 아니라는 게 항상 걸림돌이지요. 그나마 드물게 일찍 귀가한 날, 저녁 식사를 물리고 난 뒤 함께 일일드라마를 보는 한 가지 일로 생색을 내곤 하는데요. 뭐, 딱 봐도 전후 사정 다 알 것 같은 내용을 뭐하자고 저리 애달프게 보시나 하고 혀를 차기 일쑤입니다. 하지만 절대 그런 내색을 해서는 안 되는 법. 일찍 남편을 잃고 억척스럽게 일하며 아이들을 키워낸 한 여자, 작년, 재작년에 방영했던 드라마에서도 본 듯한 그 여자를 보며 "와, 저 여자 인생 한번 신산스럽다!" 하고 추임새를 뱉어줘야 합니다. '매울 신(辛)' 자와, '신 산(酸)' 자가 만나 만들어진 '신산'은 단어 그대로 맵고 신 맛을 나타내는 말입니다. 입에 편하지 않은 맛처럼 순탄치 않고 고생스러운 인생살이를 비유할 때 널리 쓰이는 단어지요. 제한 마디에 부모님은 "그치? 네 엄마 인생도 만만치 않았단다." 하

며 기다렸다는 듯이 당신 이야기를 풀기 시작합니다. 그러다가 문
득 옛날이야기를 할 때마다 볼이 발그레해지는 부모님을 보며 가
슴 한편이 시리곤 했습니다. '아! 적어도 이분들의 인생 드라마를
신산스럽게 만드는 자식이지는 말자! 그리고 과연 나는 어떤 배역
을 맡은 자식이었을까?'

금순 씨: 당신 안 만났으면 내 인생도 이리 신산스럽지는 않았을 텐
데!

정희 아빠: 그래도 나 안 만났으면 저리 예쁜 자식들을 어떻게 낳
았겠어요.

【곁말 하나】

＊ 푼푼하다: [형용사, 우리말]
모자람이 없이 넉넉하다.
예) 그녀는 소위 엘리트 집안에서 태어난 덕분에 살림살이가 늘
푼푼했다.

조금만 찬찬하게

찬찬하다

: [형용사, 우리말]

성질이나 솜씨, 행동 따위가 꼼꼼하고 차분하다.

예전에 한 학회장에서 토론을 맡았던 적이 있었습니다. 당시 학회의 주제에 대하여 평소 관심이 많았던 저는 토론자 역할을 정말 잘 해내고 싶었습니다. 학회가 열리기 전 빼곡하게 준비한 토론문을 친분이 있는 지인에게 먼저 보여주기로 했습니다. 학문에 대한 뜻이 비슷하여 믿는 마음으로 사전 점검을 부탁한 것이었습니다. 그런데 항상 든든한 지지자로 여겼던 지인으로부터 받은 답변은 뜻밖이었습니다.

"정희 씨는 다 좋은데, 조금만 찬찬했으면 좋겠어. 발표할 때도 그렇고 토론할 때도 그렇고. 이 글에서도 그렇지 못한 흔적이 역력해."

찬찬하다? 단어 하나가 콕 하고 귀에 박혔습니다. '천천히 하라는 뜻인가? 아니 그럼 글도 천천히 쓰란 말은 또 뭐람?' 약간은 투덜대는 표정을 감추지 못한 채 사전을 들춰 보았습니다. '말이나 행동이 서두르지 않고 나긋나긋하며 꼼꼼하고 자상하다.' 바로

'찬찬하다'라는 단어가 가진 뜻이었습니다. 저는 보이지 않는 손으로 가슴을 탁 쳤습니다. '그래, 바로 그 말씀이구나!' 며칠 뒤 토론자로서의 제 모습은 제가 봐도 참 멋지게 변해 있었습니다. 여느 때처럼 발표자의 말을 끊지 않고 그 말에 막무가내 공격적으로 대응하지도 않았습니다. 모든 상황에 대하여 급하지 않고 여유 있게 대하면서도 꼼꼼하고 꽉 찬 듯한 답변을 놓치지 않았습니다. 멀리서 학회를 함께하고 있는 지인의 얼굴에 찬찬한 미소가 보이는 듯했지요.

> 선희: 아 정말, 언니 때문에 다 망쳤어. 그 회사에 지원하는 게 아니었는데, 하여간 언니 믿었다가는 내 인생 다 망칠 판이야. 인턴 지원할 때도 그렇고 어학연수 알아볼 때도 그렇고, 아 정말 언니 때문에……. (구시렁구시렁)
>
> 정희: (말을 끊으며) 그래, 좋아. 다 좋으니, 권 과장은 나에 대한 불만을 조금만 찬찬하게 설명해줄래? (커피 한 모금 마신다)
>
> 선희: 권 과장 같은 소리 하고 있네!

오입질 따위는 절대!

오입(誤入)질

: [명사, 합성어]

아내가 아닌 여자와 성관계를 가지는 짓.

"네 아버지 말이다. 돈은 많이 못 벌어다 줬어도,
저기 나오는 놈들처럼 오입질은 안 했어!"

• • • • • • • • •

저녁 식사를 마치고 부모님과 함께 저녁 드라마를 시청하는 것이 나름의 효도가 되었다고 했던가요. 이제는 아예 아침 드라마도 함께 보기를 바라는 어머니. "아침 드라마까지 보고 나가면 학교에 늦어요!" 다급하게 준비하며 비명처럼 한 마디를 외쳤습니다. 오전 여덟 시가 되지 않은 시간부터 아침 드라마가 시작되리라고는 상상도 못했으니까요. 결국 소파에 붙어 앉아 신산한 삶을 사는 여주인공들을 바라봐야만 했습니다. 그런데 참 요상한 것이, 이 아침 드라마는 저녁 드라마보다 시청자를 더 죽죽 빨아들인다고 해야 맞을까요. 긴박한 극의 구성과 복잡한 인물 관계를 보며 어느덧 넋을 잃고 말았습니다. 한 방송사의 드라마가 끝나면 어머니는 기가 막히게 다른 방송사의 드라마를 틀었습니다. 대개가 다른 여자와 부정한 짓을 벌여 바람이 난 남자를 벌주는 무서운 여자들의 이야기였습니다. "그래도 저 인간이 오입질 따위는 절대 안 했지!" 어머니는 누가 들어주기를 바라기라도 하는 양 큰 소리로 말했습니다. 저 인간은 바로, 우리 아버지였지요. 오입(誤入)질은 아내를 두고 다른 여자와 바람이 나서 벌이는 부정한 행동을 일컫는 말로, '군것질'이라는 비유적인 표현과 같이 쓰이곤 합니다.

파치가 되지 않게 살살

파(破)치

: [명사, 합성어]

깨어지거나 흠이 나서 못 쓰게 된 물건.

늦잠을 잔 탓에 유난히 부산을 떨어야만 했던 아침. 젖은 머리를 말리기 위해 집어든 헤어드라이어가 말썽을 부렸습니다. 바람이 나오는 소리는 들리는데, 정작 더운 바람은 하나도 나오지 않는 것이었습니다. 답답한 마음에 이리 들여다보고 저리 들여다보니, 헤어드라이어 몸통에 쩍 하고 금이 가 있었습니다. 정말 산 지 얼마 안 된 제품이었는데! 집집마다 이렇게 산 지 얼마 되지 않았는데 금세 망가져서 못 쓰게 된 물건들이 한두 개쯤은 있을 것입니다. 작은 액세서리부터 시작해서 휴대전화, 또는 가전제품에 이르기까지 그 종류도 다양하지요. 고쳐서 다시 쓰지 않는 이상 고물이 되어버린 이 물건들을 바로 '파(破)치'라고 합니다. 한자 '깨뜨릴 파(破)' 자와, 명사의 뒤에 붙어 '그러한 성질을 가진 물건'이라는 뜻을 만들어주는 접미사 '치' 자가 합쳐진 단어로, 비슷한 말로는 '파물(破物)'이 있습니다. 며칠 뒤 결국 새 헤어드라이어를 구입할 수밖에 없었지만, 저는 여전히 분이 풀리지 않았습니다. '물건 만드는 사람이 정성을 다해 만들었으면 그렇게 금방 파치가 되겠

어?' 뭐, 제가 그 물건을 얼마나 정성을 다해 사용했느냐 하는 문제
는 저만치 달아나고 없었습니다.

작은딸: 나 휴대전화 또 바꿔야 되는 거 있지. 아, 요즘 물건들은
　　　　왜 이리 금세 파치가 돼버리냐!
큰딸: 나도 드라이어 또 샀어! 아, 열불 나. 물건들이 다 엉망이야.
정희 아빠: (마른 걸레로 화분 잎사귀를 살살 닦으며) 너희처럼
　　　　쓰면 무쇠 통뼈로 만든 물건도 일 년 못 갈 게다. 좀 살살
　　　　쓰란 말이다, 살살!

일일부작 일일불식이라 하였으니

일일부작 일일불식(一日不作 一日不食)

: [불교]

하루를 일하지 않으면, 그 하루는 먹지 말아야 한다.

요즘이야 쉽게 볼 수 없는 모습이 되긴 했지만, 옛날에는 탁발을 하는 스님의 모습이 흔하게 볼 수 있는 풍경 중의 하나였습니다. '탁발(托鉢)'은 스님이 불경을 외면서 집집마다 쌀이나 돈을 얻으러 다니는 일을 말합니다. 중생에게 불가의 가르침을 전파하는 데 노력을 기울였던 스님들에게 탁발은 그 큰 뜻을 이루기 위한 하나의 방책이었을 것입니다. 여기에서 잠시 저 멀리 중국의 당나라 시절로 거슬러 올라가 보겠습니다. 당시 당나라의 백장 회해(百丈懷海 720-814)는 80이 넘는 나이에도 열심히 밭일을 하는 스님으로 유명했습니다. 원래 승려들이란 부처님의 자비를 바라며 중생들이 제물로 바친 보시(布施)나 스님들이 탁발을 하여 얻은 제물로 살아가기 마련이었습니다. 그런데 하루도 거르지 않고 밭에 나가 일을 해서 직접 먹을거리를 마련하는 백장 스님을 보며 제자들은 속이 타기 일쑤였습니다. 끝내 제자들은 작정을 하고 호미며 낫 같은 농기구를 스승 몰래 숨기고 말았습니다. 그러자 그때부터 스승은 방 안에 콕 들어앉아 결코 밖으로 한 걸음도 나오지 않았습니다. 이유를 물으니 스승의 말이 과연 명언이었지요. "하루를 일하지 않았으면, 그 하루는 먹지 말아야 하는 법." 곧 일일부작 일일불식(一日不作 一日不食)을 말하는 것이었습니다. 이 말이 보시나 탁발에만 의존하여 사는 일부 스님들의 나태함에 경종을 울렸다고 해야 할까요. 백장의 말은 이후 많은 스님들은 물론, 일을 게을리하는 중생들에게도 현명한 가르침이 되었다고 합니다.

금순 씨: 여보, 이리 와서 멸치 좀 같이 다듬어요. 이 많은 걸 혼자서
　　　　어떻게 다하겠어요, 저녁 때 멸치볶음 맛있게 해드릴게!
정희 아빠: (내키지 않지만 별 수 없다는 표정으로) 휴, 일일부작 일
　　　　일불식이라 하였으니, 이 몸도 한몫 거드는 수밖에!
금순 씨: 뭐라고요? 허튼 소리 그만 하시고 얼른 와서 앉으세요.
　　　　정희 이것은 내장이 있으면 안 먹어요.
정희 아빠: 그럼 안 먹는 사람이 다듬으면 될 것을!

오달진 사랑이었어

오달지다

: [형용사, 우리말]

어떤 대상이 마음에 흡족하게 흐뭇하다.

어떤 대상이 허술한 데가 없이 알차다.

"외숙모에 대한 외삼촌의 사랑이야말로 정말 오달졌던 것 같아요."

• • • • • • • • •

어머니는 종종 둘째 외삼촌 이야기를 하곤 합니다. 어려서부터 못하는 게 없을 만큼 똑똑했다, 예의범절을 잘 지켜서 칭찬하지 않는 어른이 없었다, 공차기도 아주 잘해서 큰 형들과 어울려 놀았다……. 전부 헤아릴 수 없을 만큼 많은 칭찬을 쏟아놓았습니다. 특히 연(鳶)을 아주 잘 만들었는데, 둘째 외삼촌이 연을 만들면 생김새도 더 멋있고, 하늘 높이 더 잘 날았다고 했습니다. 어머니의 말을 듣노라면 외삼촌만큼 오달진 사람이 있을까 싶었습니다. 부족한 곳 없이 매우 야무지고 실속 있는 사람을 가리켜 '오달지다'라고 말합니다. 또 그러한 사람을 볼 때 들 법한 마음처럼 흡족하고 흐뭇한 마음이 드는 것도 '오달지다'라고 합니다. 적어도 우리 어머니한테만큼은 둘째 외삼촌이 가장 오달진 오빠였던 것입니다. 외삼촌 이야기를 부쩍 많이 하는 모습을 보며, 문득 외삼촌에게 안 좋은 일이라도 생겼을까 하고 걱정이 됐습니다. 알고 보니 외삼촌은 아주 오래 전부터 아픈 외숙모의 병간호를 도맡아 왔다고 했습니다. 거동을 못하는 외숙모 때문에 어머니가 찾아가도 밖에 나와 밥 한끼 편하게 먹을 수가 없는 형편이라고……. 외삼촌이 그토록 오달진 사람이었다고 자랑을 거듭하는 어머니는, 그렇게나마 외삼촌을 믿고 아껴온 본인의 마음을 다치지 않게 하고 싶었던 것이 아닐까요. 재작년 겨울, 외숙모는 끝내 나무랄 데 없이 완벽했던 남편의 곁을 떠나 하늘의 연이 되어 날아갔습니다.

📖 책 속의 말 한 줄

화경은 틈이 날 때마다 성재를 닦달했다. 처음에는 은미와 상대하지 마, 라고 타일렀다가 나중에는 조심해, 라고 경고를 주더니 종국에는 배신자, 라며 뺨을 쳤다. 뺨을 치는 소리가 빈 교실을 울릴 정도로 **오달졌다.** 방과 후여서 망정이지 학생들이 봤다면 창피를 당하기 십상이었다.

- 김용만, 「이상한 여자들」, 『아내가 칼을 들었다』,
랜덤하우스코리아, 2006, p.197.

🪄 그대의 말결

'오달지다'의 의미로 '오달지다'를 쓰는 경우가 있으나 '오달지다'만 표준으로 삼는다. 〈관련조항: 표준어 규정 3장 4절 25항〉

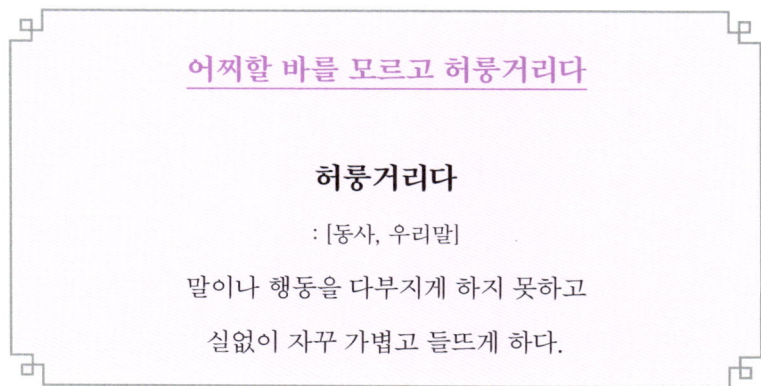

어찌할 바를 모르고 허룽거리다

허룽거리다

: [동사, 우리말]

말이나 행동을 다부지게 하지 못하고
실없이 자꾸 가볍고 들뜨게 하다.

"쳇, 어제 선수들도 너희처럼 허룽거렸다니?"

• • • • • • • • •

수년 전에 중학생 남자 아이 넷에게 국어 과외를 해주었던 적이
있습니다. 기다란 문제지 두 장, 넓적한 문제지 두 장, 교과서에 수
록된 단편소설 한 편, 자주 쓰는 한자성어 스무 가지. 이 정도가 일
주일 동안 아이들이 해결해야 할 과제였습니다. 한창 더 뛰어놀아
도 되는 아이들에게 과외 공부까지 무리하게 시킬 수는 없다는 계
산에 나름 적절하게 내준 과제였습니다. 한번은 월드컵 기간이어
서 아이들이 날마다 축구 이야기에 몰두하고 있던 시기였습니다.
한국이 큰 점수 차이로 패하고 난 다음 날, 아이들은 자기들이 마
치 실제 경기를 뛰고 온 선수들처럼 풀이 죽어 있었습니다. 게다
가 과제도 다 하지 못한 채였지요. "왜 과제 안 했어?" 그렇게 혼내
듯이 물은 것도 아닌데, 아이들은 제 눈치를 살피며 허룽거렸습니
다. "아니, 축구 응원부터 하고요. 그 다음에, 그 다음에 그러니까

과제도 하고, 친구들하고 경기 분석도 해보고, 아 그러니까, 원래는 과제를 먼저 해놓을까 하는 생각도 했었는데, 사실은, 아 그런데, 대한민국이 져가지고……." 도통 알아들을 수 없는 말들을 실없이 늘어놓았습니다. 침착하지 못하고 자꾸 실없이 가벼운 말이나 행동을 하는 모습을 '허룽거리다'라고 합니다. 아이들은 서로 서로 눈치를 살피다가 다시 제 눈치를 살피다가 어찌할 바를 모르고 허룽거렸습니다. 푹 하고 웃음이 나왔습니다. 과제를 하지 않았으니 따끔하게 혼을 내줘야 할 텐데, 그 모습이 순수하고 귀여워서 도저히 그렇게 할 수가 없었습니다.

책 속의 말 한 줄

광수는 얼른 꽃다발에서 손을 떼면서 **허룽거렸다.**

"에이, 꽃 하나 꺾어진다고 인생이 바뀌겠어요?"

"지미, 으째야 쓰까이? 이거이 먼 일이당가! 북경에서 나비가 헷가닥 뒤집어지믄 뉴욕에서는 태풍이 불어야. 그짝이 장난 삼아 꺾은 우리 호접 따문에 내 맴이 뚫린 거는 으짤 모냥인가?"

- 김연수, 『사랑이라니 선영아』, 작가정신, 2003, p.41.

얼마나 지망지망한지 몰라

지망지망하다

: [형용사, 우리말]

조심성이 없고 경박하게 촐랑대는 데가 있다.

교정을 나서는데 상가 부동산 앞에 웬 강아지 한 마리가 보였습니다. 태어난 지 얼마 되지 않았는지 크기가 아주 작은 새끼 강아지였습니다. 솜처럼 하얗고 뽀얀 털이 작은 몸을 소복하게 덮고 있는 생김이 정말 귀여웠습니다. 지나가는 사람마다 한 번씩 쓰다듬는가 하면, 저처럼 자리를 잡고 앉아 한참 구경하고 가기도 했습니다. 그렇게 한참 보고 있자니 문득 한 가지 의문이 생겼습니다. 이제 갓 걸음마를 뗀 듯 보이는 강아지인데, 목에 하얀 줄이 묶인 게 이상하게 여겨졌던 것입니다. 마침 강아지를 묶어놓은 화분에 주인아저씨가 물을 주고 있었습니다. "아저씨. 요 작은 녀석이 어딜 도망가겠다고 이렇게 묶어놓기까지 하셨어요?" 아저씨의 눈치를 살피며 아주 조심스럽게 물었습니다. 그랬더니 아저씨 하는 말이 강아지 노는 모습보다 더 재미났습니다. "아이고, 요 작은 녀석이 얼마나 지망지망한지 몰라요. 옆에 있는 화분들을 죄다 엎어놓고 그 흙 속에 들어가서 좋다고 뒹굴기까지 해요. 몸이 흙투성이가 되도 모른다니까요." 아저씨 이야기를 들으며 다시 강아지 목에 걸린

줄을 보니, 어느 선물 봉투에서 뜯은 듯한 얇고 엉성한 생김의 줄이었습니다. 목줄을 매놓은 화분도 대단히 큰 화분이 아니요, 조금만 센 바람에도 툭하고 쓰러질 것 같은 작은 화분이었고 말입니다. 조심스럽지 않고 가볍게 촐랑대는 모습을 표현한 '지망지망하다'라는 단어가 아주 딱 어울리는 강아지 친구였습니다.

> 정희: 이렇게 묶어놓으면 행동하는 게 덜 지망지망해요?
> 부동산 주인아저씨 : 그 얌전히 있는 모습 보면 모르겠수?
> 촐랑대지 않고 말이지.

 책 속의 말 한 줄

"변변찮은 것을…… 그저 불쏘시개로나 쓰시지 않고 이렇게 높이 걸어 주시니, 무어라 감사드려야 할지 모르겠습니다."

"그야, 불쏘시개로 쓰느니보단 이쪽이 나으니까. 거기 발라 두면 몇 해 도뱃값은 아낄 듯싶소. 말도 안 되는 소릴 그것도 시라고 남의 벽에다 괴발개발 그려대는 것들이 하 많아서. 그것들도 저걸 보면 아무 데나 **지망지망히** 먹칠하지는 않겠다 싶어……."

- 이문열, 『시인』, 문이당, 2005, p.148.

시망스러운 장난에도 미소가 번지는

시망스럽다

: [형용사, 우리말]

말이나 행동이 몹시 짓궂은 데가 있다.

예전에 어느 잡지에서 본 사연입니다. 내용은 이랬습니다. 지하철 안에서 한 할아버지가 꾸벅꾸벅 졸고 있었습니다. 할아버지 반대편에 앉은 남자 아이들이 할아버지가 조는 모습을 보며 한참 웃고 있었지요. 이윽고 할아버지는 입을 함박만 하게 벌리고 고개는 뒤로 한 자는 되게 꺾으며 졸기 시작했습니다. 그 모습을 보고 아이들은 웃는 걸로도 모자라, 시망스러운 장난까지 치고 있었습니다. '시망스럽다'는 말이나 행동이 몹시 짓궂은 모습을 표현할 때 쓰는 단어입니다. 아이들은 할아버지의 자는 모습을 똑같이 따라 하는가 하면, 할아버지 입 속에 손가락을 넣었다 빼기도 하고 작은 물건을 넣기도 했습니다. 아이들 장난이 정말 짓궂기 짝이 없었습니다. 그때 아이들의 모습을 가만히 지켜보고 있는 어느 할머니가 있었습니다. 아이들 옆에 앉아 있던 할머니는 아이들을 혼낼 생각은 않고, 오히려 아이들을 따라 웃었습니다. 장난기 많은 아이들이 귀엽기라도 한지 흐뭇한 미소까지 보였습니다. 그러다가 얼마간의 시간이 더 흘렀을 때였습니다. 할머니가 벌떡 일어나더니 할

아버지 곁으로 가서 할아버지를 흔들어 깨웠습니다. "영감, 그만 일어나세요. 다음에 내려야 해요." 할머니의 말에 시망스러운 장난을 계속하던 아이들은 그 자리에 그만 꽁꽁 얼어붙고 말았지요. 오랜 시간이 지나도 이상하게 이 사연이 잊히지 않습니다. 생각할 때마다 잔잔한 미소가 번집니다.

> 큰딸: 엄마. 엄마는 지나가는 애들이 아빠를 막 놀리고 가면 기분이
>   어떨 것 같아요?
> 금순 씨: 어떻긴. 아이고, 내 속이 다 시원하다. 그래야지.
> 큰딸: 엄마를 놀리면요? 하얀 꽃돼지 간다며 아주 시망스럽게
>   말이에요.
> 금순 씨: 아니, 이 가시나가! 빨리 들어가!

【곁말 하나】

* 포달스럽다: [형용사, 우리말]

보기에 암상이 나서 악을 쓰고 함부로 욕을 하며 대들 듯하다.

* 별쭝맞다: [형용사, 우리말]

말이나 하는 짓이 몹시 별스럽다.

푼더분하니 예뻐요

푼더분하다

: [형용사, 우리말]

생김새가 두툼하고 탐스럽다. 여유가 있고 넉넉하다.

사람의 성품 따위가 옹졸하지 않고 활달하다.

어릴 때에는 명절 때마다 온 가족이 아버지의 고향으로 향했습니다. 양손 가득 선물을 들고 가면 할머니와 큰아버지네 식구들이 모두 나와 우리 가족이 더 큰 선물이라도 되는 양 꼭 안아주곤 했습니다. 고향에 사는 모든 친척들이 모여 차례도 지내고 맛있는 음식도 나눠 먹으며 보내는 시간은 우리 자매에게 일 년 중 가장 신나는 시간이었습니다. 어른들은 나란히 앉아 있는 우리를 보며 항상 똑같은 말을 했습니다. "작은 애는 어쩜 저렇게 예쁘게 생겼을까? 이다음에 여기 고추아가씨 선발대회에 나가도 되겠어!" 얼굴 생김이 예쁜 동생을 두고 하는 말이었습니다. 의기소침해진 제가 눈치를 살피면, "큰 애도 푼더분하니 예뻐요. 이다음에 부잣집 맏며느리로 보내면 아주 딱이겠어!"라고 말하며 저는 물론 어머니의 눈치까지 살폈습니다. 다들 제가 어머니를 빼다 박았다는 말을 입버릇처럼 하곤 했으니까요. 참, 그때는 그 말이 그렇게도 싫었습니다. 특별히 살이 많이 찐 것도 아니었는데, '살집이 있어 둥글둥글

하고 복스럽게 보인다'는 뜻으로 연신 '푼더분하다'라는 말을 들려주었습니다. 사춘기가 되었을 무렵에는 점점 아버지의 고향에 가기가 싫다는 생각도 들었습니다. 그런데 세월이 지나면서 그런 생각도 변한다는 사실이 정말 신기했습니다. 오랫동안 변함없이 언니에게 애교 많고 사랑스러운 동생을 보며, 어느 순간부터는 저도 제 동생이 참 예쁘다는 생각을 하게 되었던 것입니다.

> 큰딸: 엄마. 제가 그렇게 푼더분하게 생겼어요?
> 금순 씨: 아니, 우리 큰딸은 마음이 더 푼더분한데? 항상 동생에게
>   욕심 부리지 않고 푸근하게 잘 대해주잖아. 시골 어른들도
>   그랬어. 큰딸이 아주 마음이 넓다고 말이야.
> 큰딸: (못내 실망스러운 표정으로) 그러니까 생긴 것도 푼더분하
>   긴 푼더분하다는 말씀이신 거잖아요.

도담한 항아리처럼 예쁘네

도담하다

: [형용사, 우리말]

야무지고 탐스럽다.

오래된 친구의 부모님은 어느 순간부터 저의 어머니처럼 느껴지기 마련인가 봅니다. 한번은 추석을 맞이하여 인사도 드릴 겸해서 찾은 적이 있었습니다. 마침 어머니는 된장이며 고추장 같은 각종 장을 담그는 중이었습니다. 이런 건 뭐 하러 사왔느냐며 밀어내는 바람에 선물을 든 손이 부끄러워졌을 때, 어머니가 작은 항아리 두 개를 들고 나왔습니다. "하나는 된장, 하나는 고추장. 이 항아리 참말로 도담하니 예쁘지 않니?" 아담하니 예쁜 모양새를 갖고 있다는 뜻의 '도담하다'는 말처럼, 참말로 도담한 항아리 안에는 어머니의 사랑이 그득 담겨 있었습니다. 몇 날을 애써서 만들었을 장들이니, 되레 더 큰 선물을 받아가는 날이었답니다.

금순 씨: 어머나, 항아리가 정말 예쁘다!

큰딸: 그렇지요? 환하게 웃으시며 챙겨주시는데, 어쩜 아직도 저리
　　　도담하니 아름다우실까 하는 생각이 절로 들더라고요.

금순 씨: 그래. 원래부터 아담하고 야무진 여자가 예쁜 법이지.
　　　네 엄마처럼 말이야.

자충수가 되고 마는 일

자충수(自充手)

: [명사, 한자어]

스스로 행한 행동이 결국에 가서는 자신에게
불리한 결과를 가져오게 됨을 비유적으로 이르는 말.

"내가 자충수를 뒀군!" 바둑을 좋아하는 사람이라면 한번쯤은
사용해 보았을 표현이 아닐까 싶습니다. '스스로 막은 수'라는 뜻
을 가진 '자충수(自充手)'는 말 그대로 바둑을 둘 때 자신을 패하
게 만든 한 수를 가리키는 말입니다. 보통은 바둑뿐만 아니라 일
상에서도 종종 쓰곤 하는 단어지요. 고등학교 시절, 밤마다 자리
를 지켜야 하는 야간자율학습 시간이 여간 고된 일이 아닐 수 없
었습니다. 그러던 중 뜻밖에 생각해낸 획기적인 계획이 있었으니,
마치 화장실에 간 것처럼 책상 위를 꾸며놓고 도망치는 일! 지금
생각해보면 그런 용기가 어디서 났을까 싶을 정도로 어이없는 일
이었지만, 당시엔 얼마나 짜릿하고 신나는 일이었는지 모른답니
다. 한 서너 번은 그렇게 도망치는 일에 성공을 했는데……. 어느
날 밤 학교 담벼락 위에서, 그러니까 지루한 학교와 짜릿한 바깥
세상의 경계에서 담임선생님에게 딱 들키고 말았으니! "맨날 똑같
은 책이 놓인 게 수상하더니만!" 선생님은 호되게 저를 나무랐습

니다. 감쪽같이 속였다고 생각했던 장치가 바로 자충수가 되고 말
았던 격이었습니다.

> 담임선생님 : 언제까지 안 들킬 줄 알았냐?
> 정희: 아, 그러니까 말이지요. 아버지께서 바둑을 두실 때, 가끔 제
> 　　　가 둔 자충수를 못 알아보실 때도 계셔서…….
> 담임선생님 : (꿀밤을 때리며) 그럼 가방도 걸어두고 갔어야지! 자
> 　　　충수를 한두 개 둔 게 아닌데 어떻게 못 알아보겠냐!

📖 책 속의 말 한 줄

"조선시대 언월도는 칼날의 길이만 1미터에 가깝다고 어떤 녀석
이 허풍을 떨던데 사실일가. 그걸 자유자재로 휘두르자면 키와 덩
치가 우선 대단해야겠지?"

이상한 대목에서 기가 팍 죽었다. 괜한 **자충수**였는지도 모르겠다.

한다고 늘 그 같은 주눅에 덜미 잡혀 할 짓을 못했을까. 아니다.
켕길 때 켕기고 촐싹거릴 때 촐싹거리는 소년의 활달을 놀았다.

- 최일남, 「키로 말하면」, 『어느 날 문득 손을 바라본다』,
현대문학, 2006, p. 26.

번연한 깨달음이 몰려오다

번연(翻然)하다

: [형용사, 한자어]

어떤 깨달음이 깊이 생각해볼 겨를도 없이 갑작스럽다.

아이들 키우기 참 힘들다는 말이 모든 부모들의 넋두리가 되어 버린 요즘입니다. 아이들이란 원래 순수해서 그것이 부모의 속을 긁는 줄도 모르고 잘못을 할 때가 많습니다. 그러다가 어느 정도 머리가 컸을 때가 문제인데, 그때는 그것이 부모의 속을 긁는 줄을 알면서도 잘못을 한다는 것입니다. 어른 못지않게 자란 자존심, 그리고 세상 그 무엇과도 바꿀 수 없을 친구들과의 의리 때문이라고 해야 할까요. 그런데 참 희한하게도 그렇게 질풍노도의 시기를 한바탕 거치고 나면 아이들이 다시 확 바뀐다고 합니다. '정신을 차려보니 어느 순간 어른이 돼 있더라!' 그때부터는 더 이상 대들지도 않고 잘못을 저지르지도 않는 것이지요. 문득 저의 그 시절을 떠올려 보니, 정말 맞는 말인 것도 같았습니다. 대학수학능력시험을 며칠 앞둔 어느 날, 갑자기 '내가 지금껏 왜 그랬지?' 하는 깨달음이 왔었던 것입니다. 그 번연한 깨달음이 시험의 결과를 더 밝게 바꿔 놓았는지는 모르겠지만, 참 오묘하고 값진 느낌인 것만은 분명했습니다. 의미심장하게 생각해볼 시간적 여유도 없이 갑작스럽게 깨달음이 몰려오는 상황을 '번연(翻然)하다'라고 합니다.

> 큰딸: (대학수학능력시험을 치르고 난 뒤) 엄마, 그래도 저 낳아
> 키우기 잘하셨지요? 제가 이렇게 번연한 깨달음을 얻었으니
> 말이에요.
> 금순 씨: 그래, 그 깨달음이 조금만 더 빨리 왔더라면 얼마나 좋았
> 겠니!

진정 빋가고 있는 것은

빋가다

: [동사, 우리말]

옳은 길에서 벗어나게 행동하다.

참 마음 아픈 이야기를 들은 적이 있습니다. 요즘 아이 키우는 부모들 사이에서는 알게 모르게 자기 아이의 친구를 직접 정해주는 경우가 있다고 합니다. 즉 우리 아이가 어울려 지냈으면 싶은 마음이 드는 친구를 부모가 직접 찾고 결정해주는 것이지요. 이때 그러한 결정을 하는 데 있어 매우 중요하게 생각하는 부분 중의 하나가, 아이의 부모가 항상 집에 있느냐 없느냐 하는 문제라고 합니다. 바로 맞벌이 부부를 둔 아이들일수록 빋가기 쉽다는 선입견 때문입니다. 이른바 '어른들이 바라는 길'로 가지 않고 벗어난 길로 가며 잘못된 행동을 하는 모습을 '빋가다'라고 하는데요. 정말 부모가 일터에 나가고 없는 집의 아이들일수록 빋가기 쉬운 것일까요? 마음이 아팠습니다. 여러 가지 사정으로 돈을 벌어야만 하는 상황에 놓인 부부는, 그 상황만으로 자신의 아이에게서 친구를 박탈할 수도 있겠구나 하는 생각이 들었던 것입니다. 우정의 참 의미를 스스로 새겨볼 기회도 주지 않고, 자신의 아이에게 맞춤식 친구를 소개하는 부모야말로 진정 빋가고 있는 것은 아닌지…….

정희 아빠: 녀석들이 놀이터에서 담배를 마구 펴대기에 잔뜩 혼내
　　　　　주고 들어오는 길이다. 요즘 애들 벌가도 너무 벌가서
　　　　　탈이야.
금순 씨: 그 애들 앞에서 아무렇지도 않게 담배를 폈을 부모들은
　　　　어떻고요? 그 부모들이 더 벌간 게 아닐까 싶네!

【곁말 하나】

* 퉁어리적다: [형용사, 우리말]

옳은지 그른지도 모르고 아무 생각 없이 행동하는 데가 있다.

　예) "그렇게 퉁어리적게 행동해서 나중에 후회하지 말라는 말
이야."

그대 앞에 멈춰 서는 마음

"요즘 학생들, 몸뚱이는 3000cc가 됐는데 이 뇌가 아직 50cc란 말이죠."

언젠가 어느 지인이 했던 말입니다.

"에이, 무슨 사람이 오토바이, 자동차도 아니고 말이 되나요?"

지인에 대하면 한참 어린 저였기에, 문득 저의 뇌 용량이 그것밖에 안 돼 보인다는 이야기로 들려 살짝 불쾌했던 게 사실입니다. 그렇긴 해도 구태여 투그리기 위해 한 말은 아니었는데, 지인은 제가 꽤 토심스러워 보였던 모양입니다. 투미한 사람을 가르치듯, 아니면 이러한 상황을 별러오기라도 했다는 듯, 곧 그 말에 대한 해석을 시작했습니다. 지인의 말인즉슨, 옛날 우리네 대학생들은 가진 게 없고 내세울 게 없는 50cc의 오토바이 같은 몸뚱이를 가지고 있었다고 합니다. 그렇기 때문에 이 머리를 3000cc의 대형차로 키우는 수밖에 없었다나요. 더 많이 공부하고 더 많이 경험한 자만이 그 정도의 머리를 가질 수 있게 되었고, 또 사회는 결국 그런 머리를 가진 사람의 손을 들어주었다는 것이지요. 그런데 요즘 학생들은 태생부터가 3000cc, 혹은 그보다도 더 큰 용량의 몸뚱이를 가지게 되었는데……. 문제는 뇌, 그러니까 머리의 용량이 그 급을 따라가 주지 못한다는 것입니다. 몸뚱이만 커다랗고 머리는 작은, 흡사 백악기 시대의 공룡을 떠올릴 만했습니다. 요즘 학생들 뇌가 50cc밖에 안 된다는 근거가 무엇인가요? 당최 이해가 되지 않아 한 번 더 물었습니다. 이번엔 정말 티적거린다고 볼 법도 했지요.

"다들 **포시랍게만** 클 줄 알았지, **틀거지**를 갖추는 데는 영……."

시대가 바뀌었는데 어디 그런 이야기가 통하기나 하겠는가 싶었습니다. 그럼 아직도 학생들이 옛날처럼 섭생의 문제를 먼저 고민해야 한다는 말이냐는 것이지요. 자기 발전을 위한 '리더십 교육'이란 것도 받게 된 요즘 시대에! 나름 잘하고 있다고 추어올리지는 못할망정, 고작 **한팔접이** 수준으로만 보는 건 아니냐는 것입니다. 그런데 탐탁지 않은 말임에도 불구하고, 희한하게 그 **틀거지**라는 말에서는 언뜻 고개가 끄덕여졌습니다. 뭐 학생들에게서 위엄 있고 듬직한 겉모양을 무조건적으로 기대할 수는 없는 노릇이지만, 그래도 심심치 않게 젊은 학생들의 **부박한** 행동을 볼 때는 으레 그 틀거지에 대한 안타까움을 감출 수 없었던 것도 사실이니 말입니다.

한번은 교차로가 있는 횡단보도에서 보행 신호가 켜지기를 기다리고 있었습니다. 사방의 보행 신호가 동시에 켜지는 데다가 늘 사람들로 붐비는 곳이었습니다. 별안간 쿵 하는 소리와 함께 사람들의 시선이 일제히 한 곳에 멈췄습니다. 어린이집 버스와 승용차가 부딪친 사고였습니다. 지금 생각해보니 그 순간에도 그걸 알아본 시선이 조금 부끄럽기도 합니다만, 승용차는 누구나 다 알아볼 법한 값비싼 외제차였습니다. 거기에서 한 남자가 내리더니 씩씩 가쁜 숨을 몰아쉬며 어린이집 버스로 향했습니다. 딱 봐도 이제 막

고등학생 테를 벗은 듯한 젊은 남자였습니다. 어린이집 버스에서도 나이가 지긋이 든 어르신이 막 내리고 있던 찰나였습니다. 햇빛에 그은 듯 유난히 얼굴이 까무잡잡한 어르신이었습니다. 그 순간, 갑자기 젊은 남자가 어르신의 멱살을 잡았습니다.

"죽을 뻔 했잖아!"

남자의 입에서 튀어나온 말이었습니다. 곧바로 어르신이 무언가 말을 하는 것 같았습니다. 남자의 손을 부여잡고 있는 것을 보니, 이것 좀 놓고 이야기하자는 식의 말이었을 듯합니다. 곧이어 벌어진 상황은 정말 **시정잡배**들의 행동에서나 볼 법한 것이었습니다. 아니면 나쁜 일을 부추기고 떡고물을 받아먹는 **주릅** 같았다고나 할까요. 남자가 주먹으로 어르신의 얼굴을 가격했던 것입니다. 금세 어르신의 입에서는 붉은 피가 새어나왔습니다. 저는 물론 신호를 기다리고 있던 모든 사람들이 비명을 질렀습니다. 양쪽의 이야기를 다 들어보아야 알 일이지만, 일단 이유를 막론하고 폭력을 가했다는 일은 용서받지 못할 일일 것입니다.

얼굴이 붉어지고 가슴 한편이 답답했습니다. 온몸의 피톨들이 부들부들 떨고 있는 듯했습니다. 도대체 왜 **나쎄**도 얼마 안 된 남자가 교차로 한복판에서 자기 할아버지뻘 되는 사람에게 폭력을 휘두른단 말인가. 지켜보는 사람의 안절부절 못하는 마음을 아는지 모르는지, 남자는 아랑곳 않고 계속 어르신에게 주먹질을 했습니다. 막말인지 망발인지 모를 말들을 연신 쏟아 부으면서요. 그리고 바로 그 순간 제 시선은 어린이집 버스로 향했습니다. 버스 안에서 아이들이 울고 있는 모습이 보였던 것입니다. 아이들을 달래는 선생님도 울기는 마찬가지였습니다. 얼마나 무서웠을까요? 얼

228

마나 마음을 졸였을까요? 초록 신호로 바뀌는 데 그렇게 오랜 시간이 걸리는 줄 몰랐습니다. 저는 호흡을 가다듬고 당장 달릴 기세를 보이며 만반의 준비를 마쳤습니다. 어서 신호가 바뀌기만을 간절히 바랐습니다. 그러면 사람들이 뛰어가 젊은 남자를 말려줄 거라고만 생각했으니까요.

  곧 신호가 바뀌고! 저는 곧장 사고 현장으로 뛰었습니다. 앞뒤 상황을 따질 계제가 아니었습니다. 이제 다 끝났다, 여기 이 많은 사람들이 본때를 보여주겠다, 어르신이 안전하게 아이들을 귀가 시킬 수 있도록 돌려보내야겠다! 이렇게만 생각하고 있었습니다. 그런데 이게 웬일입니까. 그 많던 사람들이 다 자기의 갈 길만 가고 있지 않겠습니까. 곧장 건너려던 사람은 곧장 건너가고, 대각선으로 건너려던 사람은 대각선으로 건너가고……. 시선은 일제히 이곳을 향하고 있었지만, 몸은 아주 바쁜 양 앞으로만 향하고 있었습니다. 경찰서에 신고를 하는 듯 이곳을 쳐다보며 휴대전화로 통화를 하는 사람이 보였습니다. 가 봐야 되는 게 아니냐며 실랑이를 벌이는 부부도 있었습니다. 길가에 즐비한 커피숍 위층에서 현장을 내려다보고 있는 사람들도 허다했습니다. 하지만 누구 하나 몸을 틀어 이곳으로 직접 다가와주는 사람은 일절 없었습니다. 애당초 올 생각도 없었던 사람들 같았습니다. 오히려 제게 뒷수습을 부탁한다는 듯이 **눈바래기** 인사를 하며 지나쳐 갔습니다. 하지만 저 혼자서 상황을 배겨내기에는 상당히 힘에 부칠 듯 보였습니다. 개인주의가 **침윤**된 지 오래라고 했던가요. 일인 가구 점유율이 높아졌다고 했던가요. 사람들 사이에도 **칸살**이 쳐진 시대라고 하지만, 그래도 그렇지 어떻게 단 한 명도 와주지 않을 수가 있습니까? **곁찌**쯤이라도 돼야 들여다보겠다는 말입니까? 생활 수준이 발전하면 무엇 합니까? 과학 기술이 발달하면 무엇 합니까? 눈앞에서 어르신이 맞고 있는데! 그 사이 어르신은 얼마나 흠씬 두들겨 맞았는지, **텁석부리**에 피가 홍건하고 다리는 **허청허청** 풀려가고 있었습니다. 몸은 **문적문적** 무너져 내릴 듯했습니다. 정신도 **혼몽해** 보였습니다. 그래 외면하는 사람들이야 어쩔 수 없다 하더라도, 이미 제 몸은 그쪽을 향하고 있었습니다. 저는 전장에 외로이 출전한 병사처럼 무서우면서도 어떤 단단한 각오 따위를 하고 있었는지도 모릅니다. 누가 봐도 그건 말도 안 되는 상황이었으니까요. 뭐 솔직히 말하자면 무서운 감정이 더 컸던 게 사실이긴 합니다. 하지만 용기를 냈습니다. 저는 그들 곁으로 바짝 다가가 남자의 손을 붙들었습니다.

"어찌 된 사정인지는 모르겠지만, 아이들도 보는데 어르신을 이렇게 때리시면 어떡합니까!"

닥치는 대로 말해놓고 보니, 제 말이 정말 맞는 것 같아 자신감이 생겼습니다. 제가 꽤 **미쁘고** 멋져 보이기도 했던 것 같습니다. 어르신을 **융숭하게** 대하지는 못할망정, 그렇게 막돼먹게 대해서야 되겠느냐고 거의 읍소하고 있었습니다. 그러나 남자는 **따따부따 말곁**을 하는 게 싫었는지, 제게 '너는 좀 빠져 있어라'하는 눈치를 주며 계속해서 어르신을 **족대겼습니다.** 어르신에게 내뱉는 말 한마디 한마디가 그렇게 툽상할 수가 없었습니다. 어느새 제 귓불이 발갛게 달아올랐습니다. 그때쯤 아이들과 선생님의 울음소리는 한층 더 커졌고, 저는 마치 이 아이들의 수호자를 자처한 듯이 더욱더 자세를 다부지게 했습니다. 당신의 아버지, 아니 할아버지라고 생각해보라고, 당신도 나이를 먹을 거라고, 뭐 밑도 끝도 없는 말들을 닦달하듯이 늘어놓았습니다. 그때 승용차의 한쪽 창문이 스르륵 열리며 젊은 여자가 얼굴을 내밀었습니다. 눈초리가 쭉 찢어진 여자의 귀에서, 버스 손잡이만한 링 모양의 귀고리가 달랑거렸습니다. 뭘 그리 먹고 있는지 볼따구니가 터질 듯이 빵빵했지요.

"자기야, 그냥 가자. 늦겠어."

아니, 여태 차에 있었으면서 이 상황을 보고도 한 번도 내려 보지 않았단 말인가요. 아까보다 더 울화통이 치밀었습니다. **시쳇말로** '그놈에 그년'이라는 말밖에 떠오르지 않았습니다. 차창 밖으로 내밀고 있는 머리끄덩이를 확 잡아채고 싶었지요. 여자의 말을 들은 남자는 못이기는 척하며 성질을 죽이고는 어르신의 멱살을 놓아주었습니다. 그러고 나서 마치 **헌털뱅이**를 만지기라도 한 것처럼 손을 탁탁 털더니 이내 차에 올라탔고, 금세 현장을 빠져나가버렸습니다. 그제야 멀리서 지켜보고 있던 사람들이 구름떼처럼 몰려들었습니다. 현장은 금방 도떼기시장같이 되어버렸지요. 어머나, 어르신 이가 빠져버렸네, 이 피부터 멈추게 합시다, 어쩜 저런 놈이 다 있대……

눈시울이 뜨거워지고 콧방울이 시큰해지는 것 같더니 이내 눈물이 났습니다. 가슴이 몹시 시렸습니다. 온몸이 벅적지근했습니다. 왜 아까는 아무도 와주지 않았느냐고, 그러면 어르신이 조금이라도 덜 맞지 않았겠냐고 따지고 싶었습니다. 그래, 괜히 끼어들었다가 덤터기라도 쓸까 봐 겁이 났단 말입니까! 끝내 젊은 남자가 사라져버릴 때까지 코빼기도 보이지 않은 경찰도 원망스러웠습니다. 만약 그 상황에 경찰이 나타났더라면, 젊은 남자의 몸뚱어리에 곧바로 **린치를 가해주었으면** 좋겠다고 바랐었지요. 기다란

치도곤으로 꼭뒤를 한 대 갈겨주었으면 좋겠다고 생각했지요. 아니면 덩치 큰 굴착기가 나타나서 그 비싼 자동차를 부숴주었으면 좋겠다고 생각했지요. 집으로 돌아오는 내내 가슴이 아팠습니다. 세상이 **추깃물** 같다는 생각이 들었습니다. 뜨거운 가슴들은 모두 **쉬슬어버렸지요.** 사람들과 경찰이 원망스럽다가도, 그럼 저 혼자라도 상황을 잘 해낼 것이지 그렇게 감정적으로밖에 매달릴 수 없었나, **무지렁이** 같거나 탄망해 보였을 저 자신이 원망스러웠습니다. 하노라고 했는데, 기분이 정말 최악이었습니다. 젊은 남자, 아니 그 놈에게 신랄하게 욕이라도 해줬어야 했는데, 그렇게 하지 못해 하루 종일 기분이 찜찜했습니다. 꾹꾹 눌러 놓았던 욕들이 그제야 울컥 울컥 뿜어져 나왔습니다. 아, 정말 천하에 나쁜 놈! 허섭스레기! **허방**에나 빠져버려라!

어르신도 한때는 젊은 남자였겠지요. 뭐 **초개**처럼 한 몸 다 바쳐 이 나라의 산업화를 이루어낸 장본인일 수도 있습니다. 언젠가는 그 놈처럼 외제차를 타고 다녔을지도 모를 일이고요. 이제는 **웅숭깊은** 지난날을 돌아보며 **웅혼한 입지전**을 쓰셔도 마땅할 나이에, 마치 한낮의 새벽 호랑이가 된 것처럼 그렇게 당하고만 있었어야 했을까요. 어르신에게도 저만한 자식이 있겠지, 손자가 있겠지. **반거충이** 취급을 받으니, 반찬값이라도 보태고 싶은 심정에 느지감치 **턱찌끼** 일이라도 찾으며 다녔겠지…….

기억 저만치에서 **풀솜할머니**의 얼굴이 떠올랐습니다. 방학을 맞아 겨우내 할머니 댁에서 지내고 있으면, 할머니는 추수 때 따 놓은 과일들을 깎아주며 당신의 **신산**했던 인생사를 **찬찬히** 들려주었습니다. 점심시간이면 어김없이 뚝배기에 수제비를 끓여주던

분, 조금만 다쳐도 당신이 알고 있는 대중요법을 모조리 꺼내 쓰던 분. 반짇고리에 머리를 고이고 할머니의 이야기를 듣고 있다 보면 어느새 까무룩 낮잠이 들곤 했습니다. 처음에 할머니는 젊은 시절 경제적으로 힘들었던 이야기를 들려주곤 하다가, 제가 어느 정도 나이를 먹자 할아버지의 **오입질** 이야기도 들려주기 시작했습니다. 그럴 때마다 번번이 우리 할머니 참 고생이 많았겠구나 싶은 생각이 한결 같았습니다. 그러나 그중에서도 특히 잊히지 않는 이야기가 있었는데…….

"요즘엔 자꾸 내가 **파치**가 된 것 같단 말이지. 정말 파치 같으면 고물상에 내다 팔기라도 할 텐데, 그러지도 못하는 것 같고……. 괜히 나 혼자 이 눈치 저 눈치 보느라 집구석에도 못 앉아 있겠다니까."

정말 가슴 아픈 이야기였습니다. 어린이집 버스를 운전하던 어르신도 우리 할머니와 같은 생각을 했었을까요? 자신의 몸뚱이가 파치가 된 것 같아 견디기가 힘들었을까요? 그 연세가 되어서까지도 **일일부작 일일불식**이라 하여 아주 작은 대가라도 받기 위해 스스로를 일터에 내밀었던 것은 아니었을까요? 정말 파치에 비유해 마땅한 몸뚱이는 그 젊은 남자가 아니었을까요?

"어떤가요, 그 상황에 있었다면 어떤 태도를 취했을까요?"

이 경험은 강의 첫날, 학생들에게 자기소개를 시키기 전 편안하게 던지는 질문이 되었습니다. 가족사항, 사는 곳, 취미 같은 이야기는 나중에 듣기로 하고, 나는 당장 그대들의 생각이 궁금하다고. 물론 정답은 없다고 전제합니다. 젊은 남자처럼 할아버지를 혼내주겠다고 해도, 그래도 저는 뭐, 할 말이 없습니다. 학생들의 대답이 어땠을 것 같은가요? 저는 요즘 학생들의 뇌가 50cc밖에 되지 않는다는 지인에게도 똑같은 질문을 했습니다. 지인은 또 뭐라고 대답했을까요?

"요즘 애들 다 그래. 제 아비한테도 그러는 세상인데 뭐."

지인은 가시 돋친 말을 내뱉으며 콧방귀를 팽 뀌었습니다. 그런 이야기는 해서 뭐하냐는 식으로요. 할아버지를 때린 것도, 맞고 있는 할아버지를 지나쳐버린 것도 다 싹수가 형편없는 '요즘 애들'의 뇌 용량 때문이라고 하더군요. 그런데 학생들의 대답은 정말 예상 밖이었습니다.

"'할아버지'라는 대상이 크게 자리하고 있지 않아서일 거예요. 어르신을 때려서는 안 된다는 논리보다, 사람을 때려서는 안 된다는 논리가 설득력이 있지 않았을까요?"

참 **오달진** 대답이었습니다. 그러고 보니 핵가족이 다반사인 요즘 할아버지 할머니와 한 지붕 아래 살고 있는 청년이 몇이나 될까 하는 의문이 생겨났습니다. 문안 인사를 드리기 위해 아침 일찍 할아버지 댁에 들러서 나오는 학생이 있기는 있을까 싶었습니다. 풀솜할머니라는 단어만 들어도 가슴이 뭉클한, 다소 촌스러울지도 모를 우리네 감수성을 그대들도 알아달라고 조를 수는 없는 일이었습니다. 하지만 흥분은 가라앉지 않았습니다. 아무리 그래도 그렇지 어떻게 할아버지를, 아니 사람을 그렇게 대할 수 있단 말인가.

"할아버지가 맞을 짓을 했나보지!"

이렇게 **허룽거리며** 대답하는 학생의 말에는 기가 차기도 했습니다. 저렇게 **지망지망히** 대답할 수밖에 없었을까. 참 **시망스러운** 대답이었습니다. 고난도 문제를 낸 것도 아닌데 한참 동안 고민하며 곤혹스러워 하는 학생들이 있는가 하면, 두루뭉술하게 대강 대답하는 학생들도 많았습니다. 다 도긴개긴한 대답들이었지요. 그러던 중 어느 여학생의 말이 가슴에 와서 콕 박혔습니다. **푼더분한** 인상을 가진 여학생은 꽤 **도담하게** 자기 생각을 이야기했습니다.

"할아버지가 정말 큰 잘못을 했을 수도 있지요. 할아버지의 익숙지 않은 운전 실력 때문에 버스에 탄 아이들이 더 위험해질 수도 있었다는 생각은 안 해보셨어요?"

다시 생각해보면 볼수록 꼭꼭 들어맞는 말이 아닐 수 없습니다. 저는 승리를 위해 한껏 벼르고 있다가 끝내 **자충수**를 둔 기수처럼 매가리가 풀렸습니다. 그러다가 **번연했던** 것도 같습니다. '아, 요즘 학생들! 연료의 용량이 줄어든 게 아니라, 그 종류가 달라진 것이구나.' 휘발유를 넣고 달리는 자동차가 있으면 경유를 넣고 달리는 자동차도 있고, 하물며 전기로 달리는 자동차도 있는 세상이 되었지 않습니까. 에너지를 절감하는 더 획기적이고 효율적인 방법으로 자동차를 달리게 하고 싶은 세상이 되었다는 것입니다. 어떤 문제에 대하여 접근하는 방식이 달라졌다는 것이기도 하지요. 도리어 지인이 저를 더 족대겼습니다. 그런 질문에 대하여 요즘 학생들은 뭐라고 대답했느냐며 궁금해서 안달이 나 있었습니다. '맞다, 요즘 학생들 뇌 용량이 적어도 너무 적다'라고 결재를 내려주길 바라는 듯이 보였습니다.

"저와 같은 행동을 했을 거라고 답하는 학생도 있고, 또 그렇지 않은 학생도 있었습니다. 그건 선생님이 그들 나이만했던 옛날이나, 아니면 요즘이나 똑같이 나올 대답들이 아닐까요? 그럼 학생들이 대답을 잘 하려면 어떻게 해야 했을까요?"

지인은 예의 그 토심스러운 듯한 표정을 거두고 고개를 끄덕였습니다. 조금 전까지만 해도 요즘 대학생들 **벋갈** 대로 벋갔다며, 애먼 시대 탓까지 하던 사람이 말입니다. 모르는 일이지요. 제 등쌀에 못 이겨 대화를 끝내버린 것일 수도 있고요. 분명히 그대들의 뇌와 가슴이 50cc일 리는 없습니다. 사실 제가 지인의 그러한 비유를 대적할 만한 꽤 근사한 말을 붙잡고 있지 못했습니다. 뇌 용량 관련 특별 좌담은 그렇게 대단원의 막을 내리고 말았지요. 어쩌면 저에게, 저를 포함하여 그대들을 지칭하고 대변할 만한 말이 50cc 정도에 지나지 않았던 건 아니었을까요? 그 말이라는 것이 말입니다.

▷ 고난이도(×) / 고난도(○)

▷ 구태어(×) / 구태여(○)

▷ 귓볼(×) / 귓불(○)

▷ 귀걸이(○) / 귀고리(○)

▷ 굴삭기(○:일본 생활 용어로, '굴착기'로 순화) / 굴착기(○)

▷ 길다란(×) / 기다란(○)

▷ 겨울내(×) / 겨우내(○)

▷ 그리고 나서(×) / 그러고 나서(○)

▷ 그제서야(×) / 그제야(○)

▷ 늦으감치(×) / 느지감치(○)

▷ 눈초리(○) / 눈꼬리(○)

▷ 깍다(×) / 깎다(○)

▷ 닥달(×) / 닦달(○)

▷ 당췌(×) / 당체(×) / 당최(○)

▷ 대중요법(×) / 대증요법(○)

▷ 딤탱이(×) / 딤터기(○)

▷ 돈힌(×) / 돈친(○)

▷ 도껑개껑(×) / 도전개전(×) / 도긴개긴(○)

▷ 돗대기시장(×) / 도떼기시장(○)

▷ (구름)떼(×) / (구름)떼(○)

▷ 두리뭉실하다(○) / 두루뭉술하다(○)

▷ 리더쉽(×) / 리더십(○)

▷ 만방(×) / 만발(×) / 만반(의 준비)(○)

▷ 망말(×) / 막말(○) / 망발(○)

▷ 막뇌먹은(×) / 막돼먹은(○)

▷ 맥아리(×) / 매가리(○)

▷ 머리끄댕이(×) / 머리끄덩이(○)

▷ 못할 망정(×) / 못할망정(○)

▷ 몸뚱아리(×) / 몸뚱어리(○)

▷ 반짓고리(×) / 반짇고리(○)

▷ 별뤄오다(×) / 별러오다(○): 미리 마음을 단단히 먹고 기회를 엿봐오다.

▷ 본떼(×) / 본때(○)

▷ 부시다(×) / 부수다(○)

▷ 볼따구니(○) / 볼때기(○)

▷ (힘에) 붙이다(×) / 부치다(○)

▷ 댓가(×) / 대가(○)

▷ 뚝빼기(×) / 뚝배기(○)

▷ 빽쩍지근하다(×) / 빽적지근하다(○) / 벅적지근하다(○)

▷ 신날하다(×) / 신랄하다(○)

▷ 시럽다(×) / 시리다(○)

▷ 실갱이(×) / 실랑이(○) / 승강이(○)

▷ 승질(×) / 성질(○)

▷ 안절부절하다(×) / 안절부절못하다(○)

▷ 애시당초(×) / 애당초(○)

▷ 연신(○) / 연방(○)

238

▷ (대단원의 막을) 올리다(×) / 내리다(○)

▷ 윗층(×) / 위층(○)

▷ 익숙치(×) / 익숙지(○)

▷ 점유률(×) / 점유율(○)

▷ 커피샵(×) / 커피숍(○)

▷ 콧배기(×) / 코빼기(○)

▷ 콧망울(×) / 콧방울(○)

▷ 탐탁치(×) / 탐탁지(○) (않다)

▷ 추켜올리다(×) / 추어올리다(○) / 치켜세우다(○)

▷ (기분이) 찝찝하다(○) / 찜찜하다(○)

▷ 허접쓰레기(○) / 허섭스레기(○)

▷ 흠씬(×) / 흠씬(○)

▷ 할려면(×) / 하려면(○)

▶ 곤욕 : 아주 심한 모욕. / 곤혹 : 곤란한 상황에 처해 있다.

▶ 게재 : 내어 인쇄하다.

　계제 : 어떤 일을 할 수 있는 상황. / 그 일을 할 수 있는 계제가 못 돼.

▶ 결제 : 돈을 건넴으로써 거래 관계를 맺다.

　결재 : 어떤 일이나 서류의 내용을 승인하다.

▶ 그을린 / 그은 : '그을리다'는 '그을다'의 타동사. 그러므로 햇빛에

　'그은' 얼굴이 맞다.

▶ (소리가) 들리다 / (어디에) 들르다 : 엄마, 나 이따가 들를게!

▶ 등살 : 등에 붙은 살.

　등쌀 : 귀찮게 구는 것. / 내가 네 엄마 등쌀에 살 수가 없다!

▶ 벼르다 : 마음을 단단하게 먹고 기회를 엿보다.

반드시 과 수석을 하겠다고 잔뜩 벼르고 있었다.

벼리다 : 날카롭게 만들다. / 어머니는 밤새 칼을 벼리고 계셨다.

▶ 번번히 : 물건이 아주 번듯해 보인다는 뜻의 부사.

번번이 : '매 때마다 다'를 뜻하는 부사.

▶ 바라 / 바래 : 그녀와 연인이 되기를 바라!

▶ 발전 : 더 좋은 상태로 나아감. / 글쓰기 솜씨는 점점 발전하였다.

발달 : 더 성숙하고 완전한 상태가 됨. / 고기압이 발달될 것으로 예상.

▶ 엄한 : 무서운 / 굉장히 엄한 교수로 소문이 나 있었다.

애먼 : 억울한 / 애먼 사람 잡지 말고 얼른 그만 두세요!

▶ 일체 : '전부'를 뜻하는 명사 / 안주 일체

일절 : 부정하는 말과 함께 '도무지', '아주' 등의 뜻을 나타내는 부사

술을 일절 마시지 않는다.

▶ ~는 데 : '데'는 '일'이나 '것'으로 대체가 가능한 의존명사이므로

앞 말과 띄어 쓴다. / 그 일을 하는 데 열 시간이 걸렸다.

~는데 : '~는데'는 연결어미이므로 앞 말과 붙여 쓴다. / 그 일을

하는데 교수님께서 오셨다.

▶ ~된지 / ~된 지 : 기간의 경과를 뜻하는 의존명사 '지'는 띄어서 쓴다.

강의가 시작된 지 한 시간이 지났다.

Chapter Ⅲ

그대, 사랑하고 싶은 말

덩달아 덩싯거리며

덩싯거리다

: [동사, 우리말]

팔다리를 춤추듯이 잇따라 가볍게 움직이다.

"얼마나 좋은지 몸이 저절로 덩싯거려요!"

• • • • • • • • •

어느 가을 아침, 코스모스가 핀 교정을 거닐고 싶은 마음에 조금 서둘러 학교에 도착했습니다. 가을 정취가 물씬 풍기는 교정은 그곳을 걷고 있는 제 모습까지 풍경에 담아주는 듯 했습니다. 가을 바람이 일렁일 때마다 코스모스가 한들한들 흔들렸습니다. 그때 마치 코스모스의 모습처럼 팔다리를 덩싯거리는 한 남학생이 보였습니다. 춤을 추듯이 팔다리를 가볍게 들썩거리는 모습을 '덩싯 거리다'라고 하는데, 그 순간 남학생의 모습은 정말 코스모스와 꼭 닮아 있었습니다. 무슨 좋은 일이라도 있느냐고 물으며 먼저 인사를 건넸습니다. 함박웃음을 보이며 그대가 털어놓은 이야기는 저까지 덩달아 덩싯거리게 하기에 충분했지요. 지난 밤, 그대가 그토록 짝사랑해오던 그녀에게 고백을 했는데……. 사실은 그녀도 그대를 좋아하고 있었다고…….

체머리를 떨 정도로

체머리

: [명사, 우리말]

머리가 저절로 계속하여 흔들리는 병적 현상.

또는 그런 현상을 보이는 머리.

사랑도 일종의 승부 같은 거라면 그것을 쟁취한 사람은 승자요, 그렇지 못한 사람은 패자가 되는 것일까요. 한창 캠퍼스의 낭만이란 것을 찾아 즐기고 있을 무렵, 후배가 잔뜩 풀이 죽은 모습으로 찾아왔습니다. 도대체 무슨 일로 그렇게 고개를 숙이고 있느냐며, 강의 중에 마시려고 사온 비타민 음료를 마치 후배를 위해 준비하기라도 했다는 듯이 서둘러 내밀었습니다. 후배가 비타민 음료를 한 번에 꿀꺽하고, 한숨을 길게 내쉬며 털어놓은 이야기는 이랬습니다. 그러니까 오전 강의 시간 중, 다들 강의에 집중하고 있을 때였습니다. 후배는 일부러 다들 보란 듯이 좋아하는 아이를 향해 큰 소리로 고백을 했습니다. "나랑 사귈래?" 어쩌면 그 아이를 부끄러움 속에 꼼짝 못하게 하고 싶었던 계산이었는지도 모릅니다. 아니, 확실히 그러했겠지요. 그런데 고백을 들은 아이가 자리에서 벌떡 일어나더니만, "싫어, 싫어!" 소리를 연발하며 체머리를 떨더라는 것입니다. '체머리'는 병에 걸린 사람처럼 머리가 저절로 마구 흔들리는 모양을 말합니다. 후배는 도저히 그대로 앉아 있을 수가 없어서 강의실을 그만 나올 수밖에 없었다고 했습니다.

> 후배: *아니, 얼마나 내가 싫었으면 체머리를 다 떨었겠어요? 이건 정말 비극이라고요!*
>
> 정희: *(웃으며) 싫은 건 싫은 거고, 머리를 흔든 건 정말 체머리를 앓고 있어서가 아니었을까?*
>
> 후배: *아이참, 선배는 지금 웃음이 나와요? (머리카락을 마구 헤집는다.)*
>
> 정희: *그래도 말이라도 꺼낸 네가 이겼다. 나가자! 내가 체머리 처질 정도로 술 살게!*

 책 속의 말 한 줄

그것을 아내의 가슴에 끼얹은 순간, 그녀의 몸이 거대한 식물의 잎사귀처럼 파들거리며 살아났다. 다시 한번 물을 받아와 아내의 머리에 끼얹었다. 춤추듯이 아내의 머리카락이 솟구쳐올라왔다. 아내의 번득이는 초록빛 몸이 내 물세례 속에서 청신하게 피어나는 것을 보며 나는 **체머리**를 떨었다.

내 아내가 저만큼 아름다웠던 적은 없었다.

- 한강, 「내 여자의 열매」, 『내 여자의 열매』, 창작과비평사, 2000, p.234.

불망기를 남길 것

불망기(不忘記)

: [명사, 한자어]

뒷날에 잊지 않기 위하여 적어 놓은 글. 또는 그런 문서.

유난히 '사랑'을 주제로 한 글을 잘 쓰는 선배가 있었습니다. 선배가 쓴 시며 소설은 읽는 것만으로도 마치 그 사랑의 주인공이 된 것 같은 착각을 불러일으켰지요. 참 재미있는 일은 선배는 당시 연애를 하지 않았고, 연애를 해본 경험도 별로 없노라고 본인 스스로 말하고 다녔다는 사실. 그럼 대체 그토록 짜릿하고 애달픈 사랑의 감수성은 어디에서 기인한단 말이었을까. 그렇기에 선배는 동기들에게 늘 부러움의 대상이었습니다. 언젠가 비밀이 밝혀지긴 했는데, 비밀의 주인공은 바로 선배가 오랫동안 써온 '불망기(不忘記)'에 있었습니다. 오랫동안 잊지 않기 위해 적어 놓은 글, 그러한 글을 바로 '불망기'라고 하지요. 선배는 좋아하는 사람이 생겼을 때, 또 사귀는 사람이 생겼을 때 한 번도 빼놓지 않고 당시에 느꼈던 감정들을 수첩에 적었다고 했습니다. 사람의 감정이란 절대 반복되지 않는다고, 이 세상에 똑같은 감정이란 절대 있을 수 없다고, 그러므로 사랑은 더욱 더 다채로울 수밖에 없다고.

큰딸: (책장을 마구 뒤지며) 엄마! 내가 어렸을 때 썼던 일기장 다
    어디 있어요?

금순 씨: 일기장? 네가 언젠가 다 버린 것 같은데? 아빠가 자꾸 훔
    쳐본대나 뭐라나…….

큰딸: 아, 내가 미처! 어떻게 남긴 불망기인데!

금순 씨: 왜? 돈이라도 숨겨 놓았어?

 책 속의 말 한 줄

이러한 시선의 집요함은 한편으로는 끊임없이 위기를 생산하면
서 다른 한편으로는 일상이라는 이름으로 자의식을 포박하는 현
실의 각질을 뚫어내려는 노력으로 읽힌다. 현실로부터 역동적인
갱신의 의지와 이념적 표상을 발견하지 못하는 궁핍한 시대, 세계
의 파탄을 내면의 분열로 겪어내는 박영근의 시는 '길이 끊어진
세대'의 우울한 자화상이며, 망실된 과거를 향해 바쳐지는 **불망기
(不忘記)**라 하겠다.

- 이기성, 「지독한 옛사랑의 향기와 행려의 궤적-박영근론」,
『우리, 유쾌한 사전꾼들』, 소명출판, 2009, p. 219.

해반주그레한 그 모습 때문에

해반주그레하다

: [형용사, 우리말]

겉모양이 희고 말쑥하며 반듯하다.

초등학교 5학년 때, 저는 우리 반 회장 아이를 참 좋아했었습니다. 여느 남자 아이들과는 달리 유독 해반주그레해 보이는 그 아이의 생김새가 좋았습니다. 얼굴이나 겉모습이 꽤 말쑥하고 반반한 모습을 바로 '해반주그레하다'라고 합니다. 학기 초 칠판 위에 그 아이와 저의 이름이 나란히 적힌 적이 있었습니다. 바로 그 학기의 회장을 뽑는 선거였지요. 해반주그레한 그 아이의 생김새는 다른 아이들에게도 호감을 샀을 게 분명한 일입니다. 저는 제 자신을 뽑는 일은 부끄러운 것 같다는 마음에 그 아이에게 기꺼이 표를 던졌습니다. 그런데! 그날 제 이름 옆에는 '우물 정(正)' 자의 작대기가 딱 하나 그어졌습니다. 확인해본 바는 아니지만, 저는 제게 주어진 한 표가 바로 그 아이의 것이 아니었을까 하는 상상을 했었답니다. 뭐 회장이 되지 않았어도 슬프지 않았지요. 확인해보지 않은 그 상상 덕분에!

정희: 초등학교 때, 너 참 해반주그레하니 멋있었는데!

회장: 지금은? 지금은 별로라는 거야?

정희: 몰라! 그런데 회장 선거했을 때 말이야. 누구 뽑았었어?

그건 바로 에피파니!

에피파니(Epiphany)

: [명사, 외래어]

기독교에서 예수가 온 세상 사람들 앞에 나타난 일을 기리는 축일.

귀한 것이 나타난 것. 현저한 깨달음의 순간.

"저는 그녀를 보자마자 그대로 얼어붙고 말았어요.

그건 바로 에피파니였어요!"

• • • • • • • • •

1월 6일은 성경에서 말하는 동방박사들이 아기 예수를 만나러 베들레헴을 찾은 날입니다. 기독교에서는 에피파니(Epiphany), 즉 공현절(公現節)이라는 축일로 기념하고 있습니다. 예수 탄생 이후의 연도를 표기할 때 쓰는 '서기(A.D. = Anno Domini)'만 보더라도 예수의 탄생과 공현은 상당한 의미를 가짐을 알 수 있는데요. 원래 '에피파니(Epiphany)'는 그리스어로 '귀한 것이 나타나다'라는 의미를 가지고 있다고 합니다. 예수의 출현만큼 의미 있는 순간, 즉 뜻밖의 깨달음의 순간을 비유적으로 표현할 때도 에피파니라고 쓸 수 있습니다. 누구에게나 살면서 한 번쯤은 에피파니와 같은 순간이 다가오겠지요. 그것이 기다리던 연인을 마주한 순간일 수도 있고, 난제를 스스로 해결한 순간일 수도 있을 것입니다.

어딘가 순수하고 수줍어 보이는 몽구리

몽구리

: [명사, 우리말]

바싹 깎은 머리.

요즘이야 중고등학교에서 두발 자유화가 보편적인 일이 되었지만, 옛날에는 결코 그렇지 못한 일이었지요. 남학생들은 귀가 훤히 보이게 바싹 깎은 머리를, 여학생들은 귀밑 5cm 내외의 단발머리를 유지해야 했으니까요. 전부 몽구리같이 깎아놓은 머리만 보다가, 간혹 규정대로 머리를 깎지 않은 남학생을 마주칠 때가 있었습니다. 희한하게도 어릴 때는 귀를 덮은 긴 머리가 괜스레 멋지고 예뻐 보였습니다. '몽구리'는 원래 머리를 바싹 깎은 중을 놀릴 때 쓰는 말인데, 그렇게 중처럼 바싹 머리를 깎은 사람에게도 쓸 수 있는 단어입니다. 그땐 그렇게도 몽구리 머리가 멋이 없어 보였는데, 요즘 들어서는 그 머리를 구경하는 일조차 쉽지가 않습니다. 어쩌다가 옛날 학교에 다닐 때처럼, 바싹 깎은 머리를 쓰다듬는 남학생을 볼 때면 귀엽다는 생각이 절로 들 수밖에 없지요. 다시 보니 어딘가 순수하고 수줍어 보이는 그 머리가 정말 멋지고 예뻐 보일 수가 없는 것입니다.

학생 A: 갑자기 웬 몽구리? 너 군대 가냐?

학생 B: 좀 어려 보이고 싶어서 잘랐는데, 굳이 그렇게 슬픈 이야기

　　　를 해야겠냐? 안 그래도 병역판정검사 통보서 왔더라.

학생 A: 미안, 몽구리! 앗, 몽구리라고 해서 또 미안!

학생 B: 너도 곧 나올 텐데 뭐. 네 몽구리는 다를 줄 아냐?

 책 속의 말 한 줄

갑자기 머리를 감싸쥔 한 아이가 흐릿한 소녀의 눈앞에서 푹 꼬꾸라지고 말았다. 병국이었다.

눈이 뒤집힌 할머니가 들고 있던 지팡이로 병국이 머리통을 사정없이 후려친 것이었다.

몽구리 대갈통이 갑자기 날벼락을 맞은 것처럼 '픽' 하고 깨진 것이었다. 머리를 감싸쥔 채 쓰러진 병국이의 손에는 피가 홍건하였다.

- 윤수현, 「빨간 달팽이와 크레파스」, 『달팽이』, 경향미디어, 2006, p.67.

사랑은 절대 겨끔내기로 오지 않는다

겨끔내기

: [명사, 우리말]

어떤 일을 서로 번갈아가며 하는 것.

사랑하는 마음이 채 깊지 못해서일까, 아니면 사랑하는 마음이 몹시 깊어서일까. 함께 한 시간이 어느 정도 지나고 나면 연인들 사이의 싸움은 으레 당연한 일인 듯 여겨지곤 합니다. 이쪽에서 서운한 감정이 겨우 가시고 나면 다시 저쪽에서 서운한 감정이 생기고, 그러기를 겨끔내기로 여러 번 반복하다 보면 어느새 지치고 마는 일. 이별의 아픔까지 감수하려고 합니다. 처음 만났을 때 느꼈던 반짝임과 짜릿함은 다시 붙잡지 못한 채 말이지요. '겨끔내기'는 어떤 일이나 감정을 서로 번갈아가며 주고받는 것을 가리키는 말입니다. '이런 사람이 내게 올 줄이야!' 하며 감격해 마지않았던 감정이 겨끔내기로 반복되었던 연애 초기를 딱 세 번만 되새겨 봐도 좋을 텐데, 아무래도 서운한 감정은 좋았던 감정보다 더 크게 자리 잡는가 봅니다. 그렇게 서운함이 쌓이고 싸움이 잦아질 때 이렇게 해보면 어떨까 싶습니다. 바로 겨끔내기로 한 번씩 서로를 이해해 주는 것. 이번에 이쪽에서 이해해줬다면 다음에는 저쪽에서 한 번 이해해주는 것입니다. 아무 조건 없이! 그러다 보면 다시 '그래, 이 사람이 그랬었지!' 하는 예전의 기억이 서운한 감정과 함께 겨끔내기로 다가올 수도 있지 않을까요? 일생에 딱 한 번뿐인 사랑은 절대 겨끔내기로 오지 않는다는 사실을 잊지 않았으면 좋겠습니다.

> 학생: 여자 친구 가방이 너무 무거워서요. 어떤 때에는 여자 친구도 제 가방 좀 들어줬으면 좋겠어요.
> 정희 씨: 그래요. 겨끔내기로 한 번씩 들자고 해봐요! 뒷일은 장담 못 하고요.

🖊 그대의 말결

'버끔내기'와 '겨끔내기' 중 올바른 표현은?

'서로 번갈아 하기'라는 뜻을 지닌 순 우리말이 '겨끔내기'이다. 주로 '겨끔내기로'의 형태로 쓰인다. 이를 전국에서 방언으로 '버끔내기'로 쓰는 것은 잘못된 표현이다.

혼곤할 만큼 사랑했다는 증거

혼곤(昏困)하다

: [형용사, 한자어]

정신이 흐릿하고 고달프다.

십 년 동안의 만남을 끝내고 이별을 맞은 연인이 있었습니다. 결코 짧다고 할 수 없는 기간 동안 두 사람은 무던히도 헤어지고 다시 만나기를 반복했습니다. 당연히 이번 이별도 헤어지고 다시 만나는 과정 중의 하나일 거라고, 두 사람 중 누군가는 믿었던 모양입니다. 아니면 두 사람 모두 그런 믿음을 오랜 사랑의 보험처럼 여기고 있었는지도 모릅니다. 그런데 이번만큼은 그 보험이 효력을 발휘하지 못했습니다. 두 사람의 이별은 오랫동안 이어졌습니다. 이번에는 누구도 술에 취해 전화한다거나 집 앞에 찾아오는 일도 없었습니다. 두 사람은 서로에 대한 그리움으로 하루도 편하게 잠들 수가 없었습니다. 하루도 빠짐없이 술을 마셨고, 혼곤한 상태가 되어서야 겨우 잠을 잘 수 있었습니다. 정신적으로 많이 지치고 힘든 나머지 정신이 흐릿하고 머리가 아플 때 바로 '혼곤(昏困)하다'라고 합니다. 그러던 어느 날이었습니다. 두 사람은 집 앞에서 자신을 부르고 있는 연인의 목소리를 들었습니다. 헐레벌떡 뛰어나간 곳에 바로 연인이 와 있었습니다. 두 사람은 밤새도록 부둥

켜안고 울었습니다. 그런데 다음 날 아침 놀라운 일이 벌어졌습니다. 두 사람 모두 아무렇지 않게 각자가 자신의 방에 누워 있던 것입니다. 간밤에 있었던 일이 참말인지 아니면 혼곤한 정신 상태에서 본 환영이었는지 아무도 알 수 없었습니다. 과연 두 사람이 듣고 또 본 것은 무엇이었을까요?

　　학생 A: 정신이 너무 혼곤해서 뭐가 뭔지 알 수가 없어! 정말 그
　　　　　애가 왔던 건지!
　　학생 B: 10년 동안 그만큼 정신 못 차리게 사랑했었다는 증거야.
　　　　　얼른 잡아, 그 애.

【결말 하나】

* **미몽(迷夢): [명사, 한자어]**
무엇에 홀린 듯 똑똑하지 못하고 얼떨떨한 정신 상태.

* **어룽대다: [동사, 우리말]**
뚜렷하지 아니하고 흐리게 어른거리다.

남몰래 바장이곤 했던 그때

바장이다

: [동사, 우리말]

부질없이 짧은 거리를 오락가락 거닐다.

마음에 걸리는 것이 있어서 머뭇머뭇하다.

"그렇게 오랜 시간 바장이는 동안,

왜 한 번도 그 사람 앞에 서지 못했을까?"

• • • • • • • • • •

막 대학교에 입학했던 시절, 제게는 스무 살이라는 청춘의 이름표와 이별이라는 사랑의 마침표가 함께 붙었습니다. 힘들었지만 견디고 싶었습니다. 저는 비로소 청춘을 맞이하였고 사랑도 이별도 맘껏 할 수 있게 되었다고 자부하였지요. 그렇지만 이상하게도 대학교 입학과 동시에 맞은 그 이별은 정말이지 가슴이 저릿하도록 아팠습니다. 꼴도 보기 싫다며 영화의 한 장면처럼 떨쳐냈던 사람은 며칠 동안을 우리 집과 학교 앞에서 바장였습니다. '바장이다'라는 단어의 뜻처럼 아무 목적도 없이 이쪽으로 걷다가 저쪽으로 걷기를 반복하며 저와 마주치기를 기다렸습니다. 저는 일부러 그 사람을 피했습니다. 그 무슨 말도 안 되는 시나리오였단 말인가요. 그냥 그렇게 모른 척하며 그 사람을 잊고 싶었습니다. 그가 바장이던 길은 끝내 가지 못하는 길이 되어버렸지요. 얼마간의 시간이 흐른 뒤, 그가 절대 그 길에 나타나지 않는다는 사실을 알았을 때도 말입니다. 그런데 참 희한한 일은 시간이 아주 많이 지난 오늘날까지도 이상하게 그 길을 걸을 수가 없게 되었다는 사실입니다. 아직도 그 길에서 바장이고 있을 그를 마주치기가 겁이 나서는 결코 아닙니다. 왠지 그 사람의 흔적을 찾아 남몰래 바장이곤 했던 당시의 제가 아직도 그 자리에 그대로 있을 것만 같아서입니다. 지금쯤 그 사람은 무얼 하며 살고 있을까요?

 책 속의 말 한 줄

　피보다 붉은 변산의 낙조, 풀어진 세숫비누처럼 구름 사이로 숨어들던 간월도의 달, 만선의 꿈을 포기하지 못한 채 모래밭에 엎드려 녹이 슬어가고 있던 왜모리의 낚싯배, 체념과 희망을 동시에 품으며 물때를 기다리던 꽃지 바닷가의 따개비가 생각난다. 바다가 주는 위안이 언제부터인지 동해보다는 서해의 기억과 잇닿아 있다. 내 안의 시곗바늘이 하오의 시간들을 **바장이고** 있어서일까.

- 최민자, 「서해 예찬」, 『꼬리를 꿈꾸다』, 문학사상사, 2006, p. 20.

어떻게 해도 울울하다면

울울(鬱鬱)하다

: [형용사, 한자어]

마음이 상쾌하지 않고 매우 답답하다.

나무가 빽빽하게 들어서 매우 무성하다.

가슴속이 갑갑하니 정말 터져버릴 것 같다는 느낌이 들 때 있지요? 그럴 때 쓸 수 있는 단어가 바로 '울울(鬱鬱)하다'입니다. 원래는 틈새가 보이지 않을 정도로 나무가 무성하게 자라난 모습을 말하며, 마치 나무가 빽빽하게 우거진 모양처럼 마음이 답답할 때 비유적으로 쓰는 단어입니다. 아마도 좋아하는 누군가에게 마음을 고백하고는 "생각해볼게."라는 대답을 들었을 때 가장 울울한 마음이지 않을까 싶은데요. 차라리 고백이나 하지 말았다면 이렇게 애태우지는 않을 텐데, 뭐하러 말은 해가지고 이렇게 고생인가 하는 생각이 절로 드는 것입니다. 어떤 답변이 옳을까? 괜히 사이만 어색해지는 건 아닐까? 차라리 고백하지 말걸 그랬나? 울울한 마음속에서 생각은 꼬리에 꼬리를 물고 더 길어지기만 하겠지요. 하지만 또 다르게 생각해보면 고백을 해놓고 기다릴 때 느끼는 울울한 마음은, 고백하지 않았을 때 내내 가지고 있던 울울한 마음보다 차라리 낫지 않을까요? 누군가를 좋아하는 데 있어서 후회하는 마

음보다는 창피한 마음을 내주는 것이 가슴을 조금이라도 덜 울울
하게 하는 방법이 아닐까 싶습니다.

> 학생 A: 사귀겠다는 건지, 말겠다는 건지! 아, 진짜 가슴이 울울해
> 죽겠다!
> 학생 B: 조금만 기다려 보자. 걔는 또 얼마나 울울하겠니.

자빡을 치는 것이 낫다

자빡

: [명사, 우리말]

단번에 딱 잘라 말하는 결정적인 거절.

"어렵게 부탁했는데, 바로 자빡을 치더라고.
에휴, 차라리 그게 나아. 괜한 기대 안 하게."

• • • • • • • • •

예전에 친구가 보험 설계사 일을 했던 적이 있었습니다. 그쪽에 전혀 경력이 없던 친구는 달리 수완이 없으니 연신 주변 사람들을 닦달했습니다. "보험 하나만 들어주라!" 친구들은 난감했습니다. 왜, 승낙보다 더 어려운 건 거절이라고 하지 않나요. 가까운 사람의 부탁을 들어주고 싶은 마음이 인지상정(人之常情)이니 말입니다. 저는 머뭇머뭇하다가 암보험 하나를 들어주었습니다. 사실 이미 가입한 암보험이 있었는데도 말이지요. 매달 적지 않은 보험료가 통장에서 인출될 때마다 친구가 생각나고, 아무 까닭도 없이 얄밉게 느껴졌습니다. 결국 친구는 친구들의 마음을 눈치 채고 서운한 마음을 표현하고 말았지요. 마음속에 '이것만큼은 절대 할 수 없다'라는 확신이 생겼을 때는, 에둘러 말하지 말고 바로 자빡을 쳐야 한다는 사실을 다시 한번 확인하게 되었습니다.

왜 콩팔칠팔 참견했을까?

콩팔칠팔

: [부사, 우리말]

갈피를 잡을 수 없도록 마구 지껄이는 모양.

하찮은 일을 가지고 시비조로 캐묻고 따지는 모양.

어릴 때는 생전 만나보지도, 또 만날 일도 없는 연예인들의 일을 가지고 왜 그리도 콩팔칠팔 떠들어댔는지 모르겠습니다. 별로 대수롭지도 않은 일을 가지고 이것저것 따지고 떠드는 모양을 바로 '콩팔칠팔'이라고 하는데요. 연예인 누가 누구와 만난다더라, 헤어졌다더라, 다시 만난다더라, 뭐 그런 이야기들이 주를 이루었던 것 같습니다. 생각해보면 비단 연예인들만을 그 대상으로 했던 것도 아니었던 것 같습니다. 주변에 있는 친구에게서 허점이 보이면 그것만큼 콩팔칠팔 따지고 떠들기 좋은 이야깃거리도 없었으니까요. 가끔씩 커피를 마시며 조용히 독서를 하고 싶은 마음에 카페를 찾을 때가 있습니다. 방금 전에 알려진 연예인 기사를 화두로 콩팔칠팔 떠들고 있는 학생들을 볼 때가 있지만 조금도 싫은 내색을 할수가 없습니다. 저 역시 한때는 더하면 더했지 전혀 부족함이 없었으니 말입니다. 누가 누구를 좀 만나면 어떻고, 그러다가 헤어지면 어떻고, 또 다시 만나면 어떻습니까. 만나기에 부족한 사람, 헤어지고 아프지 않은 사람, 다시 만나면 안 되는 사람이 정해져 있는 것도 아닌 것을. 왜 그렇게 남 일에 콩팔칠팔 참견을 했을까요?

> 학생 A: 그 녀석 말이야. 그 여자 애가 얼마나 싫은지, 계속 콩팔칠팔 따지고 들지 않겠어? 원래 키가 엄청 작지 않느냐, 숨겨 놓은 살이 많지 않느냐, 약간 백치이지 않느냐…….
>
> 학생 B: 내 생각에는 반대인 것 같은데? 사실 엄청 좋아하는데 괜히 거절당하면 창피할까 봐 설레발치는 것 같다고.
>
> 학생 A: 그럼 자기 본심을 들키기 싫어서 그렇게 콩팔칠팔 떠들었다는 거야?
>
> 학생 B: 그렇지. 그런데 그렇게 따지고 떠들다가는 어느 결에 들통나고 말걸.

🪄 그대의 말결

'콩팔칠팔'의 의미로 '콩칠팔새삼륙, 콩칠팔칠'을 쓰는 경우가 있으나 '콩팔칠팔'만 표준어로 삼는다. 〈관련조항: 표준어 규정 3장 4절 25항〉

조라떠는 바람에 망치고 말지

조라떨다

: [동사, 우리말]

일을 망치도록 경망스럽게 굴다.

"선배들이 조라떠는 바람에 다 망쳤어.
그 애가 많이 부담스러웠대."

• • • • • • • • •

왜, '설친다'라고 하지요? 가만히 있지 못하고 들떠 있는 사람한테 왜 그렇게 설치느냐고 타박을 줄 때 쓰는 말. 가만히만 있어도 해결될 일이 괜한 말과 행동 때문에 엉망이 되고 마는 경우가 많습니다. 그렇게 일을 망칠 정도로 설치고 방정맞게 구는 행동을 '조라떨다'라고 합니다. 한창 동아리 활동에 열정을 뿜어내던 시절, 우리는 그 안에서 싹트는 만남과 사랑을 반기고 지지했습니다. 신입 후배 하나가 동아리 내의 동기를 좋아하게 되었다고 고백했을 뿐인데, 저를 포함한 선배들은 두 사람을 연인으로 이어주고 싶은 마음에 부풀기 시작했습니다. 일부러 두 사람에게 "그 아이 정말 괜찮지 않느냐?"는 질문을 수차례 했고, 어떤 행사에든 두 사람이 함께 할 수밖에 없도록 작전을 짰습니다. 그러다가 없는 말, 괜한 일까지 만들어냈을 때는 그야말로 조라떤다는 말이 딱 맞을 정도였습니다. 어쩌면 우리는 우리가 갖지 못한 순정과 이상을 두 사람에게서 찾으려고 했던 건지도 모릅니다. 두 사람은 결국 이루어지지 못했지요. 멋쩍은 마음에 한숨만 쉬었습니다. '우리가 너무 설쳤나?'

【곁말 하나】

* 용천지랄: [명사, 우리말]

꼴사납게 마구 법석을 떨거나 분별없이 행동함을 속되게 이르는 말.

* 흰소리: [명사, 우리말]

터무니없이 자랑으로 떠벌리거나 거드럭거리며 허풍을 떠는 말.

우리, 밀통하는 사이

밀통(密通)

: [명사, 한자어]

부부가 아닌 남녀가 몰래 정을 통함.

소식이나 사정을 몰래 알려 줌.

"아빠한테 말 안 할게요.

어떻게 보면 엄마랑 나도 밀통한 거나 다름없으니!"

· · · · · · · · · ·

어머니와 차도 마시고 여행도 다니며 같이 시간을 보내는 일이 많아지니, 자연스레 그동안 하지 못했던 속 이야기들을 나눌 수 있게 되었습니다. 어머니와 아버지의 결혼 이야기부터 시작해서 각각의 친척들에게 얽힌 이야기, 거기에다가 어머니의 친구들과 우리 이웃에 얽힌 이야기까지 피치 못할 사정과 사연은 넘치고 넘쳤습니다. 대충 고개만 끄덕이며 흘려듣던 이야기들 중 귀를 의심케 할 정도로 흥미로운 이야기도 있었으니, 그건 바로 어머니의 연애에 관한 것이었습니다. 바로 아버지를 만나기 전 오랫동안 만났었다는 어머니의 첫사랑 이야기. 그분은 병든 어머니를 모시고 살며 뱃일을 하는 사람이었다고 했습니다. 워낙 가난해서 결혼식 같은 건 감히 치를 엄두도 내지 못하는 형편이었는데, 문제는 어머니의 오빠이기도 한 저의 외삼촌이 그분의 그런 처지를 싫어해서 두 분 사이를 반대했다는 것이었습니다. 결국 외삼촌은 어머니를 지방에 있는 사촌 댁으로 보내버렸고 두 분의 사랑은 막을 내리게 되었다고…… 저는 어머니한테 거짓말하지 말라고, 그런 70년대 드라마가 나한테 먹힐 줄 아느냐고 어머니를 비웃었습니다. 적어도 어머니가 그 말을 꺼내기 전까지는. "밀통 같은 건 아니었지만, 결혼하고 나서도 몇 번 만났어." '밀통(密通)'은 배우자 몰래 다른 이성을 만나 정을 나누는 것을 일컫는 말이지요. 원래는 한자 그대로 '몰래 통하다, 연락을 주고받다'와 같은 뜻을 가지고 있는데, 현재는 일명 남녀 사이의 비밀스런 만남을 일컫는 말로 많이 쓰이고 있습니다.

 책 속의 말 한 줄

첫경험은 대개 형편없다. 하긴, 남자에게 첫경험이 무의미한 것처럼 실체로 여자에게도 첫경험이라고 해서 굳이 간직할 만한 건 없다. 여자에게 첫경험이 소중하다는 건, 첫경험이 여자의 생을 지배하는 운명이라고 주장했던 지나간 시대의 말일 뿐이다. 첫경험, 그것은 단지 소통일 뿐이다.

이 단절된 세계의 틈에 머리를 들이민 **밀통**. 그쯤만으로도 첫경험은 훌륭한 배움이다.

- 전경린, 『나비』, 늘푸른소나무, 2006, p. 23.

오랜 시간 지궁스러운 마음으로

지궁(至窮)스럽다

: [형용사, 한자어]

마음 쓰는 것이 지극히 정성스럽고 극진한 데가 있다.

그는 아주 우연한 기회에 알게 된 사람이었습니다. 철없는 나이의 눈으로 보기에는 얼굴도 못생기고, 어디 자랑할 만큼 좋은 학교나 직장에 다니지도 않는 그런 남자였습니다. 정중하게 그의 고백을 거절했는데 내내 마음이 불편하기 일쑤였습니다. 첫 번째 만남에서 딸기가 좋다고 한 이야기를 기억하고는, 정말 하루도 빠지지 않는다는 표현이 딱 맞을 만큼 딸기를 가져왔습니다. 깨끗이 씻고 꼭지까지 말끔히 떼어낸 딸기. 그것도 제가 보면 싫어할까 봐 몰래 집 우편함에 넣어두고 가는 일이 많았습니다. 당시 기억으로 그는 파트타임으로 일을 하며 생활비를 마련하고 있었던 걸로 아는데 그 많은 딸기 값은 어디에서 났을까.

마침내 제게도 찾아온 성년의 날! 저는 당시 만나고 있던 연인과 나름 아름다운 성년의 날을 보내고 늦은 밤이 되어서야 집으로 돌아왔습니다. 그때 멀리 그의 모습이 보였습니다. 낡은 자전거 바퀴를 열심히 굴리며 멀어져 가는! 우편함 안에는 안으로 다 들어가지 못한 장미 한 다발과 며칠을 고심해서 골랐을 게 분명한 향수

266

한 병이 놓여 있었습니다.

누군가를 대하는 마음이 오랫동안 변하지 않고 정성스러울 때 '지궁(至窮)스럽다'라고 하는데요. 십 년이란 시간이 지났는데도 그 사람 생각이 나는 것을 보면, 그 지궁스러움만큼 진실된 모습을 다시는 보지 못했기 때문인 것 같습니다.

정희: 이젠 잘생기고 돈 많고 그런 것도 다 필요 없어. 그저 나한테
　　　지궁스럽기만 했으면 좋겠어. 지극 정성으로 날 대하는 남자,
　　　어디 그런 남자 없나?
선희: 따지긴 뭘 따져? 언니가 지궁스럽게 해도 모자랄 마당에!
정희: 너 죽을래!

한담이 어렵다면 필담으로

한담(閑談)

: [명사, 한자어]

심심하거나 한가할 때 나누는 이야기.

☆

필담(筆談)

: [명사, 한자어]

말을 주고받을 수 없을 때, 글을 써서 묻고 대답함.

'엄마, 집에 있는 사람. 아빠, 회사에 있는 사람.' 어느 초등학생 아이의 눈에 비친 부모의 모습. 생각해보면 저 역시 어릴 때는 아버지가 항상 회사에만 있는 사람처럼 보였습니다. 지금에서야 다른 집 아이들도 다 마찬가지였을 거라는 생각이 들지만, 당시에는 '왜 우리 아빠만 나와 놀아주지 않지?'라며 불만이 가득했습니다. 아버지와 함께 거실 바닥에 엎드려 한담을 나누는 일은 감히 상상도 할 수 없었습니다. 꼭 중요한 이야기는 아니지만 무엇에 구애 받지 않고 한가롭게 나누는 대화를 '한담(閑談)'이라고 합니다.

언젠가 아버지는 우리 자매에게 당시 아이들 사이에서 선풍적인 인기를 불러 모았던 전자오락기계를 선물했습니다. 게임에 싫증이 날 때쯤이면 어김없이 새로운 게임을 사오셨고 그 안에는 손

편지처럼 쓴 쪽지가 항상 함께 있었습니다. 대개 이번에 사온 오락게임은 어떤 내용이다, 어떻게 하면 재미난다, 그리고 미안하다, 사랑한다, 믿는다, 뭐 이런 내용들이었는데, 처음에는 쪽지는 대충 읽고 새 오락 게임에만 정신이 팔리고 말았습니다. 그러던 중 한번은 처음으로 제가 먼저 답장 같은 쪽지를 올려둔 날이 있었는데……. '남극탐험 게임이 하고 싶어요!' 정확히 일주일 후 아버지는 봉투 안에 '또 하고 싶은 게임이 있으면 이야기해줘. 주말에는 아빠랑 같이 하자!'라는 쪽지와 함께 그렇게도 갖고 싶었던 '남극탐험게임'을 넣어 두었습니다. 이후 아버지와 주고받는 쪽지는 일종의 필담이 되었습니다. 말로 대화를 할 여건이 되지 않을 때, 글을 써서 나누는 대화를 '필담(筆談)'이라고 합니다.

> 금순 씨: 아빠는 엄마랑 연애할 때도 그랬어. 말로 해도 되는데
> 군이 그렇게 쪽지를 써놓고 가는 거 있지.
> 큰딸: 엄마랑 아빠도 필담을 나눈 거네요? 뭐라고 썼는데요?
> 금순 씨: 뭐 자기는 사실 오늘 어떤 생각을 했었다, 앞으로 어떻게
> 했으면 좋겠다, 뭐 그런 내용이었지. (갑자기 몸을 일으키
> 며) 가만있어 봐. 내가 이렇게 너랑 한담을 나눌 때가 아니
> 지. 오전에 배추 절여놨는데!

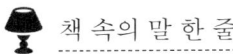 책 속의 말 한 줄

아무도 대답하지 않았다. 아버지의 목소리는 허공에서 갈팡질 팡하다 잘게 부서지며 선반, 소파, 장식장 같은 사물들에 먼지로 내려앉았다. 아버지는 **필담**을 시도했다. 그는 오래된 신발장 위에

버려지다시피 한 동생의 스케치북에서 도화지 한 장을 뜯어내고 거기에 붉은 펜으로 메시지를 적었다. 내가 정말 보이지 않는 거니? 이런 글자였다.

- 손홍규, 「투명인간」, 박민규 외, 『아침의 문-2010년 제34회 이상문학상 작품집』, 문학사상사, 2010, p. 230.

매지구름이 기다리는 섬으로

매지구름

: [명사, 우리말]

비를 머금은 검은 조각구름.

"매지구름이 이는 걸 보니,

확실히 비가 내리긴 내릴 것 같아."

· · · · · · · · ·

한 선배가 연인과 처음으로 여행을 떠나게 되었다며 자랑을 늘어놓았습니다. 그것도 배를 타고 가야 하는 작은 섬으로, 비가 내리면 돌아오는 배를 기약할 수 없다는 곳으로! 후배들은 유치하기이를 데 없는 작전이라고 놀리면서도, 내심 '정말 비가 내리면?' 하고 덩달아 기대했습니다. 마침 그날따라 오전부터 하늘에는 매지구름이 가득했습니다. '매지구름'은 비를 잔뜩 머금은 듯 검게 보이는 구름을 뜻하는 우리말이지요. 섬인데도 전화가 잘 터지는구나, 확실히 배를 타고 한 시간은 족히 들어가야 하는 섬이 맞느냐, 아직도 매지구름은 여전하냐……. 어쩌면 후배들의 설레발이 더심했는지도 모릅니다. 그렇게 하루가 지나고 어느덧 저녁 무렵이되었습니다. 기다리고 기다리던 선배의 전화. "매지구름은 개뿔. 망할 구름이다, 망할 구름!" 섬에는 하루 종일 해가 쨍쨍했고, 이상하게도 학교에만 하루 종일 매지구름이 가득했던 날이었지요.

【결말 하나】

* 꽃구름: [명사, 우리말]

여러 가지 빛을 띤 아름다운 구름.

* 구름타래: [명사, 북한어]

넓게 퍼진 두꺼운 구름 덩어리. 또는 길게 뻗거나 퍼져 있는 구름 덩어리.

* 탑(塔)구름: [명사, 합성어]

탑 모양으로 머리 부분이 높이 올라간 구름. 뇌우가 일어나기 쉽다.

안개도 아니고 비도 아니면, 는개!

는개

: [명사, 우리말]

안개비보다는 조금 굵고 이슬비보다는 가는 비.

"는개 같은데, 그래도 우산 챙겨야 할까?"

• • • • • • • • •

이슬비까지는 아니더라도 분명히 약하게나마 비가 내리는 경우 있지요. 언뜻 안개가 낀 듯이 보이는. 우산을 쓰기에도 뭐 하고, 그렇다고 안 쓰기에도 뭐 한. 안개와 이슬비의 딱 중간 정도 되는 비를 지칭하는 우리말은 없을까 싶었는데요. 그런 비를 나타내는 우리말이 있습니다. 바로 '는개'라고 하지요. 대학원에 진학하면서부터 생긴 취미 중의 하나가, 잘 알려지지 않은 우리말을 찾아서 말과 글 속에 직접 사용해보는 일이었습니다. 그때 알게 된 많은 단어들 중에서도 가장 좋아했던 단어가 바로 '는개'였습니다. 발음도 참 예뻐서 일부러 더 살려 쓰기도 했을 뿐만 아니라, 다른 사람들에게도 많이 알려주곤 했던 단어였습니다. 강의 시간에도 유독 이 단어를 강조했었는지, 는개만 내리면 학생들에게서 문자가 쏟아졌습니다. "교수님! 는개가 내려요!"

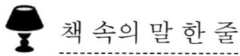 책 속의 말 한 줄

하산길에 붉은 버섯을 보았다 떡갈나무 아래 비탈이었던가, 붉은 우산의 그녀가 거기 있었다

여자는 여전히 그 자리에 붙박인 듯, 아무것도 바라보지 않는 듯, 하염없이 허공을 향해 서 있었다

는개처럼 가는 비만 오락가락했다

- 엄원태, 「붉은 버섯을 보다」, 『먼 우레처럼 다시 올 것이다』,
창작과비평사, 2013.

그대의 말결

'는개'와 '는기', '는다기', '는대기' 중에서 '는개'가 널리 쓰이므로 '는개'를 표준어로 삼는다. 〈관련조항: 표준어 규정 2장 4절 17항, 표준어 규정 3장 4절 25항〉

이별의 상처에도 더껑이가 앉기를

더껑이

: [명사, 우리말]

걸쭉한 액체의 거죽에 엉겨 굳거나 말라서 생긴 꺼풀.

첫사랑은 무릇 상처에서 나는 진물 같은 것이 아닐까요. 긁히거나 베어서 난 상처를 부러 손으로 잡아 뜯으면 어김없이 피와 진물이 나오고 맙니다. 오랜 시간 만났던 연인과 헤어지고 나자 얼굴에는 마치 거짓말처럼 수많은 뾰루지가 피어났습니다. 면봉을 가지고 하나씩 꼭꼭 짜내다 보니 따끔하고 쓰라리게 아팠습니다. 홧김에 그랬는지 아니면 잠깐 정신이 나갔었는지 그 많은 뾰루지를 다 짜다 보니 어느새 얼굴은 엉망진창이 되고 말았습니다. 자꾸 헤어진 사람이 생각나고 눈물이 흘렀습니다. 눈에서 흐른 눈물과 뾰루지에서 나온 진물이 엉겨 붙었습니다. 그러다가 문득 정신을 차리고 진물이 나는 뾰루지 하나를 가만히 내버려두었습니다. 진물을 닦아내지 않으니 더 아프고 답답했는데도 일부러 닦지 않고 가만히 있었습니다. 얼마 후 뾰루지 위에 더껑이가 앉았습니다. 걸쭉한 액체 따위가 굳어지면서 그 위로 얇게 생긴 꺼풀을 '더껑이'라고 하는데요. 더껑이가 앉은 뒤에도 한참을 더 기다렸습니다. 그날 저녁 더껑이가 앉은 뾰루지 진물을 슥 닦아냈는데, 전혀 아프지 않게 뾰루지 하나가 사라졌습니다. 그 순간 머리를 스치는 생각이 바로 그것이었습니다. '그래! 이별의 눈물에도 더껑이가 앉는구나! 조금만 견디면 다 괜찮아질 거야.' 뾰루지가 됐건 이별이 됐건, 지금도 제게는 그 생각이 상처를 이겨내는 유일한 방법으로 남아 있답니다.

정희: 상처는 건들면 건들수록 더 덧나는가 봐.

선희: 호박죽이나 마저 드시지. 더껑이 앉기 전에.

🪄 그대의 말결

'더께'의 의미로 '더껑이'를 쓰는 경우가 있으나 '더께'만 표준어로 삼고, '더껑이'는 버린다. 다만 '더껑이'가 '걸쭉한 액체의 거죽에 엉겨 굳은 꺼풀'의 의미로 쓰일 때는 표준어이다. 〈관련조항: 표준어 규정 3장 4절 25항〉

첫날밤 대신 꽃잠, 어때?

꽃잠

: [명사, 우리말]

신랑 신부가 처음으로 함께 자는 잠.

'첫'은 명사의 앞에 붙어 '맨 처음'이라는 뜻을 더해주는 관형사입니다. 명사를 꾸며주는 형태의 관형사이기 때문에 다음에 오는 낱말과 반드시 떼어서 씁니다. '첫 출근, 첫 신호, 첫 만남' 등으로 쓸 수 있겠지요. 그런데 '첫'이라는 관형사와 명사가 만나 만들어진 말 가운데, 널리 쓰여서 하나의 단어가 된 예들이 있습니다. 바로 '첫사랑'이 가장 대표적인 예라고 할 수 있는데요. '첫사랑'과 마찬가지로 사람들 사이에 많이 쓰여서 하나의 단어가 된 또 하나의 예로 '첫날밤'이 있답니다. 첫사랑이 풋풋하고 아련한 이미지를 지니고 있다면, 첫날밤은 조금은 은밀하고 조숙한 이미지를 풍기곤 합니다. 어찌 보면 첫사랑만큼 설레고 기대되는 것이 또 첫날밤인데……. 그래서 첫날밤 대신 쓸 수 있는 단어로 '꽃잠'을 추천합니다! '꽃잠'은 신랑 신부가 처음으로 보내는 첫날밤의 잠을 가리키는 말입니다. 신혼의 첫 잠자리를 표현하는 말로 '첫날밤'보다 왠지 더 아름답고 뜻깊은 이미지를 자아내는 듯해 자꾸 쓰고 싶어집니다. 언젠가 친한 친구가 결혼식을 올리던 날, 저는 좀 더 의미 있

277

는 선물을 해주고 싶어서 와인 한 병을 준비했습니다. 이렇게 적은
카드를 함께 건넸지요. '잊지 못할 꽃잠을 위하여.'

큰딸: 엄마! 신혼 첫날밤을 '꽃잠'이라고 한대요. 엄마는 어땠어요?
금순 씨: 꽃잠? 말이 예쁘네. 그때 말이야. 피로연에서 아빠 고향
　　　친구들이 술을 엄청 먹여가지고... 꽃잠이고 뭐고 기억도
　　　안 나네...

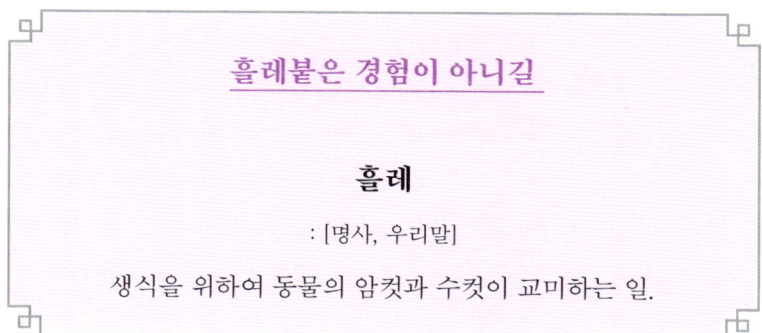

흘레붙은 경험이 아니길

흘레

: [명사, 우리말]

생식을 위하여 동물의 암컷과 수컷이 교미하는 일.

"적어도 자기 스스로에게는

'흘레붙었다'는 경험이 아니길 바라는 수밖에요."

● ● ● ● ● ● ● ● ●

언젠가 버스 터미널에서 차 시간을 기다리던 중, 국내 에이즈 (AIDS: 후천성 면역 결핍증) 환자가 꾸준히 증가하고 있다는 뉴스 기사를 접하게 되었습니다. 감염 경로에 대하여 수혈에 의한 전염 은 거의 사라지다시피 한데 반해, 성(性) 접촉에 의한 전염이 대부 분을 차지한다고 전했는데요. 전문가는 이러한 현상에 대한 원인 으로, 현대에 접어들면서 시작된 개방된 성문화를 지적했습니다. 그때 옆에 있던 어르신이 큰 소리로 외친 말씀에 깜짝 놀랐습니다. "무슨 짐승들도 아니고, 허구한 날 흘레붙고 사니 병이 안 생겨?" '흘레'는 동물들의 교미(交尾)를 일컫는 말로, 흔히 '흘레붙다'는 성 관계를 속되게 이를 때 쓰는 표현입니다. 어르신에게 한 말씀 드리 고 싶은 생각도 있었지만, 달리 생각해보면 어르신의 속내를 알 수 있을 것도 같았습니다. 어떻게 보면 성관계는 연인에게 가장 소중

하면서도 비밀스러운 대화인데, 서로 싸우고 상처를 내면서 그 대화가 더 이상 둘만의 일로 남지 않는 경우가 있기 때문입니다. 직접적이었든 간접적이었든 그런 일들을 지켜보며 어르신은 몹시 안타까운 심정이었던 게 아닐까요.

📔 책 속의 말 한 줄

눈 씻고 다시 보니 그 자리에 탯줄 칭칭 감고 웬 핏덩이 하나 있는데 눈도 못 뜬 게 뽈락뽈락 숨도 안 쉬는 게 글쎄 삐익삑 휘파람만 잘도 불더라는 것이여 어찌 되긴 뭘 어찌 되야 휘파람 소리 여름 땡볕 한줄금 소나기처럼이나 흠뻑 맞아버린 마을에선 난리 난리가 났지 늙은네들은 죄다 고샅으로 기어들 나와 시도 때도 밤도 낮도 없이 밥도 물도 없이 매가리 히마리도 없는 마른 삭끼리 얼크러설크러져서리 흘레만 붙고 붙고 붙었다누만 벼들은 죄 알맹일 떨어뜨리고 시커멓게 타버리고 마을의 어린애들은 씨도 마르고 밭도 말라 구실도 못하게 컸더라는 말이시 아 나야 모르지 그때도 그렝이가 울었는지 죽은 아기들 제 동무 찾아 미끄러지듯 또 산을 타내려 왔는지는

- 김근, 「드렝이 우는 저녁」, 『구름극장에서 만나요』, 창작과비평사, 2014.

드난살이보다 더 안 됐잖아

드난살이

: [명사, 우리말]

임시로 남의 집 일을 도우면서 그 집 행랑에서 붙어 지내는 생활.

친언니와 다름없을 만큼 가깝게 지내던 언니가 있었습니다. 일찍이 결혼을 해서 두 아이를 키우고 있는 엄마이기도 했지요. 하루는 언니가 잔뜩 화가 난 모습으로 찾아왔습니다. 씩씩거리며 다짜고짜 내뱉은 말. "나, 시어머니 생겼다." 먼저 들은 이야기에 의하면 언니에게는 시어머니가 없었습니다. 일찍이 홀로 된 시아버지 곁에 살면서 언니가 일명 두 집 살림을 했다는 정도만 알고 있었지요. 대체 어떻게 된 일이냐고 저 역시 다짜고짜 물었습니다. 이집 저집 돌아다니며 드난살이를 하던 아주머니가 있었는데, 바로 그 아주머니가 언니의 시어머니가 되었다는 것입니다. 뚜렷한 거처를 정해놓지 않고 이집 저집 돌아다니며 얹혀사는 일을 '드난살이'라고 하는데요. 언니는 생각지도 못했던 시어머니라는 존재에 대하여 어찌할 바를 모르고 있었습니다.

정희: 이제 언니도 고부갈등을 털어놓을 날이 얼마 남지 않았네?

언니: 말도 마. 드난살이 신세를 그렇게 기똥차게 면할 줄이야!

우리 시아버지 꼼쳐 놓은 돈이 얼마나 많은데!

정희: 꿍쳐 놓은 돈 전부 어디에 있는 줄은 알아? 그냥 축하해드려.

맨날 혼자 계시는 게 드난살이보다 더 안 됐잖아, 안 그래?

언니: 아휴, 너는 몰라. 지금 내가 나가야 할 판이다.

 책 속의 말 한 줄

네 시어머니는 진짜 멋쟁이야. 시내 중심가에서 귀금속가게를 운영한다니 능력 있겠다, 할 일 있겠다, 자식 앞에서 또 얼마나 떳떳하겠어? 얘. 생각해 봐. 같이 산다는 게 얼마나 구질구질한 일이 많은 줄 아니? 그래, 그건 네 시어머니가 잘 생각한 거라구. **드난살이**하는 것도 아니고. 야, 너는 좋겠다.

- 장정희, 「푸르른 기억 - 앵무새」, 『홈, 스위트 홈』,
휴먼앤북스, 2009, pp. 103~104.

너갱이가 빠질 만큼 짜치는 일

짜치다

: [동사, 경상도 방언]

'쪼들리다(어떤 일이나 사람에 시달리거나 부대끼어
괴롭게 지내다)'의 경상도 방언.

때로는 방언을 쓰는 것이 표준어를 사용할 때보다 단어의 뜻을 설명하기에 더 절묘한 순간이 있습니다. 전라도 지역에서 태어나 죽 자랐다는 한 선배가 있었습니다. 연인과의 이별로 힘들어하던 시기, 저를 달랜다면서 한 말이 잊히지 않는데요. "힘 좀 내. 너갱이 빠진 사람 같잖아!" '너갱이'가 '넋'을 뜻하는 전라도 방언이라는 사실은 이미 알고 있었습니다. 그 순간 '넋'이라는 표준어보다 '너갱이'라는 방언이 가슴에 깊이 박힐 줄은 몰랐던 것입니다. 그때 경상도 지역에서 태어나 죽 자랐다는 한 선배가 말을 보탰습니다. "그렇게 짜치고 있는 모습, 너답지 않아!" 너갱이는 알아듣겠는데 '짜치다'는 무슨 뜻일까요? 마음을 달래고 선배에게 단어의 뜻부터 물으니, '쪼들리다'는 뜻의 경상도 사투리라고 알려주었습니다. 선배들이 보기에 당시 저의 모습은, 너갱이가 빠질 정도로 짜치는 모습 그 자체였던 것입니다.

경상도 선배: 그렇게 울면서도 '짜치다'가 무슨 뜻인지 궁금해?

정희: '쪼들리다'라고 하면 되지, 왜 모르는 단어를 쓰고 그러세요!

경상도 선배: 쪼들려도 너무 쪼들려 보여서 그런다, 왜!

전라도 선배: 너갱이도 달아나고! 나가자, 피자 사줄게!

【결말 하나】

* 탁탁하다: [형용사, 우리말]

살림 따위가 넉넉하고 윤택하다.

* 푼푼하다: [형용사, 우리말]

모자람이 없이 넉넉하다.

둘만의 카타콤이 있다면

카타콤(catacomb)

: [명사, 외래어]

초기 기독교 시대의 비밀 지하 묘지.

초기 기독교 사회에서는 죽은 사람을 땅속 깊은 곳에 비밀스럽게 매장(埋葬)하는 일이 있었습니다. 많게는 수십 개의 굴방으로 이루어진 매장 공간을 바로 '카타콤(catacomb)'이라고 하는데요. 보통 황제의 박해를 받고 죽은 성인(聖人)들을 묻고 그들을 기리는 미사를 보았던 것으로 알려져 있습니다. 카타콤은 점점 지하에 있는 묘지들을 지칭하는 말로 의미가 확대되어 갔고, 나중에는 매장과 상관없이 지하에 있는 모든 공간들을 비유하는 말로도 쓰이게 되었습니다. '비밀스러운 공간'은 어느 누구에게나 상상력을 부여하고 소유욕을 불러일으키지요. 어린 시절 외계 생명체들의 공격으로부터 지구를 지켜내는 영화 속의 특공대는 모든 어린이들에게 우상이나 다름없었습니다. 다섯 명의 대원이 나오는 장면을 집중해서 보고 나면, 우리에게도 우리의 전의를 불태울 만한 카타콤 같은 공간이 있었으면 좋겠다고 염원하곤 했지요. 저는 일명 '아몬드 특공대'의 '핑크 대원'이 될 수 있었습니다. 당시 '블루 대원'이었던 저의 첫사랑은 잘 지내고 있을까요? 정말이지 그 아이와 함께

라면 카타콤에 갇혀도 좋겠다고 생각했었는데…….

블루 대원: 저 멀리 외계 행성에서 정체를 알 수 없는 적들이 몰려

오고 있다. 지금 즉시 카타콤으로 이동하도록!

핑크 대원: 네, 블루! 블루와 핑크, 단 둘만 가는 거지요?

블루 대원: 핑크, 지금 무슨 소리를 하는 건가?

 책 속의 말 한 줄

왜 이리도 발걸음은 더디고

등에는 식은땀이 흐르는지요

점점 작아지는 내 그림자

번뜩이는 달빛

야근을 마치고 종점 고물상

그 거대한 **카타콤**에서

모든 길을 꾸역꾸역 삼키고 있었는데요

온몸에 바람을 맞으며 나는

털 많은 붉은 종족처럼 구르고 있었는데요

- 이영주, 「집으로 가는 길」, 『108번째 사내』, 문학동네, 2005, p.68.

오터런이라도 먹어 봤대?

오터런(Ortolan)

: [명사, 외래어]

미식가들 사이 알려져 있는 유명한 멧새 요리이자 금단의 음식.

"엄청난 미식가라고? 오터런이라도 먹어 봤대?"

• • • • • • • • •

프랑스의 멸종위기 새 중 하나인 오터런(Ortolan). 사냥하는 것만으로도 어마어마한 벌금을 내야 하는 새이지만, 미식가들에게는 그 벌금을 감수하고라도 먹고 싶은 최고의 음식으로 알려져 있지요. 사람 발가락 크기 정도밖에 되지 않는 그 작은 새를 먹기 위해서는 끔찍한 단계를 거쳐야 했습니다. 먼저 세간의 감시를 피해 그 새를 잡아야 하고, 그런 다음 본래 몸의 네 배 정도의 크기가 되도록 살을 찌워야 합니다. 적정 크기가 되면 먼저 아르마냑이라는 독한 술에 산 채로 담가 익사시킨 뒤, 통째로 불에 구워 먹는 것입니다. 신이 허락하지 않은 음식을 먹는다는 상징적인 의미 때문에, 먹을 때는 반드시 흰 천을 머리에 뒤집어쓰고 먹는다고 합니다.

1995년 12월 31일, 말기 암으로 죽음을 앞둔 프랑스의 미테랑 대통령은 저녁 만찬에서 오터런을 자그마치 두 마리나 먹고 말았습니다. 원래 한 사람이 한 마리만 먹어야 한다고 알려져 있는데,

그 전통을 어긴 셈이었지요. 이튿날부터 미테랑 대통령은 음식을 잘 넘기지 못하고 투병하다가 일주일 만에 세상을 떠났다고 합니다. 이로써 오터런은 미테랑 대통령의 마지막 만찬이자, 인간이 맛볼 수 있는 최고의 요리로 그 명성을 분명히 하게 되었지요. 곧 죽음을 불사할 정도로 맛보고 싶은 최고의 요리를 상징적으로 표현할 때, 이 '오터런'이라는 새의 이름을 떠올릴 수 있는 것입니다.

 책 속의 말 한 줄

암으로 죽을 날이 얼마 남지 않았다는 것을 안 미테랑 대통령은 1995년 12월 31일 새해 전야 만찬을 위해 친구들을 초대했다. 이날 메인요리는 명금(鳴禽)으로 멸종 위기에 처해 식용으로 금지된 '오터런'요리였다. 순결과 예수의 사랑을 상징하는 이 새요리는 미식가들이 손꼽는 세계 최고의 요리로, 오븐에 구워 통째로 입속에 집어넣고 먹는다.

- 조경란, 『혀』, 문학동네, 2007, p. 239.

사랑해요, 모스 솔라!

모스 솔라(Mors sola)

: [관용구, 외래어]

죽음이 우리를 갈라놓을 때까지.

> "만나는 사람마다 '모스 솔라'를 외쳐댔는데,
>
> 결국 하나도 남아 있질 않구나!"

• • • • • • • • • •

폴란드의 귀족, 바사 공작은 카타리나 자겔로라는 여인을 몹시 사랑했습니다. 운명의 소용돌이 속에서 어렵게 사랑을 일궈낸 두 사람은 결혼식 날 서로에게 영원한 사랑을 약속하였습니다. 바사 공작이 카타리나의 손에 끼워 준 반지에는 '모스 솔라(Mors sola)'라는 글귀가 새겨져 있었습니다. 바로 '죽음이 우리를 갈라놓을 때까지'라는 뜻을 가진 말이었지요. 이후 두 사람의 사랑은 더욱 더 깊고 아름답게 자리잡아갔습니다. 그러나 정말 죽음과도 같은 운명이 두 사람을 갈라놓을 줄이야! 당시 폴란드의 왕이었던 에릭은 반역죄를 저지른 바사 공작에게 종신형을 선고했습니다. 어찌해볼 도리도 없이 감옥에 갇힌 남편 생각에 매일같이 눈물만 흘리던 카타리나는 용기를 내 에릭 왕을 찾아갔습니다. "저도 그와 함께 있게 해주십시오. 그곳이 비록 감옥일지라도!" 카타리나의 말에 에릭 왕은 놀랐습니다. 감옥이 얼마나 무서운 곳인지, 종신형이 얼마나 고된 것인지 설명해주었지요. 그때 카타리나는 왕 앞에 남편으로부터 받았던 반지를 꺼내놓았습니다. '모스 솔라!' 왕은 카타리나의 뜻에 동의했고, 이후 바사와 카타리나는 왕이 죽을 때까지 17년 동안 함께 감옥에 있었습니다. 카타리나는 짙은 어둠과 긴 외로움을, 차마 남편 혼자 견디게 할 수가 없었던 것입니다. 두 사람의 맹세와도 같았던 이 말은 영원한 사랑을 약속한 세상의 모든 연인들에게도 유효한 말이 아닐까 싶습니다. 우리의 '검은 머리 파뿌리 될 때까지'라는 표현 대신 살려 써보면 어떨까요?

 책 속의 말 한 줄

'비오는 날 기분이 어떠냐'는 남편으로부터의 문자 메시지가 들어왔다. 사랑 받는 기쁨도 잊은 채 환절기의 감기처럼 앓던 외로움이 얼마나 큰 사치인가. 남편이 보내준 항생제로 나는 시작도 못한 또 다른 사랑을 끝낸다.

남편에게 **모스 솔라Mors sola**라고 문자 메시지를 보내며 이미 식어버린 한 잔의 커피를 마신다.

- 신인숙, 「모스솔라」, 현대수필문인회, 『구름카페에서 수필읽기』,
문학관, 2007, p.171.

쓰려면 제대로,
외래어의 바른 한글 표기

가디건 / 카디건(○) cardigan

가스렌지 / 가스레인지(○) gasrange

가톨릭(○) / 카톨릭(○) Catholic

(카톨릭이 맞으나 사회적 분위기를 고려하여 두 가지 다 허용.)

까페 / 카페(○) café

꼬냑(○) / 코냑(○) cognac

꽁트 / 콩트(○) conte

나레이션 / 내레이션(○) narration

네비게이션 / 내비게이션(○) navigation

넌센스 / 난센스(○) nonsense

다이나믹 / 다이내믹(○) dynamic

덤블링 / 텀블링(○) tumbling

뎃생 / 데생(○) dessin

도너츠 / 도넛(○) doughnut

랍스터 / 로브스터(○) lobster

러쉬아워 / 러시아워(○) rush hour

런닝셔츠 / 러닝셔츠(○) running shirts

레크레이션 / 레크리에이션(○)recreation

렌트카 / 렌터카(○) rent a car

리더쉽 / 리더십(○) leadership

마네킨 /마네킹(○) mannequin

말레이지아 / 말레이시아(○) Malaysia

메세지 / 메시지(○) message

멤버쉽 / 멤버십(○) membership

모짜르트 / 모차르트(○) Mozart

미스테리 / 미스터리(○) mystery

바베큐 / 바비큐(○) barbecue

바세린 / 바셀린(○) vaseline

발란스 / 밸런스(○) balance

뱃지 / 배지(○) badge

베네주엘라 / 베네수엘라(○) Venezuela

본네트 / 보닛(○) bonnet

불독 / 불도그(○) bulldog

브릿지 / 브리지(○) bridge

비스켓 / 비스킷(○) biscuit

색스폰 / 색소폰(○) saxophone

샤베트 / 샤벳 / 셔벗(○) sherbet

소세지 / 소시지(○) sausage

쇼맨쉽 / 쇼맨십(○) showmanship

수퍼 / 슈퍼(○) supermarket

스탠다드 / 스탠더드(○) standard

스노우 / 스노(○) snow

심포지움/심포지엄(○) symposium

싱가포르(○) / 싱가폴 Singapore

씽크대 / 싱크대(○) sink

알콜 / 알코올(○) alcohol

앙케이트 /앙케트(○) enquête

애드립 / 애드리브(○) ad lib

악세서리 / 악세사리 / 액세서리(○) accessory

엔돌핀 /엔도르핀(○) endorphin

야쿠르트 / 요구르트(○) yogurt

옐로우 / 옐로(○) yellow

와이셔츠(○) / 와이샤쓰(○) Y-shirts

윈도우 / 윈도(○) window

이디오피아 / 에티오피아(○) Ethiopia

잉글리쉬 / 잉글리시(○) English

쟝르 / 장르(○) genre

쥬스 / 주스 (○) juice

초콜렛 / 초콜릿 (○) chocolate

커틀렛 / 커틀릿(○) cutlet

커피숍 / 커피숍(○) coffee shop

컨닝 / 커닝(○) cunning

케익 / 케이크(○) cake

크리스챤 / 크리스천(○) Christian

텔레비젼 / 텔레비전(○) television

화일 / 파일(○) file

화이팅 / 파이팅(○) fighting

포르투칼 / 포르투갈(○) Portugal

포스트 / 포스트잇(○) post it

플래쉬 / 플래시(○) flash

플랜카드 / 플랭카드 / 플래카드(○) placard

플롯 / 플루트(○) flute

피쉬 / 피시(○) fish

환타지 소설 / 판타지 소설(○) fantasy

후라이드치킨 / 프라이드치킨(○) fried chicken

* 빵(포르투칼어 pão), 껌(영어 gum), 삐라(영어 a bill), 빨치산(러시아어 partizan), 샤쓰(영어 shirts), 짬뽕(일본어 champon), 히로뽕(영어 Philopon) 등은 굳어진 관용 표기를 인정한다.

애오라지 한 사람만

애오라지

: [부사, 우리말]

'겨우', '오로지'를 강조하여 이르는 말.

아주 오랜 기간 동안 연애를 했다는 연인들을 보면 참 부럽다가도 희한하다는 생각이 들곤 합니다. 아니 어떻게 한 사람과 10년 동안 사랑할 수 있지? 아마도 그런 사랑을 못해본 자신에 대한 한탄일 수도 있을 것입니다. 악의를 가진 뜻이 아니어도 꼭 묻습니다. 한 번도 헤어져본 적이 없었나, 질린다는 느낌이 있지는 않았나, 정말 오직 그 사람만 바라보았나……. 몇몇 연인에게서 들은 대답을 종합해보면, 결코 '한 번'과 '오직'은 없다는 사실. '한 번'이 아닌 '여러 번' 헤어져보기도 하고, '오직' 그리고 '어쩔 수 없이' 그 사람을 만나기도 했다는 것이지요. 문득 '애오라지'라는 단어가 생각났습니다. '애오라지'는 '오로지'라는 뜻으로 많이 쓰이는 단어인데요. 그것보다는 '마음에 쏙 들도록 완전한 대상은 아니지만 그래도 그것이 최선일 때'에도 쓸 수 있습니다. 즉 애오라지 한 사람만 만났다고 표현하면 되겠지요. 만나다 보면 알게 된다고 합니다. 완전한 사랑이란 사랑하는 사람을 대하는 자신의 마음가짐에 달렸다는 것을 말입니다.

큰딸: 엄마. 결혼이라는 것 말이에요. 조금 불합리하다고 생각 안
 해요? 어떻게 애오라지 한 사람만 바라보고 살 수 있어요?
금순 씨: 이 사람 저 사람 다 만나 봐라. 월급봉투를 속이고 집안일
 하나 안 도와주고 살아도, 애오라지 내 옆에만 붙어 있는 게
 얼마나 예쁜지 모른다.
큰딸: 누가요? 아빠?
금순 씨: 얼른 들어가서 자.

책 속의 말 한 줄

달리 아무것도 없었다. 아이도 없었다. 누구누구의 딸로 기억될
리도 없었다. **애오라지** 아내라는 이름만이 남았을 뿐이다. 세상과
연결된 마지막 끈, 그마저 놓으라는 건 너무나 가혹했다.

- 조창인, 「상처」, 『아내』, 밝은세상, 2007, p.153.

음전한 태도로 곱고 우아하게

음전하다

: [형용사, 우리말]

말이나 행동이 어딘가 곱고 우아하다. 또는 얌전하고 점잖다.

대학 시절 유난히 마음에 들지 않는 여자 선배가 있었습니다. 왜 그런 선배 있지 않습니까? 학교 행사나 과내 궂은일은 하나도 하지 않으려고 하면서 깍듯한 선배 대우를 받고 싶어 하는! 뭐 어린 나이니 제 눈에 유독 그렇게 보였는지도 모르겠습니다. 게다가 저는 선배의 음전한 태도가 더욱더 얄밉게 여겨졌던 것 같습니다. '음전하다'는 것은 말이나 행동이 어딘가 모르게 곱고 우아하며 점잖을 때 쓸 수 있는 단어인데요. 선배의 태도가 딱 그러했던 것입니다. "선배님! 이번 엠티 때 사회자를 선배님께서 맡아주셨으면 해서요." 용기 내서 말을 하면 선배는 늘 같은 대답을 했지요. "저는 괜찮습니다. 그럼 이만." 고개를 살짝 숙이며, 얼굴 옆의 머리카락을 귀 뒤로 넘기며! 복장이 터질 듯했지만 참 희한한 점도 있었습니다. 정말 얄미워 죽겠다고 생각하는데도, 선배의 태도가 몹시 곱고 우아해 보였던 것입니다. 생각해보니 선배는 강의 시간에도 그렇게 음전했던 것 같습니다. 발표를 할 때도 선배는 "저기, 제 생각을 말씀 드릴게요."라며 운을 띄웠습니다. 세월이 지나 가끔

씩 선배 생각이 날 때가 있습니다. 왈가닥 말괄량이였던 저로서는
도저히 갖지 못한 모습이었기에, 괜스레 탐이 나고 얄미웠던 게 아
닐까 하면서 말이지요.

금순 씨: *미역국 식으니까 빨리 나와서 먹어라!*
큰딸: *(음전한 태도로) 어머니. 저는 앞으로 나트륨의 온상이라는*
     국물 요리는 사양하도록 하겠어요. 그럼 저는 이만. (머리를
     귀 뒤로 넘긴다.)
금순 씨: *쟤가 아침부터 왜 저래? 오늘 내 생일이야, 이것아!*

 책 속의 말 한 줄

오래된 장롱은 수십 년 전 혼수품으로 가져온 것일지도 몰랐다.
그럼에도 시골 음식점치고는 깔끔했고 막국수를 내오는 여성의
음전함도 좋았다. 그리고 그 막국수, 거기엔 개성이 있었다.

- 성석제, 「개성을 먹는다 - 막국수」, 『농담하는 카메라』, 문학동네, 2008, p. 24.

해조음이 머물던 여행

해조음(海潮音)

: [명사, 한자어]

바다에서 밀물이나 썰물이 흐르는 소리. 또는 파도 소리.

불교에서 불경 소리를 비유하여 이르는 말.

"여러분! 제가 작품 읽을 때

왠지 해조음이 들리는 것 같지 않은가요?"

● ● ● ● ● ● ● ● ●

어느 여름 더위가 한창 기승을 부릴 무렵, 부모님과 함께 충청
남도에 있는 한 산사를 찾았습니다. 아담한 절 하나가 산 속에 푹
파묻힌 모습이 마치 한 폭의 수채화를 보는 듯했습니다. 스님들은
먼 길 오신 듯하다며 먼저 인사를 건네 왔습니다. 스님들을 따라
법전 안으로 들어가 자리를 틀고 앉았습니다. 곧 스님의 불경 외
는 소리가 울려 퍼졌습니다. 아무 생각 없이 머리를 비우고 그 소
리를 듣고 있는데, 문득 귀를 의심하는 일이 벌어졌습니다. 분명히
바다로부터 한참 떨어져 있는 절이고, 게다가 산 속에 파묻혀 있다
시피 한 절인데 어떻게 해조음 소리가 나지? '해조음(海潮音)'이란
바다의 밀물이나 썰물이 나가고 들어올 때 나는 파도 소리를 일컫
는 말입니다. 스님의 불경 소리가 마치 잔잔한 해조음같이 들렸던

것입니다. 절에서 나와 아버지에게 물으니, 원래 스님들이 중생을 위해 한결같이 외는 불경 소리를 해조음에 비유한다고 알려주었습니다. 왠지 기분이 상쾌하고 마음도 평온해진 기분이었습니다. '산사에 가서야 비로소 바다의 소리를 들었구나!' 해조음의 감동이 오랫동안 가슴속에 머물렀던 여행길이었습니다.

책 속의 말 한 줄

일찍이 어머니가 나를 바다에 데려간 것은

저 무위(無爲)한 **해조음**을 들려주기 위해서가 아니었다

물 위에 집을 짓는 새들과

각혈하듯 노을을 내뿜는 포구를 배경으로

성자처럼 뻘밭에 고개를 숙이고

먹이를 건지는

슬프고 경건한 손을 보여주기 위해서였다

- 문정희, 「율포의 기억」, 『양귀비꽃 머리에 꽂고』, 민음사, 2004.

트레바리를 놓은 이가 나일 수도

트레바리

: [명사, 우리말]

이유 없이 남의 말에 반대하기를 좋아함.

또는 그런 성격을 지닌 사람.

대학원에 진학하면서부터는 마음이 맞는 사람들끼리 만나 모임이나 학회를 만드는 일이 매우 당연하게 여겨졌습니다. 인생의 고민을 함께 나누는 사람들, 혼자서 감당하지 못한 연구 주제를 함께 해결해나가는 사람들은 살면서 큰 힘이 되어주곤 했습니다. 기존에 익히 알고 지냈던 사람이나, 모임을 통해 새롭게 만나게 된 사람이나 다들 하나같이 잘 지낼 수 있다면 정말 좋겠지요. 하지만 이상하게도 그런 모임에는 트레바리가 하나씩 있기 마련인가 봅니다. '트레바리'는 아무 쓸데없이 남의 일이나 말에 참견하고 반대하는 일, 또는 그러한 일을 좋아하는 사람을 낮잡아 가리키는 말입니다. "난 싫어." "그건 아닌 것 같아." "네가 틀렸어." "왜? 어째서 그렇게 되는데?" 이렇게 말하는 트레바리가 하나라도 속해 있는 모임은 온전히 즐거울 수 없는 게 사실입니다. 즐거운 분위기가 무르익었을 때는 한 번쯤 그 분위기에 따라주면 고마울 텐데, 그런 데서조차 트레바리를 놓는다면 어떨까요? 오죽하면 혼사(婚

301

事)를 치르는 잔칫날에 와서까지 트레바리를 놓는 사람들을 두고 '혼인에 트레바리'라는 속담이 생겨났지요.

그런데 시간이 지난 요즘에는 한때 석사 과정, 박사 과정을 마치는 동안 들어 간 모임이나 학회에서 과연 내 자신이 트레바리였던 적은 없었는지 되짚어보는 중입니다. 어린 치기에서 나온 트레바리로 분위기를 망친 장본인이 나 자신이었던 적도 있겠구나 하는 반성을 하게 된 것입니다.

> 정희: 그래도 그렇지, 우리 만난 지 100일 되는 날인데 영화가 이게 뭐냐? 밥은 또 이게 뭐고? 난 다 싫어. 영화도 맘에 안 들고 밥도 맛없을 것 같아.
>
> 남자 친구: 네가 이 영화 보고 싶다며. 그리고 이 음식점도 가보자고 했잖아.
>
> 정희: 아니야, 싫어. 지금은 마음이 바뀌었어.
>
> 남자 친구: 그럼 파스타 먹으러 갈래? 너 파스타 좋아하잖아.
>
> 정희: 그것도 싫어. 별로 안 먹고 싶어.
>
> 남자 친구: 대체 왜! 우리 만난 지 100일이 됐다는 날에도 트레바리니!

에멜무지로 고백해서는 안 돼

에멜무지로

: [부사, 우리말]

단단하게 묶지 않고 대충 살살 매놓은 모양.

결과를 바라지 않고, 시험 삼아 그냥 해보는 것.

"머리를 세게 묶지 않고 막 자고 일어난 듯이

살살 묶어놓은 모양 있잖아요.

그 모양도 '에멜무지로' 묶어놓았다고 해요."

● ● ● ● ● ● ● ● ●

언젠가 강의실에서 혼자 앉아 히죽히죽 웃고 있는 남학생을 보았습니다. 아직 학생들이 채 오지 않은 이른 시간이었는데, 혼자서 뭐가 그리 신이 났는지 연신 웃어댔습니다. "그대, 무슨 좋은 일이라도 있는가 봐요." 인사치레로 한 마디를 건네자 그대는 다시 그 히죽하고 웃는 얼굴을 해보였습니다. "네, 교수님. 이번 주말에 엠티(모꼬지) 가거든요." 아니, 한두 번 가는 엠티도 아닐 텐데 왜 저렇게 신이 났지? 어느새 그대가 웃고 있는 이유를 알아내는 데 집착하는 꼴이 되어버렸습니다. "여자 친구 만들려고요. 밤에 캠프파이어(장작불) 할 때!" 그대는 당장 여자 친구가 생기기라도 한 듯이 좋아했습니다. 좋아하는 사람이 있기는 한 거냐는 저의 질문에 그대는 이렇게 대답했습니다. "아니요. 아무한테나 대시(고백) 해보려고요. 그때는 다 되거든요." 순간 푹 하고 웃음이 나왔습니다. 혀를 끌끌 차다가도 어쩌면 저 모습도 지극히 순수하기 때문일 수도 있겠구나 하는 생각이 들었습니다. "그대, 고백의 순간만큼은 절대 에멜무지로 하지 않았으면 좋겠습니다." 어깨를 지그시 눌러주며 인사를 하고 나오는데, '에멜무지로'가 무엇이냐고 묻는 그대의 목소리가 귓가에 퍼졌습니다. '에멜무지로'는 잘 될 것 같은 결과를 바라지 않고 그냥 시험 삼아 일을 한다는 뜻의 부사어지요. 그대가 에멜무지로 고백했다가 쓰린 아픔을 맛보기라도 할까봐 문득 조바심이 생겼나 봅니다.

 책 속의 말 한 줄

딸의 굳은 심지를 내리꿰고 있으면서도 박씨는 안타까움에 **에멜무지**로 억지를 부려 보았다. 하지만 단번에 박씨의 말뜻을 알아챈 논개의 낯빛이 비구름이 드리운 듯 어두워졌다. 서로의 불운함과 고단함을 손금 들여다보듯 하는 모녀 사이에 한동안 슬픈 정적이 흘렀다.

- 김별아, 「사실과 진실」, 『논개1』, 문이당, 2007, p.248.

언젠가는 바슬거리게 될 일

바슬거리다

: [동사, 북한어]

덩이진 가루 따위가 물기가 말라 자꾸 쉽게 바스러지다.

"모래가 바슬대니까 네 얼굴이 꼭 낙타같이 됐어!"

· · · · · · · · ·

초등학교 시절 같은 학교에 다니던 동네 아이와 심하게 다툰 적이 있었습니다. 같이 그네도 타고 모래놀이도 하며 사이좋게 지내는 남자아이였는데, 그날은 아주 심하게 싸우고 말았지요. 수업 시간에 제가 교탁 앞으로 나가 발표를 하고 들어오는데, 그 아이가 배배 꼬면서 발표하는 제 모습이 꼭 오징어 같더라며 큰 소리로 웃고 놀렸던 것이었습니다. 졸지에 주변에 있던 아이들도 전부 웃었고, 제 얼굴은 마침 창가에 피어 있던 맨드라미처럼 빨갛게 물들고 말았습니다. 저는 집으로 오자마자 책가방을 던져놓고 동네 놀이터로 나갔습니다. 그 아이가 오면 붙들고 한바탕 싸워보려는 생각이었겠지요. 놀이터 의자에 앉아 한참을 씩씩거리고 있었습니다. 그런데 이상한 일이었습니다. 한참이 지나도 그 아이가 나타나지 않는 것이었습니다. 혼자서 그네도 타고, 모래놀이도 했습니다. 일부러 놀려주고 싶은 마음에 젖은 모래를 가지고 그 아이 얼굴을 못생기게 만들어 놓았습니다. 다시 한참이 지나도 그 아이는 오지 않았습니다. 모래를 가지고 만들어놓은 그 아이의 얼굴은 어느새 바슬거리기 시작했습니다. 물기를 머금은 가루는 덩어리로 뭉쳐지지요? 하지만 시간이 지나며 물기가 마르면 조금씩 가루가 바스러지고 떨어져 나가버립니다. 바로 그 모습을 '바슬거리다'라고 합니다. 그때 갑자기 웃음이 쏟아졌습니다. 안 그래도 못생기게 만들어놓은 모래 얼굴이 바슬거리기까지 하니까 더욱더 못생겨 보였던 것입니다. 마침 그 아이가 나타났는데 화를 내기는커녕 바스러진 모래 얼굴과 닮은 듯해 그냥 웃어버리고 말았습니다.

쏟아지는 찜부럭에도 한결같은

찜부럭

: [명사, 우리말]

몸이나 마음이 괴로울 때 걸핏하면 짜증을 내는 짓.

　참, 속은 뒤집어지는데 말은 할 수 없고 그런 답답한 상황 있지요? 대학 시절 사귀었던 남자 친구와 어찌어찌하여 이별을 맞게 된 적이 있었답니다. 부모님께는 연애 사실을 알리지 않았던 터라, 이별 사실을 알리는 것도 마땅치 않은 상황이었지요. 방에 콕 들어앉아서 먹지도 나가지도 않고 있으려니까 어머니가 대체 무슨 일이냐고 자꾸 참견하고 들었습니다. 이별의 탓이 어머니에게 있는 것도 아니건만, 그 나이 먹고서도 "엄마는 몰라도 돼!"라고 소리를 질러버렸습니다. 아무 말 않던 어머니는 저녁 무렵 제가 그토록 좋아하는 잔치국수를 끓여주었습니다. 저는 거기에 대고도 "누가 이런 거 해달래?" 하며 짜증을 냈습니다. 그때 어머니가 말했습니다. "그렇게 찜부럭만 내지 말고, 대체 무슨 일이 있었는지 얘기 좀 해봐라." 평상시 워낙 잘못 사용하는 단어가 많아서 어머니를 타박한 적이 많았습니다. 그때도 그 '찜부럭'이라는 단어를 대충 흘려듣고 말았는데……. 나중에 우연치 않게 그 단어의 정확한 뜻을 알게 된 기회가 있었습니다. '찜부럭', '찜부리기'라고도 하는 그 단어는 속상하거나 마음에 차지 않는 일이 있을 때 상대방에게 툭하면 짜증을 내는 일을 가리키는 말이었습니다. 한창때는 연애를 한두 번 했던 것도 아니었을 텐데, 헤어짐이 있을 때마다 쏟아지는 나의 찜부럭에 어머니가 얼마나 힘들었을지 지금에서야 미안한 마음이 듭니다. 정작 어머니야말로 속이 뒤집어지고 말도 제대로 할 수 없는 답답한 심정이 아니었을까요.

큰딸: 엄마. 아까 괜히 찜부럭만 내서 미안해요.

금순 씨: 아니야. 네가 속이 속이 아닌가 보지. 무슨 일인지는 모르겠지만, 다음에는 다 엄마한테 허락 받고 일을 벌여 봐. 훨씬 나을 거야.

큰딸: 아! 제가 왜 그 방법을 몰랐을까요!

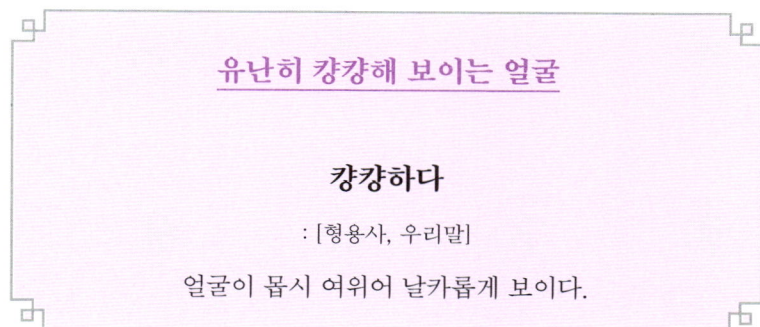

유난히 컁컁해 보이는 얼굴

컁컁하다

: [형용사, 우리말]

얼굴이 몹시 여위어 날카롭게 보이다.

"너 얼굴이 왜 그렇게 컁컁하냐? 또 헤어졌어?"

• • • • • • • • •

힘든 일을 겪은 사람들은 얼굴에도 그 흔적을 남기는가 봅니다. 제대로 먹지 못한 티를 내듯이 얼굴 살이 쪽 빠져 있는 것이지요. 다소 날카로워 보일 정도로 얼굴 살이 부쩍 빠진 사람더러 '컁컁하다'라는 표현을 쓸 수 있는데요. 여름 방학이 지나고 시작된 가을 학기 첫날에는 이상하게도 컁컁한 얼굴을 한 학생들이 많았습니다. 방학 동안 진이 빠지게 놀아서 그런 거냐며 우스갯소리를 건네면, 학생들은 울부짖는 목소리로 이유를 털어놓곤 합니다. 물론 '컁컁하다'에는 여우나 늑대 같은 짐승이 날카로운 소리로 운다는 뜻도 있습니다. 어쨌든 학생들의 얼굴이 컁컁해진 이유는 여러 가지였습니다. 방학 동안 책 한 권 읽지 못했다, 이제 이번 학기를 보내면 4학년이다, 친구한테 돈을 빌렸는데 갚을 길이 없다, 연인과 이별을 했다……. 그 중에서도 유난히 더 얼굴이 컁컁해 보이는 학생에게 이목이 집중되는 것은 물론입니다. 그대에게 무슨 일이 있었느냐고 묻자, 그대는 컁컁한 소리를 거두며 입을 열었습니다.

"여자 친구와 맛있는 거 먹고 놀러 다니느라 책 한 권 읽지 못하고 살은 살대로 쪘어요. 게다가 친구들한테 돈까지 잔뜩 빌렸는데, 여자 친구가 저를 차버렸어요. 이제 내년이면 4학년인데, 저는 어떻게 살아야 하죠?"

여기저기서 수많은 그대들의 탄식이 쏟아져 나왔습니다.

"어머나, 세상에! 말도 안 돼!"

【곁말 하나】

* **들피지다: [동사, 우리말]**
굶주려서 몸이 야위고 쇠약해지다.

* **비영비영하다: [동사, 형용사, 우리말]**
병으로 몸이 야위어 제대로 가누지 못하다. 병으로 몸이 야위어 기운이 없다.

저토록 고운 자색

자색(姿色)

: [명사, 한자어]

여자의 고운 얼굴이나 모습.

생김새가 곱상하고 행동도 조신한 여자에게 '자색이 빼어나다'는 칭찬을 하곤 합니다. 여기에서 '자색'은 '맵시 자(姿)' 자와 '빛 색(色)' 자로 이루어진 한자어입니다. 보통 여자의 곱고 아름다운 얼굴과 태도를 칭찬할 때 쓰는 단어지요. 몇 년 전 동생은 늦은 나이라는 집안 어르신들의 염려를 뒤로 하고 결혼식을 올렸습니다. 집안의 행사이기에 가족 모두 식사를 챙길 겨를도 없이 바빴습니다. 예식이 끝날 때까지 그렇게 정신없이 다니다가 폐백실에서나마 숨을 돌리려고 했는데, 서둘러 올라간 폐백실에는 이미 사람들로 꽉 차 있었습니다. 다들 신부의 얼굴을 조금이라도 가까이에서 보려는 마음이었겠지요. 한복을 곱게 차려 입고 연지곤지를 찍은 동생의 모습을 보며 여기저기서 찬탄(贊嘆: 칭찬하고 감탄하다)이 쏟아졌습니다. "신부 자색 좀 봐. 참 곱다!" 아, 자색이라는 말이 나오게 될 줄이야. 결혼식 전날 밤까지도 가족들과 우스갯소리를 하고 장난을 치던 동생 모습이 아른거렸습니다. '동생이 그렇게 고왔나?' 괜히 뒤통수만 긁적이며 폐백실을 나왔습니다.

이모: 정희야, 우리 선희 좀 봐라. 저리 자색이 빼어난 신부는
　　　처음 본다, 처음 봐!

금순 씨: 아이고, 언니. 우리 정희 들으면 자존심 상하게!

정희: 흥! 엄마가 더 나빠요. 저 가서 밥 먹을래요.

 책 속의 말 한 줄

　기다리던 여성과 이야기를 시작한 지 오 분이 못 가서 싫증이 나
는 수가 많다. 아름다운 여성과의 대화에 있어서도 그런 일이 많
다. **자색**과 애교가 이야기에 어느 정도의 흥미를 보충하는 수도 있
다. 그러나 편지에 있어서는 이런 도움이 불가능하다. 그러므로 매
력 있는 표정을 하는 여성의 편지도 기쁨을 주기 어려운 것이다.

- 피천득, 「여성의 편지」, 『수필』, 범우사, 2013, p.158.

오랜 시간 끌탕했을 너에게

끌탕

: [명사, 우리말]

속을 태우는 걱정.

대학교 4학년하고도 2학기, 한창 대학원 입학시험을 치르던 시기였습니다. 저는 남자 친구에게 면접시험에 함께 가줄 것을 부탁했습니다. 시험 시간은 10시, 집에서 시험 장소까지는 한 시간이 족히 걸리는 거리. 우리는 적어도 8시 50분에는 만나야 했습니다. 그런데 9시가 다 되어가도록 남자 친구가 나타나지 않았습니다. 화가 날 대로 난 저는 불합격의 탓을 반드시 그에게 돌리고 말겠다는 각오로 택시에 올라탔습니다. 전화기도 꺼져 있었습니다. 저는 남자 친구의 집으로 전화를 걸었습니다. 마침 어머니가 전화를 받았는데 전화기 너머에서 들려오는 어머니의 이야기에 저는 할 말을 잃고 말았습니다. "응, 정희구나. 얘가 오늘 회사 면접이 있거든. 정희보다 한 시간 먼저 본다고, 보고 나서 바로 간다고 했는데……." '남자 친구가 면접 이야기를 했었던가?' 까맣게 잊고 있던 탓에 어떤 대답도 하지 못했는데, 어머니가 애가 타는 목소리로 말을 덧붙였습니다. "일주일 내내 끌탕했어. 정희 면접 시간보다 늦으면 큰일이라면서……." 무슨 말을 더 해야 할지 몰라, 그저 죄송하다는 말만 하고 끊었습니다. '끌탕'은 '끓을탕'이라는 표현의 줄임말로, 속이 부글부글 끓을 정도로 애를 태우며 걱정하는 모습을 일컫는 말이지요. 남자 친구는 10시가 훌쩍 넘은 뒤 숨을 헐떡이며 시험장에 나타났습니다.

> 남자 친구: 미안해! 배터리가 다 된 거 있지. 내가 얼마나 끌탕을 했는지 몰라! 면접은 잘 보고 나왔어?
>
> 정희: 이 바보! 나 합격했어! 너는 어디 갔었어? 이 바보!

🪄 그대의 말결

준말인 '끌탕'이 본말인 '끓을탕'보다 더 널리 쓰이므로 '끌탕'만 표준어로 삼는다. 〈관련조항: 표준어 규정 2장 3절 14항〉

지분대는 것이 있다면 싹 다 뱉어

지분대다

: [동사, 우리말]

짓궂은 말이나 행동 따위로 자꾸 남을 귀찮게 하다.

시골 할머니가 해준 밥을 먹을 때는 가끔씩 채 걸러지지 않은 돌들이 지분댔습니다. 먹으면서 일일이 걸러내기도 힘들 만큼 지분댈 때는 문득 귀찮고 짜증이 났습니다. '지분대다'는 음식에 섞인 모래나 돌 따위가 귀찮을 정도로 자꾸 씹힌다는 뜻을 가지고 있는데요. 이 단어가 사람들 사이에서도 쓰인다는 사실 알고 계셨는지요? 말이나 행동을 짓궂게 하며 다른 사람을 자꾸 괴롭히고 귀찮게하는 사람의 행동을 바로 '지분대다'라고 합니다. 잘못 씹었다가는이가 상할지도 모르는 밥 속의 돌과 많이 닮았지요?

시간이 흐르고 나니, 돌이 지분대던 그 밥이 참 그리워졌습니다. 할머니가 하루 종일 뜨거운 볕과 싸우며 키워낸 낟알들일 텐데, 그저 편하게 푹푹 퍼먹기만 했다면 어땠을까요? 그럼에도 지분대는 돌을 걸러낼 때마다 온갖 짜증을 다 부렸을 테지요. 꼭 그런 모습으로 밥상에 앉아 있었을 당시를 생각하니 가슴 한편이 답답합니다. 지분대는 돌을 걸러내는 것보다, 할머니에 대한 미안한 마음을 걸러내는 것이 이토록 힘든 일일 줄은 몰랐습니다.

선희: 왜 하루 종일 누워만 있어? 나와서 엄마랑 얘기도 하고 그래!

정희: 제발 나 좀 내버려뒀으면 좋겠어. 다 입속에서 지분대는
돌들 같다고.

선희: 바보. 그럼 싹 다 뱉어. 뭐 하러 먹겠다고 씹고 있어?

 책 속의 말 한 줄
....

가을이 지나고 나니 온통 풍이 든 세상
짓밟힌 낙엽들 틈에서 바스락거리는 음악 소리에
핏방울 몇 점 낡은 전류처럼 찌릿찌릿 흐를 뿐입니다
얼쑤얼쑤 병들었네 혼자 **지분대고** 까불면서

- 강정, 「몸 안의 음악」, 『키스』, 문학과지성사, 2008.

아퀴를 지어야 하는 일

아퀴

: [명사, 우리말]

일을 마무르는 끝매듭.

일이나 정황 따위가 빈틈없이 들어맞음을 이르는 말.

'아퀴'는 일상에서 자주 쓰는 단어 중의 하나입니다. 흔히 '아퀴를 짓다'라는 형식의 관용구로, 말끔하게 정리되지 않던 일을 잘 정리하여 마무리 지은 것을 가리킬 때 쓰는 말이지요. 특히 종강을 앞둔 무렵에는 학생들도 이 말을 자주 쓰곤 하는데요. 종강을 하고도 제출해야 하는 과제가 한두 가지가 아니라며, 전부 아퀴를 지어놓지 않는 한 종강이 종강 같지 않은 종강이라나…… 으레 종강이라고 하면, "이제 끝이다!" 하며 좋아할 줄 알았는데 그렇지가 않았나 봅니다. 생각해보면 저의 종강이라고 해서 종강 같을 리 만무했습니다. 종강 후에 걷히는 과제들을 전부 채점해야 하고, 정해진 기간 안에 실수 없이 성적을 입력해야 하니 말입니다. '미리미리 좀 해둘걸!' 탄식만 되풀이할 뿐이지요. 어지럽게 산재해 있던 일의 아퀴를 짓고 나면 후련함이 드는 동시에 허탈감도 느껴집니다. 미리미리 일을 조금씩 정리해두는 습관이 필요하다는 것을 알면서도, 종강이 다가오도록 그 습관을 들이지 못하는 이유는 대체 무엇일까요.

학생 A: 종강 전까지 과제랑 발표들은 전부 아퀴를 지어놓고, 종강
하면 바로 여자 친구를 찾아 떠나겠어!

학생 B: 연애사가 복잡해지면 개강 전에 아퀴 짓기 힘들다. 이 형님
에게도 자주 자비를 베풀도록 해.

 책 속의 말 한 줄

화가는 지껄였지, 색이 빛의 고통이라고. 때로 화가는 고통을 떨
쳐내려 색을 입혔어. 색은 빛의 환희이고, 색은 빛의 유희라고. 온
몸의 유연한 굴곡 속속들이 살려내어 독이, 독이 약이 되는 환한
세상 그려낼 거라고. 아서라, 아서라 달궁…. 집 안팎에 심겨 있는
만병초, 은방울꽃, 수선화, 흰독말풀, 능소화, 천사의 나팔, 피마
자, 투구꽃 따위 몽우리 독의 꽃, 독의 꽃이라지. 개중에는 껍질이
나 잎, 뿌리에 피부가 닿기만 해도 독극물 번져났어. 뛰는 생선 붉
은 아가미 들추고 번쩍이는 비늘 거스를 때 영매(靈媒)의 순결한
울음소리 들려오고, 들려왔지. 아서라, 아서라 달궁! 작두날, 시퍼
런 칼날 에혀 에혀 작두거리 광기(狂氣) 어린 무녀(巫女)처럼 달의
이음새 **아퀴** 지어 둥글게, 둥글게 말아가듯

- 윤금초, 「독의 계보 10」, 『독의 계보』, 시인동네, 2023.

비라리를 해서라도 얻을 수 있다면

비라리

: [명사, 우리말]

구구한 말을 하여 가며 남에게 무엇을 청하는 일.

초등학교에서 교무 주임을 맡은 교사가 있었습니다. 40여 년 가까이 초등학교에서 공직 생활을 했다는 교사는 마치 자신도 초등학생이 된 양 항상 밝고 순수한 모습으로 지냈습니다. 은퇴가 2년 정도 남았을 무렵, 그의 부인은 남편보다 더 바쁘게 학교를 오가는가 하면 교육청이라는 기관에도 드나들었습니다. 사람들은 부인이 남편을 '교감 선생님'으로 만들어주고 싶어서 비라리를 하고 다니는 거라고 흉을 봤습니다. 평교사로 은퇴했을 때보다 교감 선생님 직분으로 은퇴했을 때 받을 수 있는 퇴직 연금이 더 많아서라고 했지요. 너도 나도 입버릇처럼 말하곤 했던 '비라리'라는 말은 무엇을 얻거나 이루기 위해 구구해 보일 정도로 다른 사람에게 빌고 애원하는 일을 뜻합니다. 정녕 비라리가 됐든 무엇이 됐든, 은퇴를 바로 앞둔 시점에 교사는 정말 교감 선생님이 될 수 있었습니다. 그런 뒤 6개월이 채 지나지 않았을 때 교사는 은퇴식을 맞이하였습니다. 은퇴식이 있던 날, 부인은 자기에게 돌아온 마이크를 돌려보내지 않고 이렇게 말했습니다.

"평생을 초등학교에서 아이들을 가르치며 보낸 제 남편, 이제야 저의 품으로 돌아오는군요. 이제 여생을 함께 하는 동안 비록 교장 선생님까지는 아니더라도, 저는 제 남편을 '교감 선생님'이라고 부르며 지내고 싶습니다. 선생님, 고생 많이 하셨습니다. 존경하고, 사랑합니다."

아, 저는 그 순간 떨어지는 눈물을 참을 수가 없었습니다.

정희 씨: 사랑하는 사람을 위해 비라리도 부끄러워하지 않을 자신 있나요?

학생: 지금 당장은 사랑을 얻기 위해 비라리를 하셔야 할 것 같은 데⋯⋯.

정희 씨: 그대 믿다, 정말! 흑!

 책 속의 말 한 줄

통통하니 보기 좋게 살이 붙은 사내 쪽에서
통 낮이 어둑시근하니 펴지를 못하고 있는
통로 쪽 자그마한 사시랑이 사내헌티
통사정 **비라리**라도 해보제 그랬소 아니면 약을 좀 멕이든가

- 정인섭, 「전라도 길에 신문지」, 『꿈을 꾼 뒤에』, 문학동네, 2002.

저리 수걱수걱 일도 잘하는데

수걱수걱

: [부사, 우리말]

말없이 꾸준하게 일하거나 순종하는 모양.

수굿하게 말없이 걷는 모양.

　　어릴 때 제가 살던 동네에는 말을 하지 못하는 아주머니가 있었습니다. 형편이 넉넉지 않아서 이집 저집 돌아다니며 바느질을 해주는 일로 생활을 꾸려 나갔습니다. 그래도 솜을 틀어 새 이불을 만드는 일만큼은 따라올 사람이 없을 정도로 잘했지요. 한번은 아주머니가 우리 집을 찾은 적이 있었습니다. 어머니는 두꺼운 솜이불 하나를 틀어서 간절기 이불을 만들어달라고 주문했습니다. 아주머니는 고개를 끄덕끄덕 하더니만 금세 솜이불 한쪽을 가위로 찢었습니다. 솜이불 안에 그렇게 많은 솜이 들어 있을 거라고는 상상도 못했던 저는 깜짝 놀라 입을 벌렸습니다. 어머니는 저 이불이 자신이 시집올 때 해온 이불인데 저렇게 낡았으리라고 상상도 못했다며 쯧쯧하고 혀를 찼습니다. 이불을 만드는 일은 보통 일이 아니었습니다. 아주머니는 거의 하루 종일 자리에서 꼼짝 않고 솜을 다듬었습니다. 간단하게 밥 한술 뜨고 하라는 어머니의 말도 기어코 마다하고 일만 했습니다. "저리 수걱수걱 일도 잘하는데 왜 못

난 놈이 난리를 피고 그래." 어머니가 다시 혀를 찼습니다. 별다른 말이나 불만 없이 꾸준하게 열심히 일하는 모양을 '수걱수걱'이라고 합니다. 손에 잡히는 것이 있으면 무엇이든 가리지 않고 그것으로 아주머니를 때렸다는, 아주머니 전 남편의 이야기에 몹시 가슴이 아팠던 기억이 떠오릅니다.

> 금순 씨: 저리 수걱수걱 말 잘 듣고 일 잘한다고 누가 상 주나? 불쌍해서 못 봐주겠어, 정말!
>
> 큰딸: 제 말이요. 차라리 우리 엄마처럼 아빠랑 막 싸우고 그래야 하는데…….
>
> 금순 씨: 저 가시나가! 빨리 네 방으로 들어가!
>
> 큰딸: 엄마는 툭하면 들어가래!

해거름의 노을 사이로 걸리는 마음

해거름

: [명사, 우리말]

해가 서쪽으로 넘어가는 일. 또는 그런 때.

"해가 많이 짧아졌지? 해거름도 없이 그냥 밤인 것 같아."

• • • • • • • • •

어느 12월의 첫날. 한 해의 마지막 달이 시작되던 날, 세상에는 약속이나 한 듯 첫눈이 내렸습니다. 오전 강의 시간 내내 곁눈질로만 창밖을 내다보다가, 점심시간이 되어서야 눈 구경을 하고 싶어 교정으로 나왔습니다. 혹시 학생들이 보지는 않을까? 눈치를 보는 동안 날카로운 차가움도 느끼지 못했나 봅니다. 얼렁뚱땅 눈사람 하나를 만들어냈습니다. 오랫동안 눈을 주무른 손끝은 고드름처럼 차갑게 식어버렸습니다. 오후 늦게 교정을 나설 때쯤에는 어느덧 해거름이 되어 있었지요. '해거름'은 해가 서쪽으로 넘어갈 즈음, 즉 해질 무렵을 나타내는 우리말입니다. 낮에 만들었던 눈사람이 인사를 건넸습니다. 언제 그래놓고 갔는지 학생들이 선물해준 눈과 팔, 그리고 나뭇잎 모자 한 조각을 멋지게 뽐냈지요. 눈은 '순수'를 상징한다고 합니다. 눈보다 더 순수한 것은 눈을 보면 괜스레 들뜨는, 누구하고라도 동심을 나누고 싶어 하는, 우리의 하얀 마음이 아니었을까요? 어느새 하얀 동심이 해거름의 하늘 위, 노을 사이로 걸리고 있었습니다. 해가 막 뜨려고 할 때 서서히 몰려오는 환한 빛을 뜻하는 '햇귀'를 기억하시나요? '햇귀'와 '해거름', 짝을 이뤄 사용해보면 좋을 것 같습니다.

📖 책 속의 말 한 줄

어쨌든 우리는 자주 모여 놀았다. 대부분 장사를 하는 부모님 밑에서 자라, **해거름**까지는 어떻게든 밖에서 시간을 때우다 들어가야 했다. 당시 신나는 폐활량을 떠올리면 지금도 개운한 기분이 든다. 편을 가르고, 규칙을 익히고, 보잘것없는 어휘력으로 열심히 말싸움을 하고, 토라져 집에 가기도 했지만.

- 김애란, 「너의 여름은 어떠니」, 『비행운』, 문학과지성사, 2012, p. 25.

🪄 그대의 말결

'해거름'의 의미로 '해그름'을 쓰는 경우가 있으나 '해거름'만 표준어로 삼는다. 〈관련조항: 표준어 규정 3장 4절 25항〉

파니 노는 일이란

파니

: [부사, 우리말]

아무 하는 일 없이 노는 모양.

한 학기 내내 강의 시간에 열성적인 모습을 보여줬던 학생이 있었습니다. 정확한 출석은 물론이요, 자기에게 주어진 발표와 과제도 항상 기대 이상으로 해냈습니다. 성실하고 열정적인 모습이 예쁘기도 해서 조금이라도 더 알려주고 챙겨주고 싶다는 생각이 불쑥 솟아났습니다. 종강을 며칠 앞둔 시점에서 저는 학생에게 방학이 되면 무엇을 하고 싶으냐고 물었습니다. 학생은 배시시 웃으며 말했습니다.

"그냥 파니 놀아보고 싶어요. 한 번도 못 그래봐서요."

'파니'는 아무 일도 하지 않고 내내 놀기만 하는 모양을 나타낸 말입니다.

"정말이지 그대가 꼭 그렇게 한번 지내볼 수 있기를 바라요."

저는 마음을 다해 응원해주었습니다. 저 또한 계획과는 달리 파니 노는 날이 많은 방학이 지나갔습니다. 개강하자마자 저는 그 학생에게 물었습니다. 아무 일도 하지 않고 파니 놀기만 해본 소감이 어떠냐고 말이지요. 학생은 이번에도 방그레 웃으며 말했습니다.

"파니 노는 것도 한 일주일 하니까 못 하겠더라고요. 신화 공부를 좀 했어요."

푹 하고 웃음과 함께 그럼 그렇지 하는 소리가 절로 나왔습니다. 파니 노는 것도 아무나 할 수 있는 게 아니라는 어머니의 말이 생각났던 것일까요.

정희 씨: 그냥 책이나 읽고 공부나 하는 것이 그대에게 있어서 파니
　　　　노는 일이 아닐까 싶은데요?
학생: 꼭 그런 것은 아닌데, 책을 읽으면 오히려 마음이 편안해지기
　　　는 해요.
정희 씨: 제대로 파니 놀아보면 다를걸요? 노는 게 얼마나 신나
　　　　는 일이라고요.

허전허전한 마음에

허전허전하다

: [형용사, 우리말]

무엇을 잃거나 의지할 곳이 없어진 것같이
몹시 또는 계속 서운하다.
다리에 힘이 아주 없어 자꾸 쓰러질 것 같다.

"허전허전하니까 헛것이 들리나?
그렇게 힘들면 네가 다시 연락해 보든지!"

• • • • • • • • •

　이 년 정도 만났던 남자 친구와 헤어지고 나서, 음식을 엄청나게 먹으며 슬픔을 달랬던 일이 있었습니다. 이렇게라도 하여 이별을 온몸으로 이겨내겠다는 듯이 쉬지도 않고 먹기만 했습니다. 특히 그 아이가 별로 좋아하지 않아서 연애 기간 내내 자주 먹지 못했던 순대와 떡볶이를 무한정 먹었지요. 가족들은 깊은 숨을 내쉬며 안타까워 했지만 저는 개의치 않았습니다. 너무 많이 먹어서 먹은 것을 게워내는가 하면 속에 탈이 난 적도 한두 번이 아니었습니다. 그런데 참 희한한 일은 아무리 먹어도 배가 부르지 않는다는 사실이었습니다. 음식을 많이 먹으면 먹을수록 허기는 심해졌습니다. '배가 고픈 게 아니라 마음이 고픈가 보다.' 번뜩 떠오른 생각이었습니다. 의지하던 대상을 잃었을 때 공허하고 서운한 마음을 느끼는 것을 '허전허전하다'라고 하는데요. 제 마음이 몹시 그러했던 모양입니다. 또 당장이라도 쓰러질 것처럼 다리에 힘이 풀린 모양도 '허전허전하다'라고 할 수 있습니다. 저는 허전허전한 마음 때문에 온몸이 허전허전해서 도저히 걸을 수가 없었습니다. 그냥 헤어진 친구가 몹시 보고 싶은 마음만 붙잡고 있었습니다.

📖 책 속의 말 한 줄

그리고, 몇 번의 신음소리와 함께 뱃속에 들어간 것을 모두 게워냈다.

허전허전한 걸음걸이로 아내는 화장실에서 나왔다. 아내에게서 역한 위액냄새, 시큼한 음식냄새가 났다.

- 한강, 「채식주의자」, 『채식주의자』, 창작과비평사, 2007, p.59.

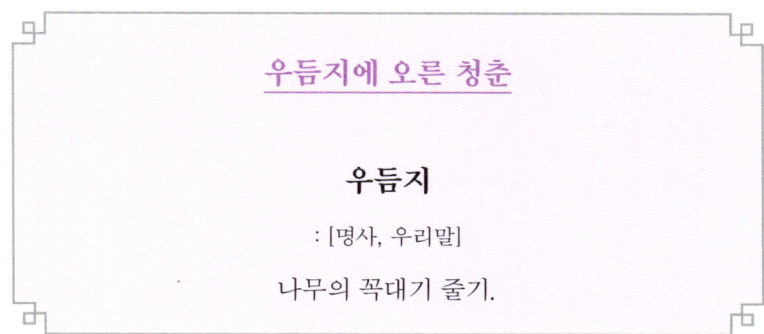

우듬지에 오른 청춘

우듬지

: [명사, 우리말]

나무의 꼭대기 줄기.

"우듬지까지 단숨에 오르시는 모습이 정말 멋지시던데요?"

• • • • • • • • •

한때는 똑같이 생긴 주택들이 옹기종기 모여 있는 동네에 살기도 했습니다. 집집마다 감나무나 모과나무, 포도나무 등이 자라는 모습이 꽤 아름다운 동네였지요. 우리 집 마당에는 대봉시가 열리는 감나무가 있었습니다. 나무에 열린 과일을 수확할 때가 되면, 우리는 감이 아니어도 다른 집에 열린 과일들까지 모두 맛볼 수 있었습니다. 자기 집에서 수확한 과일은 무조건 다른 집들에게 두 개씩 나눠주는 것이 동네 사람들 사이의 약속이었기 때문입니다. 우리 집은 아픈 아버지를 대신해 항상 대각선 앞에 있는 집 아저씨가 와서 감을 따주곤 했습니다. 말이 아저씨지 연세가 일흔이 훌쩍 넘은 어르신이었지요. 아저씨는 십대 소년처럼 순식간에 감나무 우듬지까지 올랐습니다. 나무의 꼭대기까지 뻗은 줄기를 바로 '우듬지'라고 하는데요. 우듬지까지 올라 잠시 숨을 고르며 땀을 닦는 모습을 보고 있으면 젊은 시절의 아저씨 모습이 연상되었습니

329

다. '얼마나 멋진 청춘이셨을까!' 하루 반나절 감을 따주느라 고생하고도, 약속은 약속이라며 딱 두 개의 감만 가져가는 아저씨. 까치밥으로 우듬지에 남겨 두고 간 감 하나가 아저씨 얼굴처럼 환하게 웃고 있었습니다. 그때 집집 나무의 우듬지마다 까치밥이 하나씩 남은 모습도 장관 중의 장관이었는데!

☀ 책 속의 말 한 줄

바람 몰려와 **우듬지** 흔들다 가고 햇살 잎잎마다 매달려 잉잉거린다 가지끝 대롱대롱 빗방울 무수한 벌레들의 남부여대 껍질 속세 들어 살고 꽃 피자 벌 나비 붐비고 구름 커튼 두껍게 그늘 치고 불콰한 노을 귀가에 바쁜 걸음 문득 멈추게 하고 이슬 내린 밤 열매의 소우주에 둥지 틀다 가는 별과 달

- 이재무, 「나무 한 그루가 한 일」, 『길 위의 식사』, 문학사상, 2012.

아마빛 머리를 흩날리던 소년

아마빛

: [명사, 합성어]

아마라는 섬유 식물에서 얻은

약간 거무스름하면서 은은한 갈색 빛.

"아마빛 머리를 흩날리던 그 소년!

지금은 어디에서 무얼 하며 살고 있을까?"

• • • • • • • • •

클로드 드뷔시(Claude Achille Debussy)의 피아노 연주곡 〈아마빛 머리의 소녀〉는 환상적이면서도 낭만적이고 아름다운 화음을 선보이는 곡으로 유명하지요. 곡 자체가 가진 음악성도 물론이거니와, '아마빛'이라는 단어가 포함된 곡 제목에 끌리게 됩니다. 외국 소설이나 노래 가사를 보면 이 '아마빛'이라는 단어가 종종 나오곤 하는데요. 푸른 빛, 붉은 빛, 누런 빛 다 알겠는데 아마빛은 대체 어떤 빛일까요? 정확하게 무엇을 말하는지도 모르면서 그냥 단어 자체가 가진 느낌을 좋아하는 것 같습니다. 아마는 산속에 널리 퍼져 살며 늦봄에서 초여름 사이 자주색 꽃을 피우는 한해살이풀을 말합니다. 껍질을 가지고는 섬유를 짜고, '아마인'이라 불리는 씨로는 기름을 짜거나 약재로 만들어 씁니다. 아마를 가지고 만든 섬유에서는 거무스름하면서도 은은한 갈색 빛이 감도는데, 바로 이 색을 '아마빛'이라고 합니다. 외국 소설에서는 보통 소년 소녀들의 여린 머리카락을 묘사할 때 많이 쓰이는 색깔인데요. 우리나라의 상황에 비춰 보았을 때는, 아마빛 보다는 '쪽빛 머리의 소녀'라고 하는 편이 더 어울리지 않을까 싶습니다. 쪽빛은 남색, 즉 짙은 푸른빛을 가리키는 우리말입니다.

【곁말 하나】

* 코치닐(cochineal): [명사, 외래어]

중남미 사막의 선인장에 기생하는 곤충인 깍지벌레의 암컷에서 뽑아 정제한 붉은 색소. '양홍빛'이라고도 한다.

* 프러시안블루(Prussian blue): [명사, 외래어]

페로사이안화 칼륨 용액에 제이철염 용액을 가하여 만든 청색의 물감. '감청색'이라고도 한다.

* 인디고(indigo): [명사, 외래어]

짙은 청색의 고체로 식물체 속에 있는 글리코사이드인디칸을 발효하여 가수 분해로 얻은 물질을 공기 속에서 산화하여 얻었으나, 지금은 공업적으로 합성한다. 흔히 서양화의 채색이나 염색에 쓰이는 검푸른 물감을 뜻하며 '양람색'이라고도 한다.

무엇을 위하여 타울거리는가

타울거리다

: [동사, 우리말]

어떤 일을 이루려고 바득바득 애들 쓰다.

연애도 기술이라는 말을 종종 듣곤 합니다. 역사 속에서 연애의 고수로 알려진 사람을 찾는 일은 어렵지 않은데요. 고대 로마의 황제들을 줄줄이 유혹했던 클레오파트라는 단연 최고가 아니었을까 싶습니다. '세기의 미녀'라는 호칭을 얻을 만큼 아름다운 외모를 가진 덕분일 수도 있겠지만, 그녀가 남자를 유혹하는 데는 그보다 더 큰 매력이 있었기 때문이라고 합니다. 그녀는 특별하게 타울거리지 않아도 남자들을 유혹하는 데 성공할 수 있었습니다. '타울거리다'는 목표한 일을 이루기 위해 갖은 노력을 다하는 모습을 가리키는 말입니다. 마음에 꼭 드는 이성을 유혹하기 위해 갖은 방식으로 타울거리는 여자들과는 달랐던 클레오파트라. 그렇다면 그녀의 매력은 무엇이었을까요? 알려진 바에 의하면 그녀는 화술의 마술사였다고 합니다. 어떤 남자든 그녀와 대화를 나누고 나면 그녀에게 빠지지 않을 수가 없었다는 것입니다. 로마의 황제 시저, 그 이후의 통치자였던 안토니우스 역시 그녀와 오랜 시간 대화를 나눈 뒤에 오히려 굳은 전의(戰意)를 다질 수 있었다고 하니, 그녀의

언변이 얼마나 뛰어났는지 짐작할 만합니다. 오히려 그녀가 진정
으로 타울거리며 매달렸던 대상은 이집트의 평화와 왕권의 회복
이었다고 전해지기도 하지요.

정희: 떠도는 소문에 의하면, 클레오파트라가 5개 국어를 할 줄 알
았대. 그래서 그녀가 대화하지 못할 남자는 지구상에 하나도
없었다나 봐.
선희 : 5개 국어라⋯⋯. 그걸 어떻게 다 배웠을까? 그거야말로
세상의 모든 남자를 유혹하기 위해 엄청 타울거렸다는 증거
아닐까?

가슴을 향해 굴러오던 은륜

은륜(銀輪)

: [명사, 한자어]

은으로 된 바퀴. 자전거를 아름답게 이르는 말.

"아직도 나를 향해 굴러오던 은륜을 생각하면 가슴이 뛰어."

• • • • • • • • •

초등학교 6학년의 여름 방학을 맞았을 무렵, 어머니는 사촌 오빠에게 공부도 배워보라는 의미에서 저를 시골로 내려 보냈습니다. 친구들하고 수영장도 가고 싶고 극장에도 가보고 싶었던 욕구를 뒤로 한 채 가는 길은 불만스럽기 짝이 없었지요. 고속버스를 타고 두 시간여 만에 도착한 시골의 버스 터미널. 벌써 해질녘이 되었는지 사방이 노을빛으로 누렇게 물들어 있었습니다. 멀리서 자전거를 타고 오는 오빠의 모습이 보였습니다. 그 순간 지는 햇빛에 오빠의 자전거 바퀴가 반짝하고 빛났습니다. 오렌지 같은 햇빛 때문인지, 은빛으로 반짝이는 자전거 때문인지 이유는 분명하지 않았습니다. 다만 자전거를 탄 오빠의 모습이 그토록 멋있었던 적은 없었습니다. 그 순간 오빠의 자전거는 그냥 보통의 자전거가 아닌, 은륜이었습니다! '은륜(銀輪)'은 말 그대로 '은으로 된 바퀴'라 하여 자전거를 아름답게 비유할 때 쓰는 말이지요. 아직까지도 일생을 통틀어 가장 아름다웠던 한 장면을 꼽으라고 하면, 저는 주저하지 않고 제 가슴을 향해 굴러오던 은륜을 마주했던 순간이라고 말하곤 합니다.

그리고 우리 오빠. 언젠가 지병을 얻어 더 이상 은륜을 굴릴 수 없는 처지가 되었지만, 저는 오빠가 반드시 다시 은으로 된 바퀴를 굴리게 되리라고 믿습니다.

📖 책 속의 말 한 줄

해질녘 자전거에 몸을 싣고
은륜(銀輪)에 얹히는 저녁놀을 돌리는 일은
특별한 즐거움이다 그날도 도시를 벗어나 무작정
시골길로 접어들었다 비포장길 옆으론 냇물이 흐르고
키 큰 갈대와 실버들이 무성하게 피어 있었다
얼마쯤 더 털털거리며 달렸을까, 게딱지 같은
나지막한 집들이 모여 있는 마을로 들어가는
좁은 농로 옆에 오래된 비(碑)가 세워져 있었다

- 고진하, 「저녁의 비(碑)」, 『수탉』, 민음사, 2005.

첫사랑을 회억하며

회억(回憶)하다

: [동사, 한자어]

돌이켜 추억하다.

어릴 적에는 '첫눈 오는 날'이 갖는 의미가 아주 컸던 것 같습니다. 손톱에 물들인 봉선화 물이 사라지지 말아야 할 텐데! 첫사랑은 이루어지지 않는다는 명제처럼, 희한하게도 봉선화 물은 첫눈 오는 날까지 남아주지 않았습니다. 단 한 번도 그랬던 적이 없었습니다. 첫사랑에 대하여 봉선화 물의 마법은 결코 이루어지지 않는다는 명제를 나름 받아들일 수 있는 나이가 되었을 때였습니다. 우연히 동네 문구점에서 '봉선화 물들이기'라는 상품을 보았습니다. 호기심에 천 원을 주고 하나 구입해서 집으로 돌아왔습니다. 손바닥보다 작은 봉투 안에는 말린 뒤 곱게 빻은 듯한 봉선화 가루가 가득 차 있었지요. 봉투 뒤에 적힌 설명을 읽어보니, 가루를 물에 개어 반죽을 만든 다음 손톱에 올리면 봉선화 물이 든다는 것이었습니다. 어린 시절 추억도 떠오르고 재미있겠다는 생각이 들어 얼른 따라해 보았습니다. 그리고 한 몇 달 별생각 없이 지내고 있었는데……. 어느 날 하늘에서 첫눈이 내리기 시작했습니다. 저는 별안간 손톱을 들여다보았습니다. 손톱에는 아직 절반 정도의 봉선화 물이 남아 있었습니다. 다시 찾고 싶은, 더 이루고픈 사랑도 없는데 괜스레 눈물이 났습니다. '지난 시간을 돌이켜 생각하고 추억하며' 그대로 첫사랑을 '회억(回憶)'했습니다. 첫사랑은 결코 이루어지지 않는 것이 아니라, 감히 붙잡지 못하는 것이었다는 사실을 그제야 깨달았습니다.

> 정희 씨: 첫사랑과의 일을 회억하면 아련하고 미안해서 눈물만 나지요. 다들 그런가 봅니다.
>
> 학생 A: 그땐 어떻게 해야 잘해주는 건지도 몰랐던 것 같아요. 항상 마음만 앞서고…….
>
> 학생 B: 첫사랑을 붙잡는 일보다 차라리 봉선화 물이 사라지지 않게 하는 일이 더 쉽던걸요.
>
> 정희 씨: 봉선화의 꽃말이 '나를 건드리지 마세요(Touch me not)' 인 이유도 알 것 같아요.

해사한 미소를 건넬 수 있기를

해사하다

: [형용사, 우리말]

표정, 웃음소리 따위가 맑고 깨끗하다.

　참 내세울 만한 것 하나 없이 부끄러운 사람일 텐데, 이런 모습도 좋다고 연신 따라다녔던 남학생이 있었습니다. 대학교 1학년 겨울 방학 때부터 대학원 석사 과정 중에 있을 때까지니까 대략 5년이 넘는 시간을 제 곁에 있었습니다. 그때는 그 아이의 생김도 말투도 옷차림도 모두 싫다고 몇 번을 모질게 말했던 것 같습니다. 저는 얼마나 잘났다고 그랬을까요. 그때는 저 역시 예쁜 곳이라고는 한 군데도 없다는 사실을 왜 몰랐을까요. 석사 과정의 절반쯤 왔을 때, 저는 그 아이에게 소개시켜줄 사람이 있다고 말했습니다. 아니, 결혼할 사람이 생겼다며 엄포를 놓았던 것 같습니다. 아무것도 모르고 나온 그 아이는 해사한 미소를 지으며 '두 사람이 정말 잘 지냈으면 좋겠어요'라고 인사를 건넸습니다. 생김새나 표정, 자태가 밝고 깨끗할 때 '해사하다'라는 우리말을 쓸 수 있는데요. 그때 그 아이가 보여줬던 미소가 딱 그랬습니다. 미움도 실망도 원망도 없었습니다. 나중에 시간이 많이 지나서 들려온 이야기에 의하면, 그 후 외국으로 건너가 공부도 하고 직장도 잡아 열심히 살고 있다고 했습니다. 그 아이를 위해서 거대한 책 한 권을 써 내려갈 수는 없겠지만, 언젠가는 어느 책 한 구석에 꼭 그 아이의 미소를 묘사해보고 싶었습니다. 많이 미안하고 많이 보고 싶습니다. 다시 만나게 된다면 꼭 제 쪽에서 먼저 해사한 미소를 건넬 수 있기를 바랍니다.

> *정희 씨: 웃는 모습이 해사한 사람만큼 순수하고 진실한 사람이 있을까요? 표정은 거짓말을 못한다고 하잖아요.*
> *학생: 교수님 지금 표정이 그래요. 누굴 생각하셨는지, 해사하게 웃고 계세요.*

📖 책 속의 말 한 줄

단순한 검은 의상을 걸친 안나의 모습은 정말 매력적이었다. 팔찌가 반짝이는 포동포동한 팔이 아름다웠다. 진주목걸이를 건 우아한 목이 아름다웠다. 머리단장이 헝클어져 물결치고 있는 머리칼이 아름다웠다. 생기를 띤 **해사한** 얼굴이 아름다웠다. 그러나 그녀의 이러한 매력 속에는 뭔가 무섭고 잔인한 것이 있었다. 키티는 이전보다 한층 더 그녀의 아름다움에 마음을 빼앗겼다. 그리고 더욱더 괴로움에 빠졌다.

- 레프 톨스토이, 박형규 역, 『안나 카레니나 1』, 문학동네, 2009, p.169.

수많은 인연의 맥거핀

맥거핀(MacGuffin)

: [명사, 외래어]

영화에서 시나리오 작가나 감독이 관객을 속이기 위해
매우 중요한 소재처럼 꾸며놓은 장치.

"대단해! 그게 맥거핀이었을 줄이야!" 영화를 끝까지 보고 났을 때 예상치 못했던 반전을 알고 놀랄 때가 있습니다. 이를 테면 스릴러 영화의 초반에 계속 칼을 들고 다니는 사람이 나온다면, 관객은 으레 칼부림이나 토막 사건이 날 거라고 예상을 합니다. 그러나 결정적인 사건은 남자의 칼과는 아무런 상관없이 전혀 다른 원인 때문에 벌어지게 되지요. 칼 한 자루에 속아 있던 관객들은 감탄을 하며 놀라게 됩니다. 이렇게 영화에서 시나리오 작가나 감독이 관객을 속이기 위해 매우 중요한 소재인 듯이 꾸며놓은 장치를 바로 '맥거핀(MacGuffin)'이라고 합니다. 공포 영화, 『사이코(Psycho)』의 알프레드 히치콕 감독이 처음 고안한 용어로 알려져 있으며, 이후에는 영화를 넘어 소설이나 연극에까지 쓰이는 극적 장치가 되었습니다.

'인생은 한 편의 영화다!' 언젠가부터 즐거울 때도 힘든 일을 겪어야 하고, 힘들 때도 아무렇지 않게 웃어야 하는 인생을 보며 잘

짜여진 영화 같다는 생각을 하게 되었습니다. 사랑도 마찬가지가 아닐까 싶은데요. 죽는 순간까지 알아내지 못하는 것이 '인생은 무엇인가'에 대한 정답이라면, 살아 있는 동안 알아내지 못하는 것은 '사랑은 무엇인가'에 대한 정답이 아닐까 싶습니다. 정말 사랑하는 사람이라고 자부했던 사람이 떠나고 나면, 저 사람은 인연이 아니었는가 보다고 한숨을 쉬게 되는!

이 세상 어딘가에서 한 감독이 저 자신을 주인공으로 한 일생일대의 영화를 찍고 있는 중이라고 상상해봅니다. 그렇다면 지금 이 순간 제 곁에 있는 그대가 아닌, 지난 시간 나를 웃게 하고 울게 하며 떠나간 수많은 사람들은 어떤 의미였을까요. 아마도 사랑의 정답을 헷갈리게 만든 맥거핀이 아니었을까요? 제 사랑은 바로 지금 이 순간이니 말입니다!

> 큰딸, 정희 씨:
> 사랑합니다.
> 수많은 인연의 **맥거핀**이 지나고
> 비로소 만나게 된 그대,
> 그대 말이야……!

342

첫사랑의 끝에서 그대를 만나다

초등학교 6학년이 끝나갈 무렵 우리 집은 새로 짓는 아파트로 이사를 하게 되었습니다. 집알이도 할 겸 어머니 손을 꼭 잡고 버스를 두 번이나 갈아타며 도착한 곳에는 공룡처럼 커다란 건물들이 들어서고 있었습니다. 그 주변은 아직 휑한 것이 금세 귀신이라도 나올 것만 같았습니다. 건물 앞마다 건물의 동 번호가 표기된 나무 널빤지가 놓였습니다. 아직 페인트도 칠해지지 않은 회색 건물 덩어리들의 모습이 제게는 그렇게 감동적일 수가 없었습니다. 어머니는 이곳이 앞으로 우리가 살게 될 아파트라며 기쁨에 넘쳐 **덩싯거렸습니다.** 당장 잔치라도 벌일 기세였습니다.

아파트라는 곳은 도대체 어떤 곳일까? 어떤 곳이기에 우리 엄마를 춤추게 하는 걸까? 그런데 만약 우리가 이사하게 될 아파트가, '아파트라면 응당 이러이러해야 한다'라는 조건을 갖추지 못하게 되면? 덜컥 겁이 났습니다. 아파트에 이사 가게 되어 기쁘기도 한데, 아파트가 아파트답지 못하면 어떡하나 걱정이 됐습니다. 그러나 며칠 뒤 걱정은 싹 가실 수 있었습니다. 어머니는 우리 집이 806호, 그러니까 엘리베이터를 타고 자그마치 여덟 층이나 올라가야 하는 곳으로 결정됐다며 좋아했습니다. '아, 아파트에는 엘리베이터가 있지!' 곱씹어볼수록 기쁜 일이었습니다. 또 엘리베이터

를 탈 수 있다는 사실보다 저를 더 들뜨게 한 사실이 하나 더 있었
으니……. 이제 누구도 범접할 수 없는 내 방이 생긴다는 사실! 정
말 정신이 나간 사람처럼 **쳇머리**를 흔들며 좋아했습니다. 이사 당
일, 짐도 채 풀지 못한 방문 앞에 저는 커다랗게 '정희 공주의 방'
이라는 문구를 써 붙였습니다. 그날 이후로 '공주의 방' 안에서는,
청소년기를 통틀어 이 공주님을 흔들고 간 사랑의 **불망기**가 쓰이
기 시작하는데!

천 세대가 훨씬 넘게 사는 아파트 단지 중앙에는 그 단지의 규
모만큼이나 커다란 상가 건물이 있었습니다. 슈퍼마켓부터 시작
해서 철물점, 세탁소, 미용실, 비디오 대여점, 분식집 등 과히 없는
게 없는 곳이었지요. 상가 건물을 구석구석 구경하는 재미에 정말
신이 났습니다. 원래 살던 동네에서 친구들이 놀러오면, 먼저 엘
리베이터를 질리도록 여러 번 태워줬습니다. 그러고 나서 어머니
가 쥐어준 오천 원짜리 지폐를 들고 어깨를 으스대며 상가 건물로
향하는 것이 공식이 되었습니다.

"우와! 너희 아파트 정말 좋다! 나도 여기에서 살고 싶어!"

친구가 핫도그를 먹느라 설탕가루와 토마토 케첩으로 범벅이 된
입을 오물오물거리면 그렇게 기분이 좋을 수가 없었습니다. 그 당
시 천 원으로 먹을 수 있는 음식 중에 그보다 맛깔스러운 것이 있
었을까요?

엘리베이터를 질리게 타고 핫도그를 질리게 사먹어서 이제 진
저리가 난다 싶을 때쯤, 저는 아파트 주변에 있는 중학교에 입학을
하게 되었지요. 커다란 교복 속에 몸이 쿠렁쿠렁하게 들어찬 모습

은 누가 봐도 우스꽝스러웠습니다. 하지만 아파트 정문을 나서며 경비 아저씨에게 인사를 건넬 때면 괜스레 어깨에 힘이 들어갔습니다. 함께 정문을 나서는 남학생들의 모습은 하나같이 **해반주그레해** 보였습니다. 교복 입은 모습도 저렇게 멋진 학생들이 살고 있다니! 저는 그들과 어깨라도 나란히 한 듯이 힘찬 걸음으로 걸었습니다. 모든 것이 마냥 좋았습니다.

공룡처럼 몸집이 큰 상가에 나란히 자리 잡은 세 개의 슈퍼마켓도 참 재미있었습니다. 그중 우리 집이 있는 동 입구에서 상가 건물 쪽으로 바로 걸어가면 나오는 첫 번째 슈퍼마켓이 우리의 단골가게였습니다. 그러던 어느 날, 어머니 심부름 때문에 역시나 첫 번째 슈퍼마켓을 찾았던 날이었습니다. 힘차게 걷던 발길이 가게 앞에 다다랐을 때 그만 딱 멈춰버렸습니다. 숨이 멎지 않은 게 천만다행한 일이었다고 할까요. 눈이 부셨습니다. 그 순간은 과히 제게 **에피파니**와도 같은 거룩한 순간이었습니다!

머지않아 알게 된 바에 의하면 그 순간 내가 본 남학생의 이름은 '정훈'이었습니다. 성이 '정' 씨이고 이름이 '훈'인 건지, 아니면 성은 따로 있고 이름이 '정훈'인 건지 그 여부는 오늘날까지도 밝힐 수 없는 사실이 되었습니다만! 그때부터 그 남학생은 '정훈이 오빠'로서 제 가슴은 물론 자물쇠가 달린 일기장을 가득 채우는 유일한 존재가 되었지요.

그럼 정훈이 오빠를 처음 만난 순간을 조금 더 핍진하게 설명해보자면 이렇습니다. 아직 낮곁이어서 햇빛이 환한 시간이었습니다. 훤칠한 키에 구레나룻 없이 바짝 깎은 **몽구리** 머리가 아주 잘 어울리는, 참으로 말쑥한 남자였습니다. 오빠는 두 번째 슈퍼마켓에서 일하고 있는 듯했습니다. 빈 병이 가득 꽂힌 플라스틱 박스를 두 개나 짊어진 어깨는 튼튼하다 못해 우람해 보이기까지 했습니다. 그뿐만 아니라 힘든 일을 **겨끔내기**로 할 법도 한데, 오빠는 혼자서 거뜬히 그 일을 해내지 않겠습니까. 어머니가 무엇을 사오라고 했는지는 벌써 잊은 지 오래였습니다. 제 정신은 **혼곤하게** 취해 있었으니까요.

그날 이후 저는 틈만 나면 어머니를 보챘습니다. 어머니가 밥을 안치려고 부엌에 들어가기라도 하면 냄새 좋는 강아지마냥 따라 들어갔습니다. 뭐 필요한 것이 없나요? 드시고 싶은 것은 없나요? 집에 뭐 떨어진 것은 없나요? 간혹 기대를 눈치 챘는지 어머니가 이러저러한 심부름을 시키면 기분이 한없이 들뜨기 시작했습니다. 밥을 너무 많이 먹어서 얼굴이 붓진 않았나? 커다란 교복을 입고 가면 나를 완전히 숙맥으로 보지는 않을까? 오빠는 나이가 조금 있어 보였는데! 그렇다고 차려 입고 가면 나를 일명 '노는 아이'로 보지 않을까? 오빠는 꽤 모범생 같아 보였는데! 저도 모르게 제 모습을 거울에 여러 번 비춰보고, 이 옷을 입었다 저 옷을 입었다 하기를 반복했었나 봅니다. 그러는 꼴을 보다 못한 어머니가, "놔둬라, 내가 다녀올게!"라고 말이라도 하면 "절대로 안 돼요!"라고 하며 생떼를 부렸습니다. 뭐 그때쯤 우리 집의 단골 가게는 저 혼자의 노력에 힘입어 두 번째 슈퍼마켓으로 바뀌어 가고 있었지요. 그래, 심부름에 성공하여 두 번째 가게, 그러니까 그 정훈이 오빠가 일하고 있는 가게에 도착하면? 도착한다고 해도 이렇다 할 만한 뚜렷한 사건이 터지는 것은 또 아니었습니다.

쑥스러움을 어찌하지 못했던 어린 공주는 두 번째 가게 앞을 한

참 동안이나 **바장였습니다.** 참, 지금 생각해보면 상가 건물 앞에 나무가 **울울했던** 것도 아니었는데, 휘우듬하게 뻗은 플라타너스 나무 옆에 숨어서 오빠를 훔쳐보는 일이 많아졌습니다. 말이라도 한 마디 나눠보려면, 오빠가 가게 안에서 일하고 있을 때 그 안으로 딱 들어가야 하는 건데 그럴 만한 용기도 없었습니다. 오빠가 가게 바깥에서 일하고 있을 때 재빨리 안으로 들어가 필요한 물품을 샀고, 그 모습 역시 오빠에게 들키기라도 할까 봐 순식간에 집으로 발걸음을 돌렸습니다.

'차라리 좋아한다고 고백해볼까?'

수도 없이 했던 고민이었습니다. 하지만 오빠가 **자빡**을 대기라도 하면? 그땐 정말 모든 게 끝나는 일이었습니다. 이렇게 숨어서나마 지켜보던 마음마저 빼앗기고 말 테니까요.

'친구에게라도 이야기해볼까?'

그때 마침 상가 건물 뒤편의 비디오 대여점에서 파트타임으로 일하고 있는 친구가 생각났습니다. 그 친구는 정훈이 오빠에 대해 좀 알지 않을까, 나아가 우리를 연결시켜줄 수도 있지 않을까? 사실 오빠 이름이 정훈이라는 사실을 알려준 것도 그 친구이긴 했지만, 당시에는 오빠를 좋아하는 마음을 친구에게 말하기가 영 내키지 않았습니다. '누가 누구를 좋아하네' 하고 **콩팔칠팔**하며 **조라떨기**가 십상이고 그럼 일을 다 망치고 말 테니까요. 어떤 일이냐고요? 그야 물론 정훈이 오빠라는 당사자가 알든지 모르든지 상관도 하지 않던, 저만의 **밀통!**

공주의 방은 일주일에 한 번씩에서 삼사 일에 한 번씩, 삼사 일에 한 번씩에서 이삼 일에 한 번씩, 그러다가 하루에 한 번씩 잠기기 시작했습니다. 아, 그건 바로 제가 일기를 쓰기 시작했다는 것. 사랑을 오래 오래 간직하고 싶은 이 마음을 고스란히 담은 불망기를 말입니다. 언젠가부터는 하루도 빠지지 않고 일기를 쓰기 시작했습니다. 정말이지 나중에 오빠에게 보여주기라도 할 것처럼 **지궁스럽게** 썼던 것 같습니다. 그건 아무 생각 없이 끼적이는 **한담**이 아니었습니다. 비록 답신은 오지 않지만 글로나마 마음을 전하기 위한 **필담**과도 같은 것이었습니다. 글쓰기를 좋아했던 성격 덕분이었을 수도 있습니다. 저는 일기를 통해 오빠를 좋아하는 마음, 오빠와 사귀고 싶은 마음을 한껏 풀어낼 수 있었습니다.

물론 일기에는 사실만을 적어야 할 것입니다. 하지만 그 사실만으로 채워져야 할 자리를 상상이 대신하게 된 날이 있었습니다. 그날은 오빠를 처음 만났을 때 느낀 에피파니와는 또 다른 느낌을 갖게 된 날이었지요. 평상시처럼 하굣길에 가게 앞을 지나고 있을 때였습니다. 하루 종일 하늘에 **매지구름**이 이는 것 같더니 이내 **는개**가 내리기 시작했습니다. 따로 우산을 챙겨온 것도 아니어서 그냥 신경 쓰지 않고 걷던 중이었지요. 는개에도 옷이 젖을 거라고는 생각하지 않았으니 말입니다. 멀리 정훈이 오빠가 보였습니다. 오빠는 검정 민소매 옷을 입고, 여느 때처럼 플라스틱 박스를 나르고 있었습니다. 조금씩 가까이 다가가자 오빠의 모습이 선연하게 드러났습니다. 저는 그만 또 한 번 숨이 멎고 말았지요. 글쎄 빗방울인지 땀방울인지 모를 물방울이 송골송골 맺힌 오빠의 팔뚝이 그렇게 멋져 보일 수가 없었던 것입니다.

거짓말이 아닙니다. 정말 구릿빛 피부에 근육이 가득한 몸이었습니다. 허드레로 보이는 민소매 옷조차 저토록 잘 어울리는 사람이 또 있을까! 좋아하는 마음이 없는 오빠들의 몸에 땀방울이 맺혔다면 그저 **더껑이** 따위로밖에 보이지 않았을 것입니다. 하지만 정훈이 오빠의 땀방울은 달랐습니다. 빗방울과 섞여 보석처럼 반짝였으니까요! 그날 밤 일기장에는 먼 훗날 오빠와 결혼하면 치르게 될 **꽃잠**을 상상하는 내용이 가득 차버렸습니다. 그것은 절대 망측스러운 흘레 같은 것이 아니요, 아담과 이브의 것, 로미오와 줄리엣의 것이리라 자신했습니다! 단칸방에 살아도 사랑만 있으면 된다고 했던가요? 네, 맞습니다! 저도 그렇게 생각했습니다. 오빠와의 신혼 생활이 모자란 살림살이에 **드난살이**를 거듭하며 **짜치고** 있을지언정, 우리 금슬에 훼방 놓을 수 있는 것은 아무것도 없을 거라고 자신했습니다. 오히려 제게는 우리 단 둘이만 있을 수 있는 **카타콤**이라도 있었으면 하는 마음뿐이었습니다. 아틀리에같이 꾸민 그곳에서 날마다 죽 한 그릇만 먹고 살아야 한다 해도, 차라리 제게는 그것이 **오터런**보다도 더 고귀한 음식이 아니었을까요. 사랑해요, 정훈이 오빠! **모스 솔라!**

애오라지 오빠를 향한 마음이 얼마나 무르익었을까요? 사실 그때까지도 저는 오빠의 목소리조차 들어본 적이 없었습니다. 하지만 오빠는 목소리마저 멋진 사람일 거라고 확신했습니다. 꽃잠을 자고 일어난 아침, 귓가에 대고 감미로운 목소리로 비지스(Bee gees)의 'How deep is your love'를 불러줄 사람이니까요.

그러던 어느 날 드디어 오빠 목소리를 들을 수 있는 기회가 찾아왔습니다. 가게 바깥에 오빠의 모습이 보이지 않았습니다. 배달이라도 나갔겠거니 하며 아무 생각 없이 가게 안으로 들어갔는데,

글쎄 그 안에, 그러니까 으레 주인아저씨가 앉아 있던 카운터 자리에, 오빠가 떡하니 앉아 있었던 것입니다. 아니, 더 정확히 말하면 의자에 앉은 것이 아니라, 책상 위에 살며시 걸터앉아 있었습니다. 양팔을 끼고, 다리 하나는 책상 쪽으로 올린 채. 그야말로 순정만화 속 한 장면의 재현이지 않겠습니까. 오!

"참기름 어디 있어요?"

저는 **음전하게** 보이고 싶어서 일부러 아주 작은 목소리로 물었습니다. 결코 말을 걸고 싶어서 일부러 그런 건 아니었습니다. 정말 참기름이 어디 있는지 도무지 찾을 수가 없었습니다. 그런데 그때 오빠가 보여준 모습이 어떠했는지 아시나요? 말도 안 됩니다. 맞습니다. 그건 정말 말도 안 되는 모습이었다고요!

"저기."

오빠는 몸을 전혀 틀지 않고 옆구리에서 한 쪽 팔만을 꺼내 검지 손가락을 쭉 펴고는 제 뒤편을 가만히 가리켰습니다. 제 시선이 오빠의 손가락 끝을 따라 움직인 자리에는 정말 참기름이 그림처럼 놓여 있었습니다. 어떻게 돈을 내고 거스름돈은 얼마를 받았는지 기억도 나지 않습니다. 순정만화 속의 주인공을 본떠서 만든 사람이 제 앞에 있었으니까요! 어머니에게 참기름을 대충 건네고는 다시 방 안으로 들어와 문을 꼭 잠갔습니다. **해조음** 같았던 오빠의 목소리 때문에 가슴이 진정되지 않았습니다. 이도 어찌나 가지런히 예쁘게 났는지! 오빠는 내 목소리를 어떻게 생각할지 상상하느라 가슴이 뛰었습니다. 어서 일기를 쓰고 싶다는 생각뿐이었지요. 그때까지도 저는 그 다음날 제게 어떤 일이 벌어질지 까

맑게 모르고 있는 상태였으니까요.

다음날 아침, 여느 때처럼 가족이 둘러 앉아 아침 식사를 하고 있을 때였습니다. 먼저 식사를 끝낸 아버지가 트림을 하며 입을 열었습니다.

"정희 너, 정훈이라고 아니?"

아버지의 물음에 입 안에 있던 밥풀들이 모두 튀어나왔습니다. 사레가 들리지 않은 게 천만 다행이었지요.

"아빠가 오빠를 어떻게 알아?"

아버지가 그 물음 외에 어떤 말을 더 했던 것도 아니었습니다. 저는 괜스레 화가 났습니다. 아버지가 알면 **트레바리**를 놓을 게 분명했으니까요.

"정훈이 여자 친구 있대."

도대체 아버지는 그 말을 왜 했던 것일까. 머리부터 발끝까지 모든 곳이 떨렸습니다. 저는 서둘러 식탁에서 일어났습니다. 더이상 앉아 있다가는 눈물이 흠뻑 쏟아질 것 같았습니다. 다른 때 같으면 몇 번을 다시 묶었다 푸르기를 반복했을 머리인데, 그날은 **에멜무지로** 묶고 집을 나섰습니다. 이제 이 긴 머리도 싹둑 잘라야 하나, 그럴싸한 감상에 젖었던 것도 같습니다. 그날 저는 정훈이 오빠를 봤던 날 이후 처음으로, 상가 앞을 쳐다 보지도 않고 그냥 지나쳐서 집으로 돌아왔습니다.

"이제 어떻게 해야 하지?"

아버지의 말이 사실인지 아닌지 왜 따져보지 못했을까요? 그런데 그때는 아버지의 말이 신의 메시지처럼 가슴속에 깊게 박혀버렸습니다. 밥맛이 뚝 떨어졌습니다. 말도 하기 싫고, 공부도 하기 싫었습니다. 아무 생각도 안 하려고 잠을 청하면, 침대 위에 조개 껍데기가 잔뜩 깔린 듯 **바슬거려서** 누워 있을 수도 없었습니다. 모든 사람들에게 **짬부럭**을 내는 동안 얼굴은 **캉캉하게** 변하고 몸은 점점 들피져 갔습니다. 무슨 용기였는지 그때는 비디오 대여점에서 일하는 친구에게 속마음을 다 털어놓았던 것 같습니다. 그리고 친구에게서 정훈이 오빠가 아파트 바로 앞에 있는 고등학교에 다니고 있고, 오빠에게는 **자색**이 그다지 곱지 않은 '수현이 언니'라는 여자 친구가 있다는 사실까지 전해 들었지요. 다른 때 같으면 귀신 씻나락 까먹는 소리하지 말라고 큰소리라도 쳤을 텐데, 그 날은 아무 말도 입 밖으로 나오지 않았습니다.

"그럼 나 어떡해?"

얼마나 **끌탕**을 했는지 아픔이 온몸에 번졌습니다. 학교에서 조퇴하고 돌아오던 날이었지요. 마침내 저는 슈퍼 앞에서 오빠의 손을 잡고 있는 수현이 언니를 보았습니다. 뭐랄까, 예쁘지는 않지만 누구에게 쉽게 **지분댈** 것 같지 않은, 선하며 우아한 매력을 풍기는 언니였습니다. 눈꼴시도록 다정해 보였습니다. 떼려야 뗄 수 없는 사이처럼 보였습니다. "둘이 정말 사귀어?" 물어볼 법도 했지만, 저는 그냥 집으로 향했습니다. 가슴속에 소나기가 퍼붓고 있었습니다. 그날 이후 공주의 방문도 일기장도 굳게 잠겨버리게 되었고요.

수현이 언니를 보고나서부터였는지, 아니면 그 이전 아버지가 정훈이 오빠 이야기를 처음으로 꺼낸 날부터였는지 정확하게 기억나지는 않습니다. 그 언젠가부터 일기를 쓰지 않기로 마음먹었지요. '기다릴게요'라는 말을 몇 번이나 썼다 지웠는지 모릅니다.

'첫사랑, 아프게 끝나다.'

일기장 맨 끝장에는 끝내 이렇게 **아퀴**를 지어놓았던 것 같습니다. 어쩌면 오빠를 좋아하는 마음보다, 날마다 가게 앞을 지나가며 느끼던 설렘이 더 컸던 것 같습니다. 일기장을 쓰지 않게 되면서 저는 가게 앞에도 절대 얼씬하지 않았으니까요. 제발 나 좀 바라 봐달라고 **비라리**라도 해볼 수 있었겠지요. 하지만 이상하게 마음이 가지 않았습니다. 가게에 가게 된다 해도, 우연히 오빠를 보게 된다 해도 아무런 감흥이 없었습니다. 괜스레 눈물이 나고 화가 났던 기억밖에는. 도대체 왜 나는 해마다 밸런타인데이가 되면 갖다 바치지도 못할 그 많은 초콜릿을 정성껏 포장하고 있었을까요? 도대체 왜, 왜, 왜! 학교 운동장을 **수걱수걱** 걷다보면 금세 **해거름**이 찾아왔습니다. 오빠를 보기 위해 노력했던 오후 시간은 멍하게 **파니** 노는 일로 가득 차버렸습니다. 꽤 오랫동안 마음이 **허전허전했습니다.**

수년이 지나, 제가 스무 살이 되었던 해. 우리는 정들었던 아파트를 떠나 넓은 주택으로 이사를 하였습니다. 십 년이 넘게 잠기고 열리기를 반복했던 공주의 방에는 대학교 입시를 준비하며 사다놓은 책들이 가득했습니다. 버릴 책들은 버리고, 가져갈 책들은 곱게 싸기 위해 책장 안의 책들을 전부 바닥에 꺼내놓았습니다. 그 사이에서 낡고 빛바랜 일기장 하나가 눈에 들어왔습니다.

'아, 정훈이 오빠!'

실소가 나왔습니다. 자물쇠로 굳게 잠겼는데 열쇠는 어디로 갔는지 보이지 않았습니다. 버릴까 고민하다가 그냥 다른 책들과 함께 이삿짐에 실었습니다. 그게 다였습니다. 이사를 하고 한참의 시간이 지날 때까지도 말입니다.

새로 이사한 집에는 정원도 가꿀 수 있고 강아지도 키울 수 있는 넓은 마당이 있었습니다. **우듬지**가 보이지 않는 나무도 셋이나 있었고 담벼락을 다 덮은 담쟁이 덩굴도 있었습니다. 아버지는 책을 좋아하는 딸을 위해 **아마빛** 나무로 손수 벤치도 만들어주었습니다. 그곳에서 밀란 쿤데라를 알고 파트리크 쥐스킨트를 알아가는 동안 저는 트레머리를 해도 될 만큼 어엿한 숙녀로 자라났습니다.

한번은 중학교 동창회 약속이 잡혀서 먼저 살던 아파트를 찾게 된 적이 있었습니다. 상가 건물에 있는 호프집에서 모이기로 했었지요. 그때 비디오 대여점에서 일하던 친구도 오랜만에 다시 보게 되어 참 반가웠던 기억이 선합니다. 친구는 철부지 같았던 우리의 사춘기를 떠올리며 다시금 웃어보였습니다. 뭐 어떻게 살았네, 어떻게 변했네, 이런 저런 이야기를 한참 나누다가 먼저 자리를 일어서려는데, 누군가 느닷없이 그 이름을 꺼냈습니다.

"정훈이 오빠 온대!"

순간 가슴이 뛰었습니다. 옛날 오빠를 처음 보았을 때처럼, 온몸에 파도가 일렁였습니다. 보고 갈까, 아니면 그냥 갈까? 한참을 고민했습니다. 술을 연신 들이켰더니 얼굴은 어느새 벌게져 있었습니다. 그런데 정말 그렇게 고민만 하고 있는 사이 그 이름이 모습을 드러내고 말았지요. 십삼 년 만에 만난 정훈이 오빠의 모습은……. 해반주그레한 얼굴도, 멋진 몸매도 온데간데없고 그냥 동네 어디서나 볼 법한 남자의 모습에 지나지 않았습니다. 저는 먼저 간다고 가볍게 인사하고는 집으로 돌아왔습니다. 오빠와의 훗날을 꿈꾸며 **타올거렸던** 지난날의 모습을 떠올리며, 저를 온통 혼들어놓은 감정이 담기곤 했던 일기장을 떠올리며.

며칠 뒤. 어릴 때 타던 **은륜**이 햇빛에 유난히 반짝이는 날이었습니다. 마당 벤치에 앉아 일기장을 펼쳤습니다. 역시나 지금 생각해보면 그조차도 하지 말았어야 했다고 생각합니다.

"와! 어떻게 이렇게까지 좋아했지?"

몇 월 며칠이라는 날짜만 바뀔 뿐, 거의 대부분의 내용이 똑같았습니다. 저는 차라리 웃어버렸습니다. 추억이 한 겹 한 겹 포개진, 마치 한 권의 로맨스 소설 같은 일기장을 읽으며 지난날을 **회억**했습니다. 그러다가 마지막 부분쯤에서 일기 여러 장이 눌어붙은 부분을 발견했습니다. 아마도 수현이 언니의 존재를 알았던 날 흘린 눈물이 그렇게 만든 모양이었습니다. 네, 맞습니다. 저는 그것도 차라리 펼쳐보지 말았어야 했습니다. 조심스레 한 장 한 장을 뜯어내니 그 안에 숱한 눈물 자욱이 가득했습니다. 그리고 한쪽 구석에 빨간 펜으로 쓴 듯한 글씨 몇 개가 눈에 들어왔습니다. 이상한 일이었지요. 저는 빨간 펜으로 일기를 쓴 적은 한 번도 없었으니까요. 저는 눈을 의심했습니다. 토씨 하나 빠트리지 않고 꼼꼼하게 다시 살폈습니다.

"정희야. 공부 열심히 해라."

아……. 음…….

"정희 너, 정훈이라고 아니?"

아……. 아버지……. 그것은 영락없는 아버지의 글씨체였습니다. 저는 그 옛날 아버지가 했던 말을 되뇌었습니다. 눈물이 났습니다. 그렇습니다. 아버지는 정훈이 오빠를 몰랐던 것입니다. 다만 당신의 딸이 요즘 무슨 고민을 하기에 황금 같은 시간을 썩히고 있는지, 그런 딸의 고민을 도저히 소홀히 여길 수 없었던 것입니다. 막상 일기장을 훔쳐보았을 때도 딸에게 그걸 가지고 툭탁칠만한 위인도 되지 못했으면서 말이지요. 저 자신이 원망스러웠습니다. 왜 그것도 확인하지 못하고 일기장을 잠가버렸던 것일까… 왜 다시 일기장을 열어보지 않았던 것일까…

지금 아버지는 그 때가 언제가 되어도 좋다며 **해사하게** 웃고 있습니다. 당신의 시한부 인생에 대한 원망도 일찍이 거두었지요. 때론 치다꺼리 받는 일조차 귀찮아하기도 합니다. 일찍이 아버지에게 옛날 일을 묻고 따지고 싶다는 생각은 하지도 않았습니다. 지금은 그때의 것보다 몇 배로 두꺼운 일기장을 다 채운다 해도 모자랄 만큼 저의 아버지를 사랑하고 있으니까요. 첫눈이 내릴 때까지 손톱에 들인 봉선화 물이 남아 있을 확률은 얼마나 될까요? 첫사랑은 이루어지지 않는다는 말은, 어쩌면 청춘을 청춘답게 간직하기 위한 **맥거핀**이 아닐지. 저의 아버지가 조금이라도 더, 건강하게 지냈으면 좋겠습니다. 그때 정훈이 오빠와 이루어지지 않았던 사랑이, 훗날 더 큰 행복을 담보하기 위한 것이었다면, 그 행복이 바로 아버지의 건강이었으면 좋겠습니다. 아, 그리고 일기장! 그 일기장은 저만의 영원한 스테디셀러가 되었답니다.

＊＊＊＊＊＊＊＊＊＊＊＊＊＊＊＊ 맞춤의 비밀 ＊＊＊＊＊＊＊＊＊＊＊＊＊＊＊＊

▷ 가르키다(×)

  가리키다(○): 특정한 대상을 겨냥하다.

  가르치다(○): 지식을 주다.

▷ 가지런이(×) / 가지런히(○)

▷ 갔다(×) / 갖다(○) (바치다)

▷ 구렛나루(×) / 구레나룻(○)

▷ 금새(×) / 금세(○): '금시(今時)에'의 준말.

▷ 금실(○) / 금슬(○: 금실의 원말)

▷ 끄적이다(○) / 끼적이다(○)

▷ 널판지(×) / 널빤지(○)

▷ 넝굴(×) / 넝쿨(○) / 덩쿨(×) / 덩굴(○)

▷ 눈꼴시리다(×) / 눈꼴시다(○)

▷ 되뇌이다(×) / 되뇌다(○): 쓸데없이 이중피동을 쓸 필요가 없다!

▷ 몇일(×) / 며칠(○)

▷ 모자르다(×) / 모자라다(○)

▷ 말숙하다(×) / 말쑥하다(○)

▷ 망칙스럽다(×) / 망측스럽다(○)

▷ 봉숭화(×) / 봉숭아(○) / 봉선화(○)

▷ 본따다(×) / 본뜨다(○)

▷ 뿐만 아니라(×) / 그뿐만 아니라(○)

▷ 발렌타인데이(×) / 밸런타인데이(○)

▷ 벌개지다(✗) / 벌게지다(○)

▷ (잔치를) 벌리다(✗) / 벌이다(○)

▷ 붇다(✗) / 붓다(○): (얼굴이) 붓다

▷ 사겨(✗) / 사귀어(○): '사귀어'의 준말은 없습니다!

▷ 생때(✗) / 생떼(○)

▷ 쉽상(✗) / 십상(○)

▷ 소홀이(✗) / 소홀히(○)

▷ 숙맥(✗) / 숙맥(○) (쑥맥의 잘못된 표기)

▷ 싹뚝(✗) / 싹둑(○)

▷ 씨나락(✗) / 씻나락(○): (귀신 씨나락 까먹는 소리)

▷ 아뜰리에(✗) / 아틀리에(○): atelier

▷ 어떻해(✗) / 어떡해(○): '어떻게 해'의 준말.

▷ (밥을) 앉히다(✗) / 안치다(○)

▷ 오랫만에(✗) / 오랜만에(○)

▷ 으시대다(✗) / 으스대다(○)

▷ 자그만치(✗) / 자그마치(○)

▷ 잠구다(✗) / 잠그다(○)

▷ (사레가) 걸리다(✗) / 들리다(○)

▷ 치닥거리(✗) / 치다꺼리(○)

▷ 초콜렛(✗) / 초콜릿(○)

▷ 케찹(✗) / 케첩(○)

▷ (귀신) 씨나락(✗) / 씻나락(○): 까먹는 소리

▷ 트름(✗) / 트림(○)

▷ 퍼붇다(✗) / 퍼붓다(○)

▷ 포게다(×) / 포개다(○)

▷ 토시(×) / 토씨(○) : 대명사, 명사, 부사, 형용사, 조사 등의 품사를 뜻함.

▷ 해방: 풀려나다 / 훼방: 방해를 놓다.

▷ 허드래(×) / 허드레(○)

▷ 횅하다(○) / 휑하다(○)

▷ ~께요(×) / ~게요(○)

▷ ~런지(×) / ~는지(○): "그녀가 어떻게 할는지 모르겠네."

▷ ~스런(×) / ~스러운(○)

▶ 껍질: 겉이 물렁물렁한 것.

   껍데기: 겉이 딱딱한 것. / 포도 껍질, 조개껍데기.

▶ (공간이) 멀지 않아 / 멀지 않아 강당이 있습니다.

   (시간이) 머지않아 / 머지않아 곧 애인이 생길 것이다.

▶ (물건을 아래에) 받치다

   (선물이나 뇌물을) 바치다

▶ (편지를) 부치다 / (우표를) 붙이다

▶ 비치다: 빛이 보여 환하다.

   비추다: 빛을 보내 환하게 하다.

▶ (속을) 썩이다 / (물건이나 기술을) 썩히다

▶ 스테디셀러(steady seller) 순화 예시 → 늘사랑상품

▶ 아르바이트 → 부업으로 표기권장

▶ 표시: 겉으로 드러내다. / 표기: 기록해 보이다.

▶ 한창: 가장 왕성할 때 / 예) 한창 때는 기운이 넘쳤겠지요.

   한참: 오랜 시간의 경과 / 예) 나타난 지 한참이 지났을 때였다.

▶ ~데 / ~대: 다른 사람의 말을 전할 때는 '-대'로 써야 한다.

　　　　남자 친구는 도서관 들렀다가 온대.

▶ ~던지 (과거의 일): 어찌나 나를 보채던지 내가 힘이 빠져서 혼났다니까!

　~든지 (선택의 의미): 가든지 말든지 네가 알아서 해.

▶ ~만에 / ∨만에: 의존명사 '만'은 떼어서 쓴다.

　　　　　그 강의 정말 들을 만해! / 일 년여 만에야 나타나다니!

Epilogue

"숲처럼 말을 해."

아버지와 나눌 수 있는 유일한 유희는 산책이었다.
옛 시절 여느 아버지보다 큰 키를 자랑하던 분이었는데,
휠체어 안에 구겨진 몸은 영락없이 작았다.
처음에는 스스로 힘이 넘치게 휠체어를 타며
파란 하늘도 굴리고 초록 정원도 굴렸다.
문득 유난한 계절의 몸짓에 감정이 벅차오르면,
자신이 청년으로 등장하는 시대를 읊조리기도 했다.
한번은 보라색 맥문동이 그득한 울타리에 멈췄다.
은근하게 풍기는 향기를 맡는 줄만 알았는데,
들꽃처럼 무던히 딸을 향해 웃고 있었다.

"네가 뭘 가르쳐?"

아버지는 대학 강단에 선다는 딸이 미심쩍었다.
뭉근하게 풍기는 향기처럼 답해주고 싶었는데,
낙엽처럼 무심히 말하며 웃고 말았다.

"그냥, 뭐. 말 가르쳐요, 말."

아버지는 내심 놀랐다가도, 한때 모습처럼 젠체하고 싶었나 보다.
낭랑한 헛기침을 계속하더니, 단단한 소리로 말했다.
마치 지금이 아니면 안 될 듯이, 가장 나중의 것을 말하려는
사람처럼.

"우리 딸은 숲처럼 말을 해. 그게 참 좋아."

숲이란 말을 모르는 사람이 어디 있겠는가…

'수풀'의 준말인 '숲'은

'나무들이 무성하게 우거지거나 꽉 들어찬 것'을 가리키는

우리말이었다.

산책의 끝에서 무더기로 핀 맥문동이 다시 보였다.

언뜻 보라색 숲처럼 보이는 꽃들을 보며,

왠지 그 말처럼 살고 말하고 싶었다.

때로는 아무 색채도 없는 말이

누군가의 마음속에 보랏빛 단풍을 만들고,

아무 온도도 없는 말이

누군가의 인생을 따스하게 감쌀 수 있다는 것을 믿는다.

곁에 있는 사람에게 한 번씩은 다채로운 색채로 물든 말을

건넸으면 좋겠다.

더해 아직 인사조차 나누지 못한 누군가에게

딱 한 번만이라도 커피처럼 온화한 말을 건넸으면 좋겠다.

그렇게 말하려고, 용기 내려고, 살아보려고 했던

수많은 학생들의 말과 마음을 모으니 한 권의 숲이 되었다.

부디 책을 읽는 그대의 마음에도

색색의 잎들과 황홀한 체온이 일렁일 수 있기를 바란다.

혹 갖은 색채와 온기로도 다할 수 없는 것이

감사의 마음이라면,

사랑하는 가족에게 그 마음을 잊지 않고 오래오래 전하고 싶다.

"깊고 풍성하게 말하라는 거지요?"

"그래! 그 말도 딱 좋다."

세상의 고운 말들을 가슴속에 잘 담아 두었다가,

꼭 필요한 순간에 아끼지 말고 꺼내 쓰라고 했다.

작가가 되려면 응당 그래야 한다고, 그분이 일러준 가르침이었다.

아직 담아야 할 말들이 훨씬 더 많겠지만,

고운 말을 아끼지 말라는 말만큼은 지키는 작가가 되고 싶다.

옹이 같은 용기를 심어주고 하늘로 떠난 아버지에게,

그리고 말의 깊이를 가르쳐준 그날의 숲에

책 속의 모든 말을 바친다.

어느 가을. 권정희.

《책 속의 말 한 줄》에 인용된 작품들

* 강병철, 「꽃샘 눈」, 『꽃이 눈물이다』, 삶이보이는창, 2009.

* 강정, 「몸 안의 음악」, 『키스』, 문학과지성사, 2008. (외 「자멸의 사랑」)

* 고종석, 「거품-사랑의 유토피아」, 『어루만지다-사랑의 말, 말들의 사랑』, 마음산책, 2009.

* 고진하, 「저녁의 비(碑)」, 『수탉』, 민음사, 2005.

* 권정일, 「어머니는 수국화였다」, 국제신문, 1999.1.4.

* 김근, 「드렁이 우는 저녁」, 『구름극장에서 만나요』, 창작과비평사, 2014.

* 김민정, 「사정이야 어찌 되었든」, 『그녀가 처음, 느끼기 시작했다』, 문학과지성사, 2009. (외 「어느 날 가리노래방을 지날 때」)

* 김별아, 「사실과 진실」, 『논개1』, 문이당, 2007.

* 김사인, 「부뚜막에 쪼그려 수제비 뜨는 나어린 처녀의 외간 남자가 되어」, 『가만히 좋아하는』, 창작과비평사, 2006.

* 김애란, 「너의 여름은 어떠니」, 『비행운』, 문학과지성사, 2012.

* 김연수, 「하늘의 끝, 땅의 귀퉁이」, 『내가 아직 아이였을 때』, 문학동네, 2002.

* 김연수, 『사랑이라니 선영아』, 작가정신, 2003.

* 김용만, 「이상한 여자들」, 『아내가 칼을 들었다』, 랜덤하우스코리아, 2006.

* 김진섭, 「베일에 가려진 독립운동가, 미국으로 가다-박노영」, 『비겁한 근대, 깨어나는 역사』, 지성사, 2023.

* 김하인, 「리어카」, 『엄마는 예뻤다』, 예담, 2008.

* 김혜순, 「트레인스포팅」, 『당신의 첫』, 문학과지성사, 2008.

* 레프 톨스토이, 박형규 역, 『안나 카레니나 1』, 문학동네, 2009.

* 문정희, 「율포의 기억」, 『양귀비꽃 머리에 꽂고』, 민음사, 2004.

* 문태준, 「누가 울고간다」, 『가재미』, 문학과지성사, 2006. (외 「산비 소리에」)

* 박진, 「익명의 글쓰기」, 『달아나는 텍스트들』, 랜덤하우스코리아, 2008.

* 배형순, 『치병적곡』, 아트하우스, 2016.

* 성석제, 「개성을 먹는다 막국수」, 『농담하는 카메라』, 문학동네, 2008.

* 손홍규, 「투명인간」, 박민규 외, 『아침의 문-2010년 제34회 이상문학상 작품집』, 문학사상사, 2010.

* 신인숙, 「모스솔라」, 현대수필문인회, 『구름카페에서 수필읽기』, 문학관, 2007.

* 신형철, 「지워지면서 정확해지는, 진실」, 김소연, 『눈물이라는 뼈』, 문학과지성사, 2009.

* 엄원태, 「붉은 버섯을 보다」, 『먼 우레처럼 다시 올 것이다』, 창작과비평사, 2013.

* 염상섭, 「일대의 유업」, 『중학생이 보는 표본실의 청개구리』, 신원문화사, 2006.

* 오정희, 「부엌 이야기」, 『내 마음의 무늬』, 황금부엉이, 2006.

* 오정희, 「철 늦은 사랑 노래」, 『가을 여자』, 랜덤하우스코리아, 2009. (외 「건망증」)

* 우애령, 「귀가」, 『당진 김씨』, 창작과비평사, 2001.

* 윤금초, 「독의 계보 10」, 『독의 계보』, 시인동네, 2023.

* 윤수현, 「빨간 달팽이와 크레파스」, 『달팽이』, 경향미디어, 2006.

* 이기성, 「지독한 옛사랑의 향기와 행려의 궤적- 박영근론」, 『우리, 유쾌한 사전 꾼들』, 소명출판, 2009.

* 이기호, 「대필의 추억」, 『독고다이』, 랜덤하우스코리아, 2008.

* 이문구, 『오자룡』, 중앙M&B, 2004.

* 이문열, 『시인』, 문이당, 2005.

* 이영주, 「집으로 가는 길」, 『108번째 사내』, 문학동네, 2005.

* 이재무, 「나무 한 그루가 한 일」, 『길 위의 식사』, 문학사상, 2012.

* 장정희, 「봄비」, 『홈, 스위트 홈』, 휴먼앤북스, 2009. (외 「마이 트윈스」, 「푸르른 기억-앵무새」)

* 전경린, 「나비」, 늘푸른소나무, 2006.

* 전혜린, 「사랑을 받고 싶은 본능」, 『그리고 아무 말도 하지 않았다』, 민서출판, 2004.

* 정명섭, 『조선직업실록-역사 속에 잊힌 조선시대 별난 직업들』, 북로드, 2014.

* 정이현, 「이런 사랑도 있다」, 『풍선』, 마음산책, 2007.

* 정인섭, 「전라도 길에 신문지」, 『꿈을 꾼 뒤에』, 문학동네, 2002.

* 조경란, 『혀』, 문학동네, 2007.

* 조창인, 「상처」, 『아내』, 밝은세상, 2007.

* 최민자, 「서해 예찬」, 『꼬리를 꿈꾸다』, 문학사상사, 2006. (외 「예순이 되면」)

* 최영욱, 「강의 독법」, 『다시, 평사리』, 애지, 2017.

* 최일남, 「키로 말하면」, 『어느 날 문득 손을 바라본다』, 현대문학, 2006.

* 편혜영, 「소풍」, 『사육장 쪽으로』, 문학동네, 2007.

* 피천득, 「여성의 편지」, 『수필』, 범우, 2009.

* 한강, 「내 여자의 열매」, 『내 여자의 열매』, 창작과비평사, 2000.

* 한강, 「채식주의자」, 『채식주의자』, 창작과비평사, 2007.

"좋은 글을 쓰고 싶고 근사한 말을 하고 싶은 우리 곁에

이토록 멋지고 훌륭한 글과 말을 보여준 작가님들께.

잊지 않겠습니다. 그 말들이 몹시 자랑스럽습니다."

[찾아보기]

다채로운 말로 엮은, **어휘 산책집**
그대, 말의 숲을 거닐다

초판 1쇄 발행 2025년 12월 5일

지은이   권정희
발행인   박용범
펴낸곳   리프레시

출판등록 제 2015-000024호 (2015년 11월 19일)
주소   경기 의정부시 평화로 471 맥스타워 418호
전화   031-876-9574
팩스   031-879-9574
이메일   mydtp@naver.com

편집책임 박용범
디자인   리프레시 디자인팀
마케팅   JH커뮤니케이션

ISBN 979-11-995317-2-7 (13700)